寡人

這些帝王有個性・細說宮廷

張志君著

目錄

求和親不惜一戰的藏族贊普

——吐蕃首領松贊干布

◎請婚被拒驅兵入寇
戰敗引歸譴使謝罪

◎唐太宗設題難婚使
祿東贊妙思巧應答

◎為公主築城誇後世
給宰相寫信表忠心

唐太宗貞觀八年（六三四年）十一月唐王朝首都長安，大明宮內，一代英主唐太宗李世民正在接待一位遠方來的朝貢使者。

使者來自一個名叫吐蕃的神祕政權。

吐蕃在哪裡？誰是該政權的君主？使者此來所為者何？

這一連串的問題自然而然地浮現在唐太宗的腦際。

使者上前，行三拜九叩大禮。他自言吐蕃距長安八千里，其先祖係五胡十六國時期南涼的禿髮烏孤之後，名樊尼，後改姓為宰勃野，遂以禿髮為國號。由於音譯的關係，禿轉譯為吐，髮轉譯為蕃。

「聽說你們的君主號贊普，」太宗平易地問：「贊普二字本作何解？」

那特使又叩了一個頭，借助通譯（翻譯）告訴太宗，在吐蕃語中，「贊」是「強雄」之義，「普」是「丈夫」之義。

「你們現在的贊普是誰？他派你來做什麼？」

「啟奏陛下，」那個特使畢恭畢敬地答道：「小臣現在的贊普名叫棄宗弄贊，我們有時也稱他為棄蘇農，他又自號弗夜氏。他派小臣來的目的嘛，」那個特使自從進入大唐境內以來，中原女子之美麗讓他留下了深刻的印象，在迎賓館下榻時，他又聽說與吐蕃為鄰的吐谷渾遣使來向大唐求婚，於是，脫口而出說：「一來是向天可汗（當時各少數民族對唐太宗李世民的尊稱）陛下納貢，二來是想向天可汗求婚！」

「求婚文書何在？」唐太宗問。

「這個嘛……忘記帶了。」

李世民聽了臉呈慍色，心想，哪有這樣求婚的，光憑一個口信，豈不等同兒戲。於是，他斷然說道：「納貢可以，求婚一事待有專門文書呈上之後再議！」

很明顯，這次會見並不愉快，造成不愉快的原因當然責任在吐蕃使者一方——至少當時陪同接見的唐王朝眾文武是持如此看法的。

那麼吐蕃使者回去之後的命運將會如何呢？他們的那位棄宗弄贊贊普是不是真的想與漢族公主通婚，最後又是否如願以償了呢？

請婚被拒驅兵入寇 戰敗引歸譴使謝罪

四年以後，時為唐太宗貞觀十二年（六三八年）八月，「常驅野馬、犛牛，馳刺之以為樂」的吐蕃首領棄宗弄贊（通稱松贊千布，為了與今人著作中統一稱謂，以下就稱其為松贊千布）突然起兵二十萬北擊吐谷渾，繼而破黨項、白蘭諸羌，然後屯兵於唐朝西部邊境松州。

自太宗皇帝繼位以來，百戰百勝的神威已經使周邊少數民族無不敬畏，「西線無戰事」的局面已持續了很長的時間，是什麼原因促使松贊干布動武的呢？

話還得從四年前那次求婚說起。

被唐太宗斷然拒絕以後，吐蕃使者只好獻上帶來的野馬、獨峰駝、天鼠皮等方物，待了幾天後便怏怏告辭。

太宗皇帝不愧是胸懷寬廣的明主，雖然沒有允婚，但對吐蕃使者還是以禮相待，除了送他一份厚禮之外，還特派行人（官職名，掌朝覲聘問）馮德遐為回訪使，「下書臨撫」——對甘願內附的吐蕃首領進行安撫。

當時的吐蕃，其首府是跋布川，又稱邏娑川（其地在今西藏自治區首府拉薩附近）。直至二十世紀初，從古時的長安，即現在的西安前往拉薩，最快也要走上幾個月。而在一千多年以前，這段「八千里」路的旅程往往要花上一兩年的時間。

馮德遐一行，還有那位吐蕃使者是貞觀九年元月上路的。一路上，他們風餐露宿，直到這一年的年底才來到了跋布川。

跋布川坐落在一座大雪山的腳下，其地「常冰，有寒癘」，中原的人剛到那裡時很不適應。進了城以後，馮德遐發現，跋布川的建設雖然遠不如中原的長安，甚至連長安周圍的一個縣城都不如，但也已經初具規模，有了房屋廬舍，並不是想像中的「逐水草而居」。

安頓下來之後，那個特使帶馮德遐去見松贊干布。他們彎彎曲曲走了好一陣子，穿過了好幾幢大房子，最後在一座用獸皮搭起的帳棚外面停了下來。

「難道松贊干布會住在帳棚裡？」馮德遐暗自納悶。他猜得一點也沒錯，松贊干布確實就住在帳棚裡。《新唐書．吐蕃傳》上就如此寫道，松贊干布（當然不止松贊千布一個人，還有以後的許多位贊普）「有城郭廬舍不肯處，聯毳帳以居，號大拂廬」。

這毳帳因係獸皮製成，所以，在這高原苦寒之處乃是居家的最好場所。聽說唐朝「天可汗」派來了使節回訪，松贊干布很高興，連聲說「有請」。

進得帳來，馮德遐發現帳內別有洞天——外面看起來毛乎乎一片的毳帳，裡邊竟能容納數百人，而且還有不少負責警衛工作的衛士，不由對吐蕃贊普生出了幾分敬意。

賓主落座以後，馮德遐向松贊干布轉達了太宗皇帝對贊普的撫問，松贊干布也表達了欲世世代代為唐朝藩屬的願望，雙方談得很是投機。這次談話中，雙方誰也沒有提及求婚一事，馮德遐是想讓松贊干布先開口；而松贊干布呢？他壓根兒就不知道有這回事。

馮德遐告辭出來後，那個在太宗面前碰了一鼻子灰的吐蕃特使心懷不忿，於是，就乘贊普單獨召見自己之機，向松贊干布添油加醋地描繪了中原一帶的女子是如何美麗，又說與吐蕃接壤的吐谷渾已經娶走了一位唐朝公主，繼而大談自己是如何地忠心耿耿，替贊普向「天可汗」唐太宗求婚，太宗皇帝差不多就要應允了，卻「半路上殺出個程咬金」——吐谷渾王橫刀奪愛，硬把一個本應屬於贊普的美人兒給搶走了。

「什麼？」松贊干布一聽國力並不如他的吐谷渾王諾曷鉢竟敢公然與他作對，火騰地一下子就上來了。他也不想想其中是否有詐，便立即調集兵馬，準備討伐吐谷渾。

還在客館逗留的馮德遐聞訊趕來，勸松贊干布不要輕啟刀兵，又說他正要回長安，倘若贊普果真有意欲作大唐的女婿，可以親筆修書，派專使攜帶，隨他一起返回中原，他定當竭盡全力玉成此事。

松贊干布一聽，覺得有理，便又派那個特使作為專職的求婚使者，隨馮德遐一起前往長安，再提舊事。

儘管在心中一百個不願意再跋涉萬里，但那特使還是領命前往，因為事情是他自己惹出來的。等他們一行到了長安，已是太宗貞觀十年的年底。當時正趕上被太宗視為賢內助的長孫皇后病逝，太宗皇帝的情緒不佳。再加上這一年三月，吐谷渾王諾曷鉢已經遣使入貢，處事極有分寸的唐太宗見吐蕃來使攜來的書信中屢有辱及吐谷渾之處，語氣亦頗為不敬，心中不快，於是，通過馮德遐轉告吐蕃使者，請他們另擇使節前來，因為通婚乃國之大事，現在的使節品級太低。

見「天可汗」下了逐客令，那使者有些惱羞成怒，勉勉強強熬過了春節，即打道回吐蕃，貞觀十一年的年底，回到了跋布川。見了松贊干布，他不肯說沒完成使命是因為自己品級太低，而一股腦兒把責任都推到了吐谷渾王諾曷鉢和「天可汗」唐太宗身上，說他們看不起吐蕃，認為吐蕃贊普配不上大唐公主，還說了許多難聽的話。

「好啊！」松贊干布氣得哇哇怪叫：「他們看不起吐蕃，我就讓他們看看我吐蕃的實力！」

於是，他即刻點起二十萬精兵，浩浩蕩蕩地殺奔北疆。

吐蕃的國力是不是很強，這一點筆者不敢說，但其軍力當時可是除唐王朝以外最強的。《新唐書．吐蕃傳》上說：「其鎧胄精良，衣之周身，竅兩目，勁弓利刃不能甚傷」——裝備精良；「其兵法嚴，而師無饋糧，以虜獲為資」——打仗時連軍糧都不帶，而專靠奪取敵人的軍糧為食，頗有點楚霸王項羽破釜沉舟的味道；「每戰，前隊盡死，後隊乃進」，這樣一支軍隊，小小的吐谷渾如何是其敵手？所以，不過旬日之間，吐蕃軍隊就將吐谷渾王諾曷鉢趕出其故地，直追到青海之陰（青海湖的北岸）。一路上，松贊干布又捎帶著連破黨項、白蘭諸羌。

取得對吐谷渾作戰的決定性勝利以後，松贊干布有些得意忘形。他以為大唐的軍隊也會像吐谷渾一樣不堪一擊，於是，揮二十萬得勝之師「入寇松州」——向大唐軍隊挑釁。

來到松州城下之後，松贊干布命人前往唐軍營中下書，同時貢上金甲一副。在書信中，松贊干布狂妄地說，他揮二十萬大軍，前來迎娶大唐公主，「公主不至，我且深入」——倘若大唐不乖乖地將公主送出，他就要率軍深入唐境。

松州都督韓威一開始根本沒有把松贊干布放在眼裡，只帶了一支幾千人的隊伍「輕出戰賊」，結果，大敗而歸。松州都督府下屬的各少數民族乘機紛紛起兵，回應松贊干布。消息傳到長安，太宗力排眾議，決定先予輕易犯邊的吐蕃軍隊以堅決的回擊。

唐王朝很快調集了四路大軍：以吏部尚書侯君集為行軍大總管，出當彌道；派右領軍大將軍執失思力領兵出白蘭道；派右武衛大將軍牛進達出闊水道；派領軍將軍劉蘭出洮河道，四人共率精兵五萬，進討吐蕃大軍。兩軍各在松州城下安營紮寨。

那侯君集雖然稱不上大唐數一數二的戰將，但也是與秦瓊（叔寶）、程知節（咬金）等人一起入選唐太宗凌煙閣的二十四功臣之一，用兵十分了得。到達松州城下的當天夜裡，侯君集就親率一支敢死隊，銜枚夜行，偷襲吐蕃軍營，斬首千餘。

松贊干布失利的消息，很快就傳到了吐蕃首府跋布川，朝中一些一向反對對唐用兵的貴族堅請松贊干布罷兵，甚至有八人還以死相諫。迫於內外的壓力，松贊干布「始懼，引而去，以使者來謝罪，固請婚」。

太宗經過深思熟慮，覺得對吐蕃宜撫不宜戰。所以，當吐蕃使者到來時，他很快就做出了兩項決定：一是接受松贊干布提出的停戰謝罪的請求；二是許婚，答應將一個宗室之女收為義女，封為文成公主，下嫁吐蕃。

但是，太宗盯了那使者一眼，嚴厲地對他說：「吐蕃迎親的人員品級要高！松贊干布不能來的話，最低也得有大論薛參加！」

使者趕緊跪下謝恩，說是立刻回去稟報松贊干布。

此次大唐與吐蕃也算是不打不相識，經過松州城下一戰，雙方不僅增進了瞭解，就連和親一事也原則上達成了協定。

當然，和親過程中，不乏一些有趣的插曲。

唐太宗設題難婚使
祿東贊妙思巧應答

西元六四〇年十一月，吐蕃、天竺、大食、格薩、霍爾等五個政權首領遣使齊集大唐王朝京師。這五個政權的使節語言不同，服飾、打扮、舉止也都不同，但有一點卻是相同的：他們都是作為特使，來長安為首領向大唐求婚的。

求婚的人有五個，太宗皇帝要聘的女兒卻只有一人，因此，對每個使節來說，他們的機會只有五分之一。

太宗在接見使節們時曾有一段言簡意賅的講話，其意大略為大唐的公主乃金枝玉葉，不能隨隨便便嫁人，因此，他特地出了四道試題，請各位使節回答，哪個答得最快最好，公主就嫁給哪位使節的首領。

通譯把這段話譯給五個使節，天竺、大食、格薩、霍爾的使節面有難色，只有吐蕃使節大論薛祿東贊看上去胸有成竹。

在敘述使節們的答題活動之前，我們先簡單地解釋一下吐蕃使節六個字的稱謂：「大論薛」乃是音譯，其義為「大相」，亦即漢人通常所說的丞相；「祿東贊」才是這位使節的名字。

且說祿東贊獻上所帶來五千兩黃金的聘禮後，靜靜地立在一旁，等候答題。

太宗所出的第一道題是：給答題人一顆九曲明珠，還有一束絲線，要他們把絲線從孔的一端繞過九道彎穿到另一端。

這道題看似簡單，實際上卻很難。倘若那顆明珠的孔洞不是九曲回環的話，那當然容易，問題是孔有九道彎，絲線又是軟的，怎麼才能將其送到另一頭？

其他四位使節還在那裡抓耳撓腮，祿東贊卻已經想好了主意。只見他在地上捉了一隻螞蟻，細細地打量起來。

「他捉螞蟻幹什麼？」另外幾位使節鄙夷地想：「這個時候還有這份閒心！」

只見祿東贊不慌不忙地打開那團絲線，小心翼翼地在螞蟻身上拴好，然後，將螞蟻塞入明珠孔內。那明珠的孔道極細，因此那隻螞蟻也只有進路而無退路——根本轉不過身來。等了好半天，卻不見那隻螞蟻爬出來，隨侍在側的吐蕃副使有些擔心，祿東贊卻自有妙計。他俯下身去，不斷地往那小孔裡吹氣。那隻小螞蟻被氣一吹，慢慢地又爬了起來，它爬啊爬啊，終於爬出了九曲孔道。早就等在另一端的祿東贊眼疾手快，一伸手，就把那隻小螞蟻捏住，解下了繫在牠腰上的絲線，前後只用了不到半個時辰。

第一關遂告通過。

太宗出的第二道題是：命五個使節分別辨認出關在兩處的一百匹騍馬和一百匹馬駒的母子關係。

這又是個看似令人無從著手的難題。馬又不是人，怎麼能辨別出哪匹馬駒兒是哪匹騍馬所生？另外的四個使節束手無策。

祿東贊上前附在負責考試事宜的唐朝官員耳邊如此這般地說了幾句，官員轉奏於太宗。太宗微微頷首：祿東贊又答對了。

霍爾的使節不服，他高聲抗議，並要求公布吐蕃使者的答案，以示公正。

祿東贊慢慢悠悠地開了口。他說，要分辨哪匹馬駒兒是哪匹騍馬所生，其實也很簡單，只要將它們分別關在兩處，餓上幾天，再把它們放開，那時，母子天性，馬駒兒定會奔向生牠的騍馬吃奶。

霍爾的使者也是自幼生長在草原，聽了祿東贊的答案，倒也挑不出任何毛病來。

第二道難關又告通過。

唐太宗出的第三道題並不是題。就在考試的當天晚上，五個使節突然接到邀請，說是大唐皇帝請他們前去欣賞他親自創作的大型歌舞《秦王破陣樂》，並且每個人只允許帶一名隨從。歌舞結束以後，夜已深了，太宗這時才說出了他的真實意圖：請五位使節自己找路回住地。歌舞的場所是在九曲深宮，這中原的曲院迴廊，對於生長在邊鄙之地的五個使節來說，簡直不亞於諸葛亮的「八陣圖」，要又快又準地原路摸回去，絕非易事。

結果，仍是祿東贊先回到他下榻的迎賓館。早就守候在那裡的唐朝官員很吃驚，忙問其所以，祿東贊開了一句玩笑，說是他們吐蕃族信奉的天神在暗中指引他，所以他才能又快又準地回到住地。

這當然是玩笑了。實際情況是當祿東贊要入宮觀看歌舞時，就已考慮到路途不熟，晚上返回時容易迷路，所以他命那個隨從，在九曲迴廊的每一個拐角處都做了特殊的標識。他們正是按照這些標識既快又準地摸回住地的。

第三道難關又告通過。

太宗皇帝出的第四道題是：請五個使節從打扮得一模一樣的二千五百名少女中辨認出哪位是公主，並明確宣布公主只有一個，哪位使臣能夠認出，公主就嫁給該使節的首領。

這又是一道難題。

當時的大唐與周邊各政權平素往來不是很多。在那些使節的眼中，可能會覺得中原所有的女子都貌若天仙，卻長得一模一樣，要叫他們從這千人一面的脂粉群中找出那位金枝玉葉，恐怕不亞於要他們在一群美麗的孔雀中找出一隻鳳凰，其難度是可想而知的。

這時，天竺、大食二使節已退出競爭，格薩、霍爾的使臣也知難而退，全場只剩下祿東贊一個人了。

好一個祿東贊，只見他裝模作樣地對身旁的監考官說，他會法術，能夠在公主的頭頂上拘來一朵五色雲。他這句話是大聲說的，又特意命他的翻譯把它大聲地譯成漢語。說完以後，他又雙手合十，似在用功作法。大約過了半個時辰，他突然把雙眼一睜，望空虛指，口中念念有詞道：「大家快看，公主頭上是不是有朵五色彩雲？」

他這一喊不要緊，不僅主考、監考都舉頭望天，那二千五百名少女中，也有二千四百九十九名仰起了腦袋湊熱鬧，只有站在最前排左首第二個穿粉紅色長裙的少女沒有抬頭。祿東贊舉步上前，翻身拜倒，口中連稱：「吐蕃使臣祿東贊叩見公主殿下！祝公主殿下千歲，千千歲！」

不用問，這一回祿東贊又答對了。

祿東贊採用的是「兵不厭詐」的方法，並利用了人們的好奇心理。他將二者結合起來，算準了突如其來的一喊，定會給不是公主的人造成一種錯覺，他們定會往真正的公主那裡看，結果，果不其然。

這四場考試下來，太宗皇帝已經暗暗喜歡上了祿東贊，遂決定把宗室女瑯琊公主的外孫女許配給祿東贊為妻，被其婉拒。愛屋及烏，大唐與吐蕃和親一事，也就最後確定了下來。

為公主築城誇後世
給宰相寫信表忠心

唐太宗貞觀十五年（六四一年）正月，大唐京城長安西郊，一場隆重的歡送儀式正在舉行。眾文武奉皇帝之命，在這裡歡送即將遠嫁吐蕃的宗室女文成公主。作為「娘家人」護送文成公主前往吐蕃的是江夏王李道宗。

李道宗是唐高祖李淵的侄子，於文成公主來說是叔父，當時又正好擔任禮部尚書，因此，由他充任護婚使是再合適不過的了。

告別了長安以後，李道宗、文成公主一行日夜兼程向吐蕃首府跋布川前進。直到這一年的十月十五日，公主一行才來到柏海（其地在今青海省扎陵湖附近），松贊干布早已率眾在那裡等候。因為尚未成婚，所以，大唐這方是李道宗出面與松贊干布應酬。一開始，李道宗心裡還在想倘若松贊干布對自己倨傲不敬怎麼辦。誰料，見了面之後，松贊干布卻對李道宗非常恭敬，而且還行了伏地叩首的子婿之禮。

松贊干布對中原文化，更表現出由衷的欽羨。《新唐書．吐蕃傳》上說他「見中國服飾之美，縮縮愧沮」——感到有些自慚形穢，所以，對貌若天仙的大唐公主敬若天人。

到了跋布川以後，松贊干布因「自以其先未有婚帝女者，乃為公主築一城以誇後世」——覺得能娶回大唐皇帝的女兒做妻子，真是自列祖列宗以來前所未有的榮耀，所以特意為文成公主修築了一座唐城。

在吐蕃的諸多習俗中，文成公主最看不慣的就是「以赭塗面」。所以，在和松贊干布成親之初，她就向丈夫提出，請他下令以後禁止族人以赭塗面。那時正是兩情繾綣之時，松贊干布為了贏得文成公主的那顆美人心，自然是有求必應了。

新婚燕爾，松贊干布又連下數道命令，遣諸豪子弟赴長安學習《詩》、《書》，要求衣著服飾要向中原學習，文成公主很高興。

唐太宗貞觀十八年（六四四年）七月，因為高句麗無視唐王朝勿攻新羅的警告，太宗決意興兵攻之，詔命洪、饒、江三州造船四百艘以運軍糧，遣幽、營二都督兵及契丹、奚、靺鞨之眾先擊遼東以為試探；以韋挺為饋運使，節度河北諸州，命蕭銳運河南諸州糧入海。

十一月，太宗離開長安，以張亮為平壤道行軍大總管，率兵四萬，乘戰艦五百艘由海路直逼平壤；以李勣為遼東道行軍大總管，率步騎六萬趨遼東，海陸並進擊高句麗；並命令契丹、新羅、百濟分道出兵。

次年五月，張亮等率軍自萊州（今山東掖縣）渡海襲卑沙，獲八千俘虜，陳兵鴨綠江畔。

李勣兵至遼東城（今遼寧遼陽）下，高句麗王遣步騎四萬往救遼東。李勣、李道宗等大敗高句麗救兵，斬首千餘。太宗親自渡遼水，並撤橋以示有進無退，圍遼東城數百重，克之，殺萬餘人，得兵萬餘。

一個月以後，太宗自遼東出發，將攻安市城（今遼寧海城南之營城子），高句麗北部耨薩（官名，相當於唐王朝都督）高延壽、高惠真率高句麗、靺鞨聯軍十五萬往救安市，前軍直抵城東八里，依山布陣，長四十里。太宗指揮李勣、長孫無忌諸軍齊頭並進。薛仁貴著奇裝異服，大呼陷陣，所向無敵。大軍猛攻，高句麗兵大潰，斬首二萬餘，高延壽、高惠真率眾三萬餘人請降。是役，唐王朝軍隊共獲馬五萬匹、牛五萬頭、鐵甲萬領。高句麗舉國為之震動。

消息傳到萬里之外的吐蕃時，太宗已經收兵班師了。為了表達自己對「天可汗」引兵擊遼的敬意，松贊干布再次派大論薛祿東贊為特使，到長安賀捷，並攜帶赤金打製的鵝一隻和賀信一封。

松贊干布在信中寫道：「陛下平定四方，日月所照，並臣治之。高句麗恃遠，弗率於禮，天子自將度遼，隳城陷陣，指日凱旋。雖雁飛於天，無是之速。夫鵝猶雁也，臣謹冶黃金為鵝以獻。」祿東贊到了長安，拜見了唐太宗，並呈上了書信和那只黃金鵝。那鵝果然不是凡物。只見它身高七尺，腹中空空，實以美酒，拔開塞子，竟整整倒出美酒三斛，李世民十分高興。

唐太宗貞觀二十二年（六四八年）五月，一場嚴峻的考驗又擺在了松贊干布面前：唐王朝的使節王玄策出使天竺。當時的天竺分東、西、南、北、中五天竺。其中，中天竺最強，其餘四天竺皆臣屬之。王玄策出使天竺，除了中天竺以外，其餘四天竺皆願臣屬於唐。適逢中天竺王新死，其大臣阿羅那順自立為王，發兵攻王玄策，盡掠諸國給大唐王朝的貢物。

王玄策隻身一人逃到了吐蕃。

天竺與吐蕃比鄰，而大唐遠在萬里之外，此時是繼續臣屬於唐，保護王玄策呢，還是將王玄策送出以「近交遠攻」呢？

松贊干布毅然選擇了前者，他「發精兵」千人給王玄策。王玄策率援兵大破中天竺兵，俘阿羅那順及其王妃與王子，虜其男女一萬餘人。天竺城邑部落降者五百餘所。

吐蕃與大唐的關係經歷了這次考驗之後，變得更加牢固。

貞觀二十三年（六四九年）五月，一代英主李世民病逝，其子李治繼位，是為高宗。在高宗繼位之初，松贊干布遣特使致書於大唐顧命大臣長孫無忌，在信中說：「天子初即位，下有不忠者，願勒兵赴國共討之！」並獻上金琲（成串的珠子）十五種，說是要以之敬獻於太宗皇帝的昭陵。

唐高宗永徽元年（六五〇年）五月，亦即太宗晏駕後的一週年，松贊干布病逝於吐蕃首府跋布川。

這一年，他年僅三十四歲。

梨園祖師　溫泉迷

——唐玄宗李隆基

◎誅諸韋，不愧大唐再造者
迷溫泉，可謂帝王第一人

◎開梨園養藝人，名傳千古
懂理論能實踐，被尊祖師

臺灣歷史學家柏楊先生在總結了中國歷代封建王朝的得失興廢之後，曾提出了一個「瓶頸」理論。他認為，就每個封建王朝來說，其開國君主故去後的三四十年乃是維持其正常統治的非常時期。有許多短命王朝之所以短命，其原因就在於其第二任皇帝或第三任皇帝的人選非其人。這段時期恰如一個細頸大肚的瓶子之頸部，過了頸部，就可以進一步施展國力了。

由李淵肇基，李世民發展壯大的大唐王朝和其他任何一個封建王朝一樣，也有其統治上的瓶頸階段。這個階段從武則天垂簾聽政，一直到中宗韋皇后弄權誤國，差不多持續了近一個世紀。「瓶頸」期間，唐王朝一度被武則天建立的大周政權所取代，後經張柬之等人同心合力，才得以再造。得以延續的李姓王朝，因其名義上執掌者李旦的昏庸又接著「瓶頸」下去。處在風雨飄搖之中的唐王朝，若不是一個皇族少年挺身而出，當機立斷地誅除諸韋，恐怕早就毀於一旦了。

這位挽唐王朝於「既倒」的皇族子弟是誰呢？熟悉這段歷史的人都知道他就是先被封為臨淄王，後被封為楚王，最後成為明皇帝的唐玄宗李隆基。關於李隆基這個人，在他生活的那個時代，就已經有了種種傳說和故事。這些故事有的出自稗官野史，有的則係「小說家者流」的杜撰和臆測，和真實的李隆基還是多少有些出入的。

那麼，歷史上真正的李隆基是個什麼樣的人呢？

誅諸韋，不愧大唐再造者
迷溫泉，可謂帝王第一人

說起李隆基，我們當然不能不提及他是平定諸韋的英雄，是使唐王朝順利度過瓶頸危機的明主。有許多喜愛田園牧歌式悲劇格調的人，曾經一次次為白居易的〈長恨歌〉所傾倒。每當讀到「蜀江水碧蜀山青，聖主朝朝暮暮情」時，他們都會禁不住擊節讚賞，並由此認定李隆基是個多情種子。尤其是當他們讀到或聽到李隆基以春秋鼎盛之身，並無大過大惡，而竟因「安史之亂」，被逼迫退位，以「太上皇」的虛銜了卻餘生時，更是欷歔再三，甚而涕泗交流。

其實，文人筆下的李隆基與歷史上的李隆基，就像《三國演義》中的曹孟德不能等同於《三國志》中的曹操一樣。

不錯，李隆基是喜歡女人，尤其是喜歡年輕貌美的女子，楊玉環也的確是他從兒子李瑁懷中奪來的。但與對權力的追求相比，李隆基永遠是捨棄前者而死死抱住後者的。不然，他為什麼捨得「在天願作比翼鳥，在地願為連理枝」的愛妃「宛轉蛾眉馬前死」，而不能自殺殉情呢？原因很簡單，李隆基像中國古代的大多數帝王一樣，愛女人只限於在養尊處優無任何危險之時，此刻，女人如同他們的玩偶。

至於對權力的追求，李隆基是個熱中者，但不是一個癡迷者。史家在論及他時，往往將其一生分為開元及天寶兩個時期加以說明。

在開元及開元以前的時期，李隆基本人十分熱中於權力。可以說，正是對權力的熱中，才促使李隆基與太平公主、太平公主之子薛崇暕、苑總監鐘紹京、前朝邑尉劉幽求等人結成臨時同盟，一起剷除諸韋；正是對權力的熱中，才使得他翻手為雲，覆手為雨，先把被武則天廢黜的相王李旦請出來做天子，然後在時機成熟之後，又逼李旦下臺自己做皇帝，而以太上皇的虛銜去打發他的父親李旦（李隆基係李旦第三子）。記得有一位史學家在論及李旦、李隆基、李亨祖孫三代三個皇帝錯綜複雜的關係時，創造性地用了一句歇後語，叫「父為太上皇，子為太上皇——一皇不如一皇」，這句歇後語真是恰當極了。

論起政治才能，李隆基可能遠勝於李旦，但他的晚年為什麼反而不如李旦了呢？是不是真像有人所說的那樣，是因為「李隆基的兒子不如李旦的兒子」呢？從根本上來說，不是。

因為李旦到了晚年還熱中於權力，而李隆基到了晚年則根本不想處理國政。

窮其一生，李隆基最喜愛的究竟是什麼呢？說出來你也許不信，三個字：洗溫泉。

李隆基是先天元年（七一二年）八月庚子日即皇帝位的，次年，他就開始「幸溫泉」了。為說明問題，我們不妨先摘錄幾段出自歐陽修等人之手的《新唐書・睿宗玄宗紀》：

開元元年，十月己亥幸溫湯。

開元二年，九月戊申幸溫湯；十月戊午至自溫湯。

開元三年，十月甲子如鳳泉湯；十一月己卯，至自鳳泉湯；乙酉幸溫湯，甲午至白溫湯；十二月乙丑降鳳泉湯。

開元四年，二月丙辰幸溫湯；丁卯至自溫湯；十二月乙丑至自溫湯。

在其後的幾十年中，李隆基是每逢冬季必到溫泉。除了因白居易〈長恨歌〉中「春寒賜浴華清池，溫泉水滑洗凝脂」的詩句而名聲大噪的華清池（時稱「華清宮」）溫泉以外，李隆基喜愛的溫泉還有鳳泉、廣成泉等。

據筆者統計，僅在《新唐書》中，李隆基幸溫湯就出現了七十九次。正史所未載的恐怕亦不在少數。在這些溫湯池中，他最喜歡的大概是鳳泉和華清二泉了。有趣的是，即使是天寶四載八月壬寅日，冊立楊太真（楊玉環）為貴妃以後，李隆基愛洗溫泉的習慣仍然未改。這時，他已是年過花甲了。因此，他將洗溫湯的地點固定於一處——他所垂青的華清池。但不管怎麼說吧！他愛好洗溫泉的習慣至死也沒有改變。這在歷代帝王的本紀中，也可以算做是一個「之最」吧！

開梨園養藝人，名傳千古
懂理論能實踐，被尊祖師

以帝王之身而為俳優之業，李隆基大概是空前的。雖然在其後還有一個人所共知的後唐莊宗李存勖，但是，無論從哪個方面來說，李隆基都要高出李存勖一籌。如果說李隆基是大師，那麼李存勖充其量不過是一個喜歡蹦蹦跳跳的戲子而已。這樣說，其實一點也不過分。

在今天陝西省西安市內，有一處鮮為人知的文化遺址——梨園。該園建成於盛唐時代，坐落於唐皇宮宜春北院內。園內設廣場，主要用於訓練宮廷歌舞藝人，也可以用於拔河、打馬球。這個園後來之所以變得聞名遐邇，與李隆基的扶持是分不開的。

號皇帝梨園弟子。」《新唐書．禮樂志》上說：「玄宗既知音律，又酷愛法曲，選坐部伎子弟三百，教於梨園……

還是在武則天大聖皇帝時代，有一年的五月初八日，武則天為她所寵愛的一個公主慶生。武則天這個人，據史料上記載：「雖濫以祿位收人心，然不稱職者，尋亦黜之，或加刑誅。挾刑賞之柄以駕御天下。」因此，手下群臣是既恨她，又怕她。唐王朝李姓宗室對這個「外姓人」也隱隱有一種排斥心理。有一年，她「召諸宗室朝於明堂，諸王遞相驚，琅琊王冲起兵博州，越王貞起兵豫州，以匡復唐室。眾皆不滿萬，太后分遣將擊殺之。因欲悉誅諸王，使周興按之，於是收韓王元嘉、魯王靈夔、黃公撰與常樂公主於東都，迫使自殺」。

儘管武則天如此作踐李氏諸王，但迫於她的淫威，她有個大事小情的，宗室子弟還都得捏著鼻子前來幫忙。這一次生日慶典，那些尚未被武則天廢黜的李氏諸王挨個兒呈上一份份的賀禮：什麼嵌有「福、壽、康、安」四個字的項圈啦，什麼大食國進奉來的西域珍玩啦，不一而足。

輪到李隆基了，他卻兩手空空，沒有帶任何賀禮。武則天見了，登時就把臉拉下來了。旁邊的人也暗暗替李隆基捏了把汗。相王李旦更是暗自心慌，他在心裡連連歎道：「孩兒啊，你怎麼這樣莽撞？這是什麼日子你又不是不知道，別的人想巴結母后還巴結不上呢，誰想你卻兩手空空！這不是明擺著大不敬嗎？」與李隆基不睦的幾個小王子見了，卻暗自高興：「這才叫人算不如天算呢！平日裡則天大聖皇帝喜歡你，不挑你的毛病，今天，嘿嘿……」

在眾人或憂或喜的目光注視之下，李隆基不慌不忙地來到武則天座前，叩了三個頭之後，站起身來說：「今天是武皇高興開懷之日，皇孫（武則天是李隆基的祖母）無以為獻，斗膽進上一曲自度的《長命女》，願它能給武皇帶來快樂！」言畢，李隆基徐展歌喉，將那首《長命女》從頭到尾演唱了一遍。雖然稱不上餘音嫋嫋，繞梁三日，但也確實字正腔圓，因而，李隆基受到了不輕易假人以辭色的武則天親口稱讚。

等到當了皇帝之後，李隆基對藝術的癡迷更是變本加厲。他不僅派寧王主持朝慶大典所用禮樂的製作工作，而且在蓬萊宮的旁邊單獨開闢了一個院落，專門安置「新聲、散樂、倡優」藝人，對這些藝人們時常賞以金銀。玄宗皇帝的這些舉動自然惹來一班以「正統」自居的大臣不滿。

當時，有一個叫袁楚客的縣尉就曾上疏勸諫，對玄宗皇帝的特殊愛好期期以為不可，但酷愛此道的李隆基仍然癡迷不改。

為了進一步繁榮戲曲事業，李隆基先後創作了《龍池樂舞》、《聖壽樂》、《破陣樂舞》、《光聖樂舞》、《小破陣樂舞》等。

為了培養人才，他又因材施教，把三百梨園子弟分為坐、立二部。什麼叫「坐、立二部」？用《新唐書．禮樂志》上的話說就是：「堂下立奏謂之立部伎，堂上坐奏謂之坐部伎。」

為了保證演員中不再出現「南郭先生」一類的人物，李隆基又派遣專門的工作人員「太常」對梨園子弟逐一進行考核。其辦法是坐部不可者下放到立部，立部不可者才再命他們去演奏難度較低的雅樂。

二部不僅水準高低不同，而且演奏的曲、舞也不同。一般來說，坐部伎主要演出《燕樂》、《長壽樂》、《天授樂》、《鳥歌萬歲樂》、《龍池樂》、《小破陣樂》。立部伎主要演出《安舞》、《太平樂》、《破陣樂》、《慶善樂》、《大定樂》、《上元樂》、《聖壽樂》、《光聖樂》。

當時的知名文人賀知章曾專門為梨園子弟寫過《紫清上聖道曲》；道士司馬承禎、李會元也分別製有《玄真道曲》、《大羅天曲》；河西節度使楊敬忠又獻《霓裳羽衣曲》。

對音樂、戲曲濃厚的興趣，加上過人的天資，使李隆基無論是在理論上，還是在實踐上，都顯得卓爾不群。

當時，在唐朝的都城長安流傳著一個「曲有誤，周郎顧」式的故事。

那是在楊敬忠進獻《霓裳羽衣曲》之後不久，李隆基日夜督促梨園子弟排練。非止一日，手下人來報，說曲子練成，請萬歲爺前往品鑑，李隆基欣然前往。

載歌載舞中，立部伎梨園弟子開始演奏。原來，這《霓裳羽衣曲》有一些與眾不同的演奏要求。其基本要點是曲子將近尾聲時，要演奏得越來越緩。

不知是什麼緣故，本來一向練得得心應手的立部伎弟子，在演出這首曲子時，沒有按要求一點點地將曲調放慢，而是陡地如石破天驚，戛然而止。正沉浸在美妙的藝術享受中的李隆基，在聽曲子的前半部分時完全陶醉了，但當聽到結尾時，他卻忍不住忽地站了起來，叫道：「停，停下來！結尾演奏有誤，應該依次漸緩！」李隆基一邊打著手勢，一邊說：「對！應該舒而緩之，而不應該陡然而止，不然，怎能傳遞出如高山流水般的意境呢？重來！重來！」立部伎弟子聽了，一個個都十分佩服。

安史之亂平定以後，李隆基以太上皇的身分返回長安。由於子不孝、臣不賢，因而他只能閒居於皇宮內的甘露殿，將一腔的悲怨，轉化為對音樂、戲曲的癡迷。為了慰藉自己，他私下裡請來了民間藝人，請他們為他排演一齣「上窮碧落下黃泉」的神話劇碼——後人從迷信角度出發，往往以

「請方士作法」解之。憂能傷人，不久，李隆基病倒。在病中，他對音樂仍不能忘懷。據說在辭世的前一天夜裡，他還拿出心愛的紫玉笛，吹弄了一番。

寶應元年（七六二年）四月甲寅日，李隆基死於宮中，終年七十八歲。由於李隆基生前對中國音樂、舞蹈、戲曲的發展所做出的突出貢獻，加上他本人在戲曲理論方面的深厚造詣，所以在其死後不久，民間的戲曲藝人就開始尊他為梨園祖師。在一些封建文人的筆下，李隆基則是以戲曲聖人的面貌出現。

戲子皇帝「李天下」

——五代十國後唐莊宗李存勖

◎不負父親三矢之託

一統中原半壁江山

◎消極怠政醉心俳優

枉殺忠臣自毀長城

黃金榜上，偶失龍頭望。明代暫遺賢，如何向？
未遂風雲便，爭不恣狂蕩。何須論得喪？
才子詞人，自是白衣卿相。
煙花巷陌，依約丹青屏障。幸有意中人，堪尋訪。
且恁偎紅倚翠，風流事。平生暢。青春都一晌。
忍把浮名，換了淺斟低唱。

這一首詞乃是宋代有名的風流才子柳永所作。傳說宋仁宗讀了之後頗為不喜，三甲殿試時，把本已名列前茅的柳永朱批黜置不取，並且調侃似地批示：「該生可以不取，令其且去填詞！」仁宗皇帝的一句話決定了柳永一生坎坷多舛的命運。像那位因興之所至，寫下「不才明主棄，多病故人疏」的唐代大詩人孟浩然因詩忤逆帝王而鬱鬱終生一樣，終柳永一生，這位滿腹經綸的才子也只能「且去填詞」，把大好的光陰都消磨在「恁偎紅倚翠，風流事」之中。據說，這位以「醇酒、女人、詩詞」自娛的才子，晚年十分拮据，死後還是仰慕他才華的歌伎湊份子把他安葬的。

真是：終身不覺揚州夢，博得青樓留姓名。

這是一個因酒、色、才、氣誤了終身的普通人的故事。下面再說個因酷愛優伶，且常親自粉墨登場，終因不理國政而亡國的帝王故事。

不負父親三矢之託
一統中原半壁江山

緣何將帝王與平民並列？只因他們都是古人所謂「不務正業，至性至情之人」，更重要的是他們身後都十分窘迫，都是由他們所愛卻為世人所不齒的人安葬。

這位帝王姓李名存勖，別號亞子，一名亞次，生於唐光啟元年（八八五年）十月二十二日。《舊五代史．唐書．莊宗紀》上有這樣一段話：「曹氏以唐光啟元年歲在乙巳，冬十月二十二日癸亥，生帝於晉陽宮。妊時，曹后嘗夢神人，黑衣擁扇，夾侍左右。載誕之辰，紫氣出於窗戶。」

這段記載當然帶有一定的迷信色彩，但根據中國古代文化中「人之成神，蓋以其有名也」這條不成文而實際上在古代典籍——包括最嚴肅的史書中屢試不爽的規則，這個姓李名存勖，小名亞子的男孩，在其以後的一生中，必有一番驚人的業績。

事實上，也的確如此。

李存勖的祖先本姓朱邪，蓋出於西突厥一族，唐德宗時該部出了一個名叫盡忠的青年，因事失陷於吐蕃。後乘吐蕃內亂，盡忠攜子執宜東逃，至石門關時被吐蕃追及，力戰身亡。執宜逃至唐王朝，在唐河西節度使范希朝手下任職，領一軍皆驍勇善戰，號沙陀軍。執宜死後，其子赤心承襲父職。赤心以軍功升至太原行營招討、沙陀三部部落軍使，再升遷至單于大都護、振武軍節度使，並蒙唐朝皇帝賜姓名為李國昌。國昌生子名克用，克用即李存勖之父。

唐王朝統治者對國昌、克用二人是既懼又恨，先誘其以高官，而後乘其出擊黨項、吐谷渾之機而襲之，李氏父子亡走韃靼。

不久，「沖天大將軍」黃巢襲破長安，唐僖宗李儇逃往四川。代北起軍使陳景思因所統沙陀各部驕悍難御，不得已召回李克用（李國昌已經病故）。李克用復出之後，在南征北戰中，與唐末五代時另一梟雄式人物朱溫結下了梁子。

朱溫本係黃巢起義軍中的一員悍將，後降唐，被唐封為左金吾大將軍、河中行營招討副使，後升遷至汴州刺史。當他在汴州刺史任上時，李克用因追擊黃巢部將黃鄴，路過汴州，駐軍城外封禪寺。

雖已降唐，但身懷帝王之志的朱溫，一直把統率沙陀部眾的李克用視為潛在的敵手，必欲除之而後快。借為李克用接風洗塵之機，朱溫在汴州城內的上源驛擺下了一場「鴻門宴」。將李克用灌得酩酊大醉以後，朱溫的部下四處縱火，伏兵四起，大有將李克用生擒活捉之勢。多虧了侍者郭景銖，從者薛鐵山、賀回鶻等人捨命相救，李克用才得以逃脫。至此，李、朱二人結下了不解之仇。

汴州之變後三個月，李存勖出生。汴州之變後的第二十四個年頭，他那桀驁不馴的父王齎志而沒。臨終前，李克用策劃了屢為史家們所津津樂道的一幕：

世傳武皇（即李克用）臨薨，以三矢付莊宗（即李存勖），曰：一矢討劉仁恭，汝不先下幽州，河南未可圖也；一矢擊契丹，安巴堅（通譯阿保機）與吾把臂而盟，結為兄弟，誓復唐家社稷，今背約附賊，汝必伐之；一矢滅朱溫，汝能成吾志，死無憾矣！

李克用的臨終囑託，在青年李存勖的心中，留下了永難磨滅的印象。從父死到國立這十幾年間，李存勖夙興夜寐，勞而後已。

西元九〇八年五月，其父李克用剛剛辭世三個月的時候，李存勖就親率一支奇兵大破梁軍。這次戰役，梁軍大潰南走，其招討使被殺，死亡將士達三萬人，軍糧、器械丟棄無數。令可以算得上是李存勖父輩的朱溫驚歎不止，對李存勖是又敬又恨。他感慨良多地說：「生子當如李亞子，克用為不亡矣！至如吾兒，豚犬耳！」

這一戰以後，李存勖聲名鵲起，如日中天，歷史把這個原本平凡的男子推向了他所難以承受的高度。

李存勖，可能是一個很好的將軍，甚至還可能是一位了不起的軍事家，但他卻不是一個好的政治家。在戰火紛飛的年代，一個好的政治家可能同時又是一個好的軍事家；但一個軍事家，往往昧於時事，慣於政治上做一些武夫所為的事情，劉邦與韓信的區別即在於此。

無論是在戎馬倥傯的行伍年代，還是在面南背北登基稱帝之時，李存勖從來都沒有過什麼遠大的政治抱負。除了衝衝殺殺以外，他最愛幹的事情就是面塗粉墨登臺去演戲。

西元九二三年十月的後唐王朝臨時行都魏州。

秋風蕭瑟，易水生寒。騎在一匹烏青馬上的李存勖，望著遙遠的天際，心中充滿緊張、惶惑、悵惘、激動……種種情緒交織在一起，說不出是該笑還是該哭。此次出征，後唐乃是與傾全國之兵而來的大梁作殊死決戰，不能不做兩手準備。思及於此，他揚鞭叫來站在遠處的一個侍從，說：「叫皇子來！」

不大工夫，皇子李繼岌一副戲子伶官打扮急匆匆地趕到。不待其張口，李存勖便心事重重地說：「我就要親統大軍出征了。此次出征，勝敗可能各占一半。朱梁，是我們李家的死敵，你不是他們的對手！倘若我回不來，你要立即率全家登行宮舉火自焚，以免遭其辱！」

「是！」李繼岌一躬身子，好像在臺上演戲的俳優一樣，完全把他的父親當成了一同登臺的戲子。倘若是換了別個皇帝，李繼岌絕不敢有此驚世駭俗之舉。不要說這是在兩軍決戰的前夕，軍情十萬火急，就是在平時，兒子對父親、皇子對君王如此不恭，也要被視為大不敬的。

「混帳！」李存勖勃然大怒。一個剛剛投效過來的親兵，以為皇帝是為皇子的不敬行為而發火呢！但接下來所發生的事卻叫他目瞪口呆：

「哪折戲裡有這樣一齣？叫板唱喏時你應該這樣。」李存勖一邊說著，一邊在馬上示範性地揚了揚箭袖，優雅地一揮一甩，「然後說一句『得令』！」見李繼岌似未完全理解的樣子，李存勖長歎了一聲：「蠢材啊！蠢材！不知我能否打贏這場戰爭。若僥天之幸，到時看為父為你來說一齣戲！哼……」

西元九二五年六月的一個早晨，後唐東京興唐府坤寧宮內，韓國夫人劉氏正手托香腮，斜倚在床，一副海棠春睡的模樣。忽然，門外傳來一陣喧譁之聲。

「誰這麼大膽？清晨就敢在宮內喧譁！」思及於此，劉氏面色一凜，道：「去看看，是誰在外面喧譁！」話音未落，一個職事外廂的宮女跌跌撞撞地跑了進來。「瞧你那副德性！」劉氏不滿地撇了撇嘴，叫著那個宮女的名字道：「小紅，誰在外面？」

「是萬歲爺……啊……不，是國丈，啊，不，不，是萬歲爺說他是國丈……」

「混帳東西！連話都說不清，究竟是誰？」不知怎的，問這話時，韓國夫人劉氏的聲音有點發抖，甚至有些聲嘶力竭的味道。侍立一旁的貼身宮女發現，一向以潑辣著稱的韓國夫人似乎想用高聲大嗓的吆喝來掩蓋點什麼。

這時，與坤寧宮相鄰的儲秀宮、藏嬌樓的門隱隱地開了。這一宮一樓住的是莊宗皇帝未登基前的正室夫人衛國夫人韓氏和次夫人侯氏。劉氏雖然居住在坤寧宮，但還沒有正式被皇帝冊封為皇后。因此，她在心中一直把衛國夫人韓氏和莊宗次妃侯氏視為潛在的皇后之位的競爭對手。至於其他的後宮佳麗嘛，不過是些臉蛋漂亮、頭腦簡單的美人胚子罷了，她根本不放在心上。現在聽宮女提到「國丈」二字，不久以前發生的一件事，又浮現在她的眼前：

那是她剛被太后（莊宗之母曹氏）賞賜給莊宗，並被立為韓國夫人之後不久，宮門衛士來報：宮門外來了一個黃鬚老者，自稱姓劉，前來找韓國夫人認女。真是巧得不能再巧，一向與劉氏不睦的侯氏夫人正在坤寧宮，說是為劉氏受封韓國夫人而來賀喜的。「這位老者是什麼打扮啊？」侯氏夫人意味深長地問。

「回夫人，布衣，背著一個藥囊，遊方郎中打扮。」

「噢，是嗎？快請進來！」侯氏夫人表現得有些過分熱心。

「慢！」劉氏一咬牙，恨聲說道：「蠢材，我不是早就和你們說過，我的先考大人已死於亂軍之中了嗎？想我父出於縉紳，怎麼會是一副遊方郎中的打扮？」說到這裡，劉氏頓了一頓，話裡有話地說：「想打我的歪主意，哼，門兒都沒有！給我拖出去抽二十鞭子！」言畢，也不管侯氏夫人，一甩袖子，進了內室。

事後，侯氏夫人放出風來，說那天來的老者確係韓國夫人之父，因為宮內使袁建豐認得這個老者。當年正是他把年方四五歲的劉氏從這個老者手中搶來的……

想到這裡，劉氏忍不住脫口而出：「難道他又來了？」思猶未盡，只聽外面有人喊道：

「老夫劉山人駕到，劉氏快快出迎！」

話是提著嗓子說的，一聽就能聽出來是誰在演戲。

「該死！又是這個戲子皇帝！」劉氏罵道。

門簾一挑，一前一後走進兩個人來。前面這人，五十多歲的年紀，一副連鬢絡腮的鬍子染成了黃色；隆額準目，口闊面圓；上著皂布衣，下蹬八爪麻鞋，背上背著一個鹿皮藥囊，手裡還舉著一對串鈴。真是，不俗不雅，活脫脫的一個「劉老者」的形象。再往後一看，劉氏這氣就更不打一處來了：真是有其父必有其子，你父親愛當戲子，你為什麼也這樣不爭氣？原來，「劉老者」（李存勖扮演）後面跟著的竟是劉氏夫人的親生兒子李繼岌。他也是一副民間浮浪子弟打扮：敞著個懷，趿拉著一雙破鞋，皂布直襟似穿似脫，更叫人哭笑不得的是他手裡還提著一頂破帽子。那頂破帽子，看上去少說也有十五年的歷史了，也不知是從哪個旮旯裡面尋出來的，聞起來是又餿、又臭、又噁心，還夾雜著一股難聞的草藥味。

「好啊！好啊！」劉氏帶著哭聲說：「老子不正經，兒子也跟著學，父子兩個一起來和我尋開心！」說到這裡，劉氏轉哭為怒，「沒良心的東西！老子，我管不了；我自己肚裡爬出來的，我還管不了嗎？來，給我動家法！」

「眾兒郎！」扮作「劉老者」的莊宗皇帝李存勖見劉氏先怒後哭又轉哭為怒，覺得十分好玩，不知不覺又冒出了一句戲詞：「風緊，扯呼（逃跑）去也！」

「父皇！」李繼岌一把扯住了李存勖，「臺詞錯了！不是『扯呼去也』，應當說『三十六計，走為上』。」話音未落，他頭上便挨了劉氏一巴掌：「我叫你走為上！」

擺脫了劉氏夫人之後，這父子二人相對哈哈大笑。笑過之後，覺得興猶未盡，李存勖連聲說道：「快走！快走！找敬新磨去也！」

消極怠政醉心俳優
枉殺忠臣自毀長城

敬新磨是當時有名的伶人。他本姓高，敬新磨乃是他的藝名。此人善作俳優，滑稽多智，乃是東方朔一類的人物。在李存勖手下的諸多伶人當中，敬新磨是最有名，也是最正直的一個。他曾數次與李存勖同臺粉墨演出。但莊宗皇帝卻並不怎麼喜歡他，儘管他對李存勖忠心耿耿。這是為什麼呢？

話還得從不久以前發生的一件事說起：

那是差不多一個月以前的事了。剛在宮裡消停了沒有幾天的李存勖帶著一幫侍從，牽犬架鷹，前呼後擁，來到了距都城不遠的中牟縣打獵。時值初夏，正是田裡莊稼與各式各樣的小動物一齊往起長的季節。按照農業常識，此時的農田是受不得人踏馬踩亂折騰的。道理很簡單，此時的莊稼苗如同正在發育的兒童，小心翼翼待之尚恐其不活，遑論踏之踩之？但莊宗皇帝可不管這些，他的理由也很簡單：我打的只是小鳥、小獸，又不想與莊稼為難；倘若馬蹄人腳與莊稼苗發生什麼「摩擦」，那責任也不在我身上——人見了我都要退避三舍，莊稼苗又有什麼了不起！皇帝的邏輯是永遠也不會與百姓相同的。

偏偏中牟縣的縣令是個認死理、不唯皇帝馬首是瞻的人。接到手下人關於皇帝陛下要去莊稼地裡圍獵的報告以後，他連官服都未顧得上穿，一身青衣小帽趕去迎住莊宗。

「陛下，請恕小臣接駕來遲之罪！」

雖早就知道他是何人，但李存勖還是想擺擺架子：「下跪何人？」

「臣中牟縣縣令！」

「噢，父母官！你衣冠不整，匆匆而來，是否也想和寡人一樣一享牽犬架鷹之樂啊？」

「非也！臣斗膽請陛下回宮！」

「噢？」李存勖臉呈慍色。

「臣自知人微言輕，請陛下且息雷霆之怒。」中牟縣的縣令顯得有些拘謹。原來，五代時的縣令與刺史不同，該職多由文職官員擔任。在軍閥混戰的時代，文官是沒有什麼發言權的。中牟縣令對此豈有不知？但身為一方「父母」他又豈能眼睜睜看著綠油油的莊稼毀於一旦而不救，因此，他也就顧不得許多了：「時值初夏，萬物生長之時。上天有好生之德，視暴殄天物為不祥！今陛下車騎所過，卑職屬下之民賴以生存的禾稼必將蕩然無存！臣之轄境內所種莊稼毀不足惜，臣恐陛下以天子之身暴殄天物，為上天所不喜！是以冒死叩諫，請陛下回宮！」

李存勖的臉越來越陰沉了：「『暴殄天物』、『為上天所不喜』！這簡直是反了！如此大不敬的言語，竟出自一個七品小縣令之口！」思及於此，他喝道：「來人，拉下去砍了！」

隨駕前來的文臣武將一個個噤若寒蟬，即使有人心裡暗歎縣令罪不當死，卻也沒有膽子上前「橫刀救人」。

貼身侍衛推著中牟縣的縣令走了沒幾步，一直沉默在旁的敬新磨突然帶著幾個伶人躍馬而出，幾下子便來到被捆綁待死的中牟縣縣令面前，推推搡搡地又把他帶回到莊宗皇帝的面前。敬新磨有板有眼地大聲喝道：「呔！大膽縣令，汝為縣令，獨不知吾天子好獵邪？為何驅民稼穡來交皇朝的賦稅？為何不令你縣裡的那些百姓餓餓肚子，空出他們的地來，讓我們仁慈的陛下來這裡打獵解悶？你說，你是不是該死！」

「就是！就是！這小子竟敢讓老百姓種地交皇糧，卻不知留出地來給陛下打獵，真是死有餘辜！」圍在一旁的諸伶人你應我和道。

這番正話反說，把李存勖逗笑了，他竟下令赦免了中牟縣令。自此以後，莊宗皇帝對敬新磨既怕又敬，卻又離不開他。

因此，從劉氏夫人那裡一出來，李存勖首先想到的就是去找敬新磨。

他這裡想找敬新磨，敬新磨在那裡也正想找他呢！不過，敬新磨找他不是想與他切磋演戲，而是想與他商討一些國家大事。

原來，這一年，後唐出了一件大事，一向受莊宗寵愛的大將郭崇韜因與宦官不和，雖有滅蜀平王建之功，而仍遭到李存勖及劉氏夫人的懷疑，危在旦夕。雖與郭素不相識，但深知他公忠體國的敬新磨極想利用自己常能與莊宗皇帝接觸的機會，向莊宗進一言：忠臣須賞不應疑。

因此，李存勖父子一到，敬新磨顯得比以往都要熱情，即便是皇帝陛下要與他同臺演出——這是他以往最不願意之事，他也爽快地答應了。

戲臺搭在了乾清殿旁邊。一陣絲竹之聲過後，李存勖登場了：他一身青衣打扮，一出場就亮了一個「怪相」，口中連聲自報「吾乃李天下是也！吾乃李天下是也」！話音未落，只聽「啪」的一聲，李存勖的右臉上挨了一記耳光。這一記耳光把他給打蒙了：自從長大成人以後，只有他的手往別人的臉上「招呼」，還從來沒有人敢這樣「大逆不道」搧他的嘴巴！

「是誰？」

他這裡還沒回過味來，早有一班諂媚之徒將打他的人扭住，推到他的面前。

「你們推我幹什麼？」打人者原來是敬新磨。只見他一臉正氣，似乎根本沒把剛才打皇帝耳光這件事當成一回事。

「好小子，死到臨頭了，你還不知罪嗎？你大概是吃了熊心豹子膽了吧！竟然連聖上也敢打！」

「原來是這麼回事啊！」敬新磨裝作大吃一驚的樣子，「我什麼時候打聖上了？我打的是不愛惜江山的俳優，打的是聖上的敵人！」

「好小子，你還敢狡辯！」

「我怎麼狡辯了？姓李的天下只有一個，豈容二主？這個人連呼『李天下』，誰知道他是不是想把大好山河一分為二！為我大唐江山千秋萬代計，小生我也就顧不了那許多了！」敬新磨一邊說著話，一邊從容不迫地注視著站在一旁發愣的李存勖。

李存勖的臉色一陣青、一陣紅，似喜似怒。沉默了片刻，這位「李天下」開口了：「放了敬新磨，是朕的錯！」

「謝主隆恩！」敬新磨喜出望外，他以為自己的一番旁敲側擊已收到意在言外之效，郭崇韜將軍的性命和整個後唐的江山都可保無虞了呢！但他又大大地錯了！

原來，李存勖口中說的「朕錯了」指的是演戲臺詞，根本與國事無關。此時的李存勖除了玩女人、寵戲子、潛心俳優之外，對國家大事根本不感興趣。滅梁、逐走契丹、活捉劉仁恭，完成其父李克用三樁遺命之後，李存勖早已志得意滿，人莫予毒了，因而根本沒有把一個小小伶人敬新磨的諷諫之言放在心裡。他之所以不怪罪敬新磨，除了由於敬其狡黠多智富辯才，引不起他的惡感以外，最主要的還由於敬新磨是個戲子。一個戲子演演戲還可以，國家大事嘛，就輪不上他們了！

於是敬新磨的諷諫落了空。

西元九二六年，李存勖聽信宦官的讒言，終於將譽滿天下的郭崇韜害死，並且準備同時冤殺另一沙陀族將領李嗣源。

同年三月，李嗣源不甘有功而遭冤殺，便在將士的擁戴下，率軍進入汴京，自立為帝。

李存勖眾叛親離，準備率馬步騎兵前往汴京鎮壓。還未等出發呢，他一向寵愛且認為成不了大事的伶人郭從謙（時任從馬直御指揮使）就起兵作亂。因城內空虛，亂軍一路上殺人放火，直向皇宮逼來。衝殺了幾次，無奈寡不敵眾，李存勖身陷重圍。正在拼死抵擋之時，忽然，不知從哪裡飛來一支冷箭，射中了李存勖的面門，痛得他幾乎昏倒，鷹坊使伶人將他扶到一旁救治。因拔箭時失血過多，李存勖在一片喊殺中死去。

死後，效忠於他的伶人害怕李存勖屍身遭亂兵羞辱，於是找來許多樂器，蓋住了他的屍體，然後舉火焚之。一代梟雄，在火光中結束了他短暫的一生。

這一年，李存勖四十二歲。

萬稅君王「不睡龍」

——五代十國吳越武肅王錢鏐

◎ 少有奇膽，奇計嚇走十萬兵
老來謹慎，警枕粉盤醒自身

◎ 無物不稅，稅壞了所轄小民
有肚能容，容得下諷諫之士

在唐末農民起義中，有一種頗為奇怪的現象：這場起義的發動者王仙芝、黃巢是販私鹽出身，而協助唐王朝剿滅這場起義的人中，也不乏販私鹽者，諸如朱溫、錢鏐。朱溫（全忠）大名，大多數人是聞之如雷貫耳，而錢鏐其人，卻知之者甚少。

錢鏐，字具美（又作巨美），錢塘臨安人，是五代十國時吳越王國的創立者。在幾十年的生涯中，他從鄉里無賴、私鹽販子，到唐朝節度使所屬都指揮使、節度使，直至吳越開國君王，可謂勵志典範。因此，在中國歷史上有許多關於他的傳說和故事。

少有奇膽，奇計嚇走十萬兵
老來謹慎，警枕粉盤醒自身

錢鏐小時，家裡很窮，沒上幾天學就輟學了。儘管書念的極少，但他卻天性聰穎。史書上說：「臨安里中有大木，鏐幼時與群兒戲木下。鏐坐大石指揮群兒為隊伍，號令頗有法。」他的這種軍事才能很快就派上了用場。

西元八七五年，為時達數年之久的王、黃起義爆發，本來就已經坐在乾柴之上的唐王朝被這一把火燒得木爛根焦。由於起義軍勢力大，名頭響，各地許多懷有不同目的的人，紛紛打著起義軍的旗號起兵響應。這些人中有些人和黃巢一樣是真心反唐的，也有些人篤信「想當官，殺人放火受招安」，想走曲線入仕的道路，還有一些則乾脆幹起打家劫舍的強盜勾當。正所謂泥沙俱下，魚龍混雜。

在錢鏐的家鄉臨安周圍起事的就是一股土匪。

他們殺人放火，姦淫婦女，「軍食不給，常以人為食」，先後洗劫了臨安周圍的幾個州縣。當時，錢鏐已應當地人董昌之邀，結纓從軍。

西元八八一年，臨安周圍的那股土匪進擾臨安。當時，臨安守將董昌是唐王朝任命的鎮海節度使。雖然是節度使，但由於所轄地盤不大，他手下也只有幾千人馬。這幾千人又分駐幾個地方，真正守臨安的不足一千人，而前來進犯的土匪號稱有眾十萬。一時間，人心浮動，惶惶不安。

當時在董昌手下任職的錢鏐見狀，主動請纓出戰。

「你？」董昌滿腹狐疑地說：「別開玩笑了！現在我們的當務之急是守城，出哪門子的擊啊！」

「董將軍，卑職以為，棄臨安不如守臨安，守臨安不如派兵出臨安。以出擊代守禦，方才是以少勝多的禦敵之策啊！」

「說得好聽！我可沒有那麼多的兵給你！」董昌這位屠夫出身的將軍三句話不離本行，「讓你領兵出擊，還不是肉包子打狗，有去無回！」

「董將軍，我知道城內防守吃緊，因此，不敢向你多要人馬，請撥給我二十個勁卒就行！」

「二十個？你瘋了吧？要知道，這股流匪號稱有十萬兵馬呢！」

「試試看吧！我可以立下軍令狀！」

「算了！算了！你要二十就給你二十。軍令狀嘛，就不必立了。」董昌見狀順水推舟地賣了個空人情。在他看來，錢鏐此次必是立著出城去，躺著回城來；軍令狀是立給活人的，對死人還有什麼約束意義呢？

次日清晨，錢鏐帶領他親自挑選的二十名勁卒飽餐戰飯，來到了臨安城外一處名叫「一線天」的險要之處。這個地方乃是流匪進擾臨安的必經之路。

路險極了！

在僅能通過一人一騎的路口，錢鏐設下了總數僅二十個人的伏兵——十個人張弓搭箭，見人就射；另外十個人分騎十匹戰馬，馬尾繫樹枝，往來奔馳，以充疑兵。結果一戰下來，殺死對方近百人，嚇退了流匪的先鋒部隊。

接著，錢鏐又率領他這支首戰告捷無一傷亡的二十人部隊，轉移到臨安城附近的一個名叫「八百里」的險要之處。

臨轉移之前，他叫來了一線天路口旁邊小酒店的女老闆，激之以義氣，囑她勿離此地，又如此這般地吩咐了一番。

錢鏐退走後不久，流匪的後續部隊趕到。

到了「一線天」，流匪抓來路旁小酒店的女老闆，向她詢問錢鏐率領臨安兵的行蹤。女老闆按錢鏐的吩咐答曰：「臨安兵？乖乖，可不得了啊！現在他們兵屯八百里，說是要與你們決一死戰呢！」

流匪的先鋒官聞聽，忙對主帥說：「大王，我看咱們還是繞道而行，別去招惹臨安了！」

「為什麼？」

「你想啊，剛才他們人數不多就殺了我們近百人，現在兵屯八百里，不得有幾十萬啊，我們如何是他們的對手啊？」

「也是，好！繞道，避開臨安！」

就這樣，僅靠二十個人的一支小隊伍，錢鏐就保住了臨安。後人有詩稱他當時「一身都是膽」。但這位「一身都是膽」的少年英雄，中年以後卻是「一身都是眼」，日益變得謹小慎微起來。

這是為什麼呢？

話還得從錢鏐當上節度使之後說起。

臨安城外的那場阻擊戰，使得錢鏐立下了赫赫戰功。

他先後被任命為都指揮使、杭州防禦使，不久又因率兵討平僭號稱帝的董昌，被任命為鎮海鎮東軍節度使加檢校太師。錢鏐發跡，連他小時候居住的鄉里都跟著沾了光。唐昭宗光化元年，由皇帝親自下令，將錢鏐原來所居之鄉更名為廣義鄉，里更名為勳貴里，錢鏐所居營更名為衣錦營。當時，曾轟動一時。錢鏐本人被前呼後擁衣錦還鄉之時，還作有還鄉歌一首。歌云：

三節還鄉兮掛錦衣，碧天朗朗兮愛日暉。功成道上兮列旌旗，父老遠來兮相追隨。
家山鄉眷兮會時稀，今朝設宴兮觥散飛。牛鬥無孛兮民無欺，吳越一王兮駟馬歸。

大出風頭之時，卻發生一件事讓錢鏐大失面子：他的老父錢寬自他衣錦還鄉之後，自始至終也不肯見他一面。

「怪哉！」錢鏐百思不得其解：想他錢具美雖然比不得漢高祖，但也算得上衣錦還鄉、稱雄一方了，為什麼老頭子不像劉太公（劉邦之父）那樣，見兒子富貴了笑顏逐開呢？莫不是嫌他富貴氣太過？思及於此，錢鏐有了一個主意。

次日，他摒去隨從，換了一身莊稼人打扮，一個人悄悄地回了老家。這次，他終於見到了錢寬。父子相見，恍如隔世。噓寒問暖之後，錢鏐忍不住問起前些次父親避而不見的原因。

長長地歎息了一聲之後，錢寬說道：「我們錢家世世代代都是打魚種地的莊稼人，從未出過什麼有權勢的人物。如今你僥天之幸成了一方之主，卻是三面受敵（南有閩，西、北有吳）。你不思小心謹慎，反倒要在人前誇富顯貴，去與人爭城奪地。我怕你會連累全家，禍滅滿門啊！因此，我雖然想你，也不願見你！」

聽了老父的話，錢鏐如夢方醒，不覺驚出了一身冷汗，自歎自己狂得愚蠢可笑。

自此以後，錢鏐像是變了一個人似的，日益小心謹慎起來。最明顯的變化是他的睡眠明顯地減少了。

西元九〇七年，剛剛當上吳越王的錢鏐，親手設計了一個可以使他保持高度警醒狀態的枕頭。據《吳越備史》上記載，這個枕頭以一個小圓木為主體，木旁掛有一銅製小鈴。以木為枕本就十分硌頭，且好不容易睡熟之後，小枕稍有傾斜，銅鈴就會響個不停。鈴一響，人也就醒了。

錢鏐的兒子錢元瓘見狀心疼地說：「父王，何必自苦如此！白天累了一天還不夠啊！何必連夜裡也不得安生呢？」

「你小孩子甜水裡泡大的，懂得什麼人生的艱難。我這裡睡不好覺，正是想讓你們這些公子哥兒能夠睡得安穩啊！」

見說服不了老父，錢元瓘只好悻悻離去。不過他暗暗囑咐手下，除緊急大事以外，能不打擾父王者一概不准打擾。

日子長了，錢鏐覺出事情有點蹊蹺。怎麼回事？細細一想，他就明白了。但他沒有責備錢元瓘，而是派人在臥室裡放了幾個「粉盤」。

「放粉盤幹什麼啊？」負責此事的宮女心裡犯嘀咕。不久，她就明白了。原來，錢鏐是把這種「傳粉於盤」的粉盤當作一種與現代記事簿類似的即時記事的工具。

史書上說他「每有所得，即書之於盤」。錢鏐警枕粉盤的故事，為他自己贏得了一個美名——「南海不睡龍」。

無物不稅，稅壞了所轄小民 有肚能容，容得下諷諫之士

當上了吳越國主之後，錢鏐深知自己地少國弱，南有閩，北、西有吳，虎視著他這個蕞爾小國。為了牽制這兩個敵國，他始終採取「交遠協近」的戰略：向後梁、後唐稱臣納貢，陸路不通就走海路。

納貢需要物，稱臣需要錢。錢鏐自然拿不出這麼多的錢和物。據《吳越備史》記載：錢鏐性極

儉，「衣衾用油布，寢帳壞，文穆夫人欲易以青繒，鏐不許」。沒別的法子，他只好伸手向老百姓要。除田賦、市租、山林、川澤等稅以外，甚至一度連蛋、魚、雞也徵稅。一時間弄得老百姓怨聲載道。

錢鏐聽了卻絲毫不為所動。他有一句名言，叫作「用汗水代血水，以錢財換平安」。無非是說他向老百姓徵稅，實際上還是替老百姓著想。倘無後梁、後唐等小朝廷因受他的貢奉，而對他施以道義上的支持，他的臣民們就要飽受戰亂之苦。錢與生命相比，當然是命重要了。因此，他向老百姓徵稅，實在是為了他們著想，並不是一心鑽在錢眼裡使壞。為了使那些拿不出錢與物的老百姓們能夠拿出錢物，錢鏐又想出個「以工代貢」的主意。

原來，吳越國都在杭州。杭州城處在錢塘江的入海處。每逢初一、十五朔望日，常有海潮連天而起，直逼州城，甚至捲走人畜房屋。錢鏐下令徵集那些無錢無物進貢的老百姓鑿石築堤，以防海潮海浪傷人。因為工程十分浩大，日久天長，有些人就有意見了。

一天早晨，手下人來報，說在王府外面的牆上發現了一首反詩。

「反詩？」

「回大王，的確是語涉大不敬！」

「有這麼嚴重？說來我聽聽！」

「這……」左右的人欲言又止。

「什麼時候學得這樣婆婆媽媽的！」錢鏐不滿地說：「說給我聽聽。又不是你們寫的，怕什麼！」

「是。回大王，這牆上寫的是『服勞役，沒了期，清晨起，抵暮歸』！」

「真是『民可使由之，不可使知之』！不服勞役，如何『以工代貢』？不進貢，靠什麼牽制吳國與閩國？牽制不住吳國、閩國，他們來攻，誰流血？難道是為了我一個人嗎？」說到這裡，錢鏐不禁有些憤憤然了。他有些意氣用事地說：「去，替我在那首歪詩後面續上幾句，我也講點道理給他們。」

次日，往來於王府外面路上的行人，在那首打油詩的後面，又看到了用同樣的字體書寫的兩句續詩：「沒了期，春衣才罷又冬衣。」

朝廷大臣中也有許多人看不慣錢鏐的做法，他們進諫說賦稅太重，易激起民變。錢鏐置之不理。為了進一步盤剝百姓，錢鏐規定杭州西湖周圍的漁民，每天須繳納新鮮湖魚數斤，以供他及他的家屬食用。因他所居之處，係他做節度使時的宅邸，因而他賦與這項額外的苛捐雜稅以一個很動聽的名目——使宅魚。錢鏐要求這些進貢的魚必須是在二斤上下，鮮活肥美，而且必須是鱖魚。鱖魚？為什麼必得是鱖魚？要知道，杭州的西子湖雖然不大，但所產的魚種類卻也不少，錢鏐為什麼偏偏喜歡鱖魚呢？原來，這裡面有一個典故。

在當上了吳越國主以後，錢鏐頗樂於附庸風雅，喜歡上其時剛剛興起不久的「詩之餘」（亦即今天我們通常所說的「詞」）。當時的詞壇還不像宋代那樣群芳競發。屈指可數的詞人中，以張志和最為錢鏐所喜愛。張志和有一首傳世之作，其中一句「桃花流水鱖魚肥」最為錢鏐所稱道。正因如此，錢鏐在向老百姓徵魚時，點名要的就是鱖魚。

倘若錢鏐是個普通老百姓，那他有這種「業餘愛好」也未嘗不可，說不定還會因此千古揚名呢。南北朝時劉宋王朝的張翰，就是因思念家鄉的菰菜羹、鱸魚膾，口吐「人生貴得適意爾」的狂言，棄官歸家而受到當時及後世的高雅之士的好評（張翰的故事詳見《世說新語・識鑑》）。但錢鏐偏偏是個君王，是個稱霸一方的土皇帝，因了這個特殊身分，他的任何「業餘愛好」，都很可能使他治下的老百姓傾家蕩產。關於這一點，稍後於他的宋仁宗趙禎是深有感觸的。據史料記載，趙禎登基後不久的一天早晨，起床之後對近侍說：「昨天晚上我肚子餓得很，睡不著想吃燒羊。」近侍聽了忙問：「陛下為何不降旨，命臣下去採辦？」趙禎說：「我如果一開口，下面就會因為這是我的命令，去大肆擾民，所以還是不開口的好。」

錢鏐既非普通老百姓可比，又無宋仁宗趙禎的寬厚，因而，他的臣民們只能遭罪受苦。要知道，鰣魚可不是每天都能捕到的。為了應差，漁民們只好把已經捕到的其他種類的魚賣掉，然後再去市場買錢鏐所喜愛的鰣魚。本已水深火熱的西湖地區，漁民一個個叫苦連天。

有一班公忠體國的大臣，覺得錢鏐此舉很不得人心，想勸諫又怕不被採納。思來想去，他們想起一個人來。誰呀？羅隱。

羅隱，字昭諫，乃是在當時和後世都享有盛名的文學家（魯迅對他的小品文極為稱道）。當時為避中原戰亂，他移家吳越，任錢鏐治下的錢塘縣的縣令。

「羅隱？他一個小小的七品縣令，成嗎？」一個老年武將詫異地問。他一直在前線為錢鏐效命，近些年來與錢接觸很少，所以提出了疑問。

「有什麼不行？」一個經常與錢鏐接觸的老臣說：「要知道，羅隱雖然只是一個小小的縣令，但他的詩文卻享有盛名，是個大大有名的文人。咱們大王現在偃武修文，和那班文人墨客熱乎著呢！」

「但據我所知，大王以前是很看不起那些讀書人的。他曾親口對我說過，要爭天下就得憑陣前手中長槍，窮措大手中的毛筆能頂屁用！記得還是在董昌將軍麾下的時候，他就親手殺過兩個窮酸文人！」說到這裡，這員武將自覺失言，倏地一下子打住了話頭。

原來，他犯了一個大忌，翻出了錢鏐的一樁很不光彩的往事。

那還是在剛剛當上董昌手下的大將以後不久，有一個名叫江遂的文人去見董昌。因為對錢鏐沒有表示過分的尊敬，錢鏐就親自下令將這個才華橫溢、小有名氣的詩人殺死，然後投到錢塘江中，時人為之聳動。幾個月以後，江遂的一位好友作了一首打油詩，詩中有「一條江水檻前流，流到臨安斷了頭」的話。錢鏐見了，暴跳如雷，認為這是在諷刺自己濫殺無辜（錢鏐家居臨安，古人好以地代人），立即命人將江遂的好友也捉來殺死。

由於這兩件事做得都很不光彩，事發以後，錢鏐手下的人一直諱莫如深。今天，見有人把它給「捅」出來了，在場的人不由得一個個都很緊張。這時，一個一直在旁邊沒有說話的老臣，出來打圓場說：「算了！算了！把那個羅隱找來，把我們的意思跟他說說不就得了。能辦則辦，不能幹也不必勉強，我們何必在此做無益之爭呢？」

爭論的雙方就坡下驢，第二天便請來了羅隱。把事情挑明之後，這位一向倨傲的才子，竟沒有一口回絕——他沒有說行，也沒有說不行，只是答以盡力而為。

由於有人從中斡旋，第二天，羅隱就找到了一個進宮陛見的機會。

原來，錢鏐最近新得了一幅古畫，題為《蟠溪垂釣圖》，畫上畫的是姜太公呂望蟠溪垂釣（即俗話所傳的「直鉤釣魚」）的故事。錢鏐聽人說這幅畫好，就想何不錦上添花呢？於是他派人宣來了羅隱，想讓大名鼎鼎的詩人給古畫題上一首詩。

這類事情，以往羅隱是能推則推的，但今天他答應得竟很爽快，而且「七步成詩」，當場口占一絕云：

呂望當年展廟謨，直鈎釣國更何如？

若教生在西湖上，也是須供使宅魚！

詩成，書之於紙上。錢鏐見了，沉吟半晌，開懷大笑，說道：「羅先生用心良苦，令本王感動。連姜太公都害怕繳納『使宅魚』，看來，我得把這一項稅收免了。」

錢鏐當即傳旨，免去「使宅魚」的繳納。

事後，有人將一副古對改寫，來形容錢鏐稀奇古怪的性格。對曰：

無物不稅，稅山稅田稅壞了治下所轄小民；

有肚能容，容羅容皮容得下一班諷諫之士。

此對雖不工，但卻道出了箇中事實。

宋人薛居正在《舊五代史》中評論說：「史臣曰：自唐末亂離，海內分割，荊、湖、江、浙各據一方，翼子詒孫，多歷年所……錢氏之守杭、越，逾八十年，蓋事大勤王之節與荊楚、湖湘不侔矣！」

西元九三二年四月，錢鏐病死。死前，他告誡他的繼承人說：「大家推你為主，你要好好守住吳越，子子孫孫都要事奉中國（中原），即使中原改朝換代，也不能失禮！」

這一年，他八十一歲。

禮遇文士的「賊王八」

——五代十國前蜀高祖王建

◎屠牛盜驢耍嘴皮 里人稱「賊王八」

◎遇亂軍焚棧道 負玉璽救皇帝

◎生吃活人嚇走韋昭度 猛攻成都不饒田令孜

◎禮遇文士令人稱奇 弔唁朱溫不忘辱之

◎聽任舞僮害太子 後繼無人狎客行

唐昭宗文德元年（八八八年）七月，四川成都附近的一座軍營，一幕人間慘劇正在上演：幾個如狼似虎的軍吏，拿住一個儒生打扮的書辦，不由分說，按倒在地，三下兩下就把那人的衣服給扒了下來。嚇得縮成一團的書辦叩頭如搗蒜，口裡不住聲地求饒。那些彪形大漢好似充耳未聞，他們幾個拍拍被扒得赤條條一絲不掛的書辦，上下左右仔細地研究了半天，接著又討論起來哪個部位肥嫩、哪個部位瘦溜、哪個部位好用來下酒。正說著呢，一個滿臉橫肉的傢伙端來一盆涼水，「嘩」地一下全潑到那書辦的胸口上，然後只聽「噗」的一聲，隨著「啊」地一聲慘叫，那書辦的心已被滿臉橫肉的軍吏掏了出來。其他幾個軍吏也毫不怠慢，手起刀落，認準自己看好的部位，像宰豬宰羊似的，風捲殘雲般把那個書辦給活剮了。

剮完了書辦之後，那幾個窮凶極惡的軍吏，又對著軍中一座大帳棚，示威性地生吃起人肉來。

——這是《舊唐書．前蜀世家》上記載的真實歷史。

那夥生吃人肉的傢伙的確是受人指使，而生吃人肉向人示威，他們要嚇唬的人是唐王朝的宰相韋昭度。指使這夥軍吏做下這等傷天害理之事的人，不是別人，正是本文的主角，人稱「賊王八」的前蜀高祖皇帝王建。

王建為什麼要嚇唬韋昭度？又為什麼要用「生吃人肉」這樣下三濫的手段呢？他是個什麼樣

的人？

屠牛盜驢耍嘴皮
里人稱「賊王八」

有一位遊戲世間的雜文作家，寫了一篇雜文。在文中，他說中國封建社會的文化乃是一種流氓至上的文化，並舉了以「吾翁即若翁，必欲烹爾翁，則幸分我一杯羹」回覆項羽的漢高祖劉邦為例，說明那些打天下的馬上皇帝往往都以詐不以力。

這人的文章可能有點言過其實，但他所說的許多開國帝王並不是人們通常想像中的謙謙君子，這話倒不無道理。

西元八四七年，是唐宣宗李忱大中元年。

這一年，在《中國歷史大事編年》中所記載的大事如下：

正月：改元大中。

閏三月：敕復廢寺。今會昌五年所廢寺，聽僧尼修復。是時君、相務反會昌之政，故僧尼之弊皆復其舊。

五月：幽州節度使張仲武大破諸奚；吐蕃論恐熱乘武宗之喪，結黨項、回鶻擾河西，河東節度使王宰命沙陀朱邪赤心擊走之。

八月：突厥內屬者掠漕米及行商，振武軍擊破之。

十二月：貶李德裕為潮州司馬。

除了這些大事以外，還有一件在當時人看來並非大事的大事。這一年的六月，唐王朝治下的許州舞陽（今河南省舞陽縣西北）一戶王姓人家，一個男嬰呱呱墜地。

舞陽本在洪河上游，戰國時屬魏國，其地民風彪悍。這個王姓男嬰的父親在男嬰出生後不久就與人群毆而死，只給男嬰留下了王建這個名字。

這個有娘養無父教的王建，很小就染上了一身惡習。他是個典型的「金玉其外，敗絮其中」的人物，如果是第一次和他見面，人們往往很容易被他的外表所蒙蔽。據史料記載，王建其人，生得「隆眉，廣顙，狀貌偉然」——粗眉大眼、大腦門，看起來一點也不像個賊，但實際上他卻是個道道地地的賊，人送外號「賊王八」。

這個外號是怎麼得來的呢？

那還是在王建十四歲的時候，一向以「屠牛」為業的他，因年成不好，耕牛奇缺，很少有人牽牛來給他屠，他本人又好吃懶做，所以堪堪有餓肚子之虞。於是，他就幹起了一門副業「偷驢」——將左鄰右舍的驢偷來宰了，一部分拿出去賣，一部分自己煮著吃。得手幾次以後，王建的膽子大了起來，竟偷到他們村裡的一個李姓大財主家，將他們家的一頭大叫驢給偷去殺掉了。

這李姓財主也算是舞陽數得著的富人，家中養了不少家丁，在村中耳目甚多，順藤摸瓜，很快就將王建捉拿歸案。

第二天，李財主「開堂」審問。

同時被帶上來的除王建外，還有另外兩個欠李財主租子的佃戶。財主也知道這三個人都拿不出什麼東西給他，於是，決定拿他們開開心，就對他們說：「你們有的欠了我的債，有的偷了我的東西，看你們一個個窮得屁股上掛鈴鐺，老夫也不指望你們能還我的債，賠我的東西了！」說到這裡，他故意頓了一下，然後，話鋒一轉說：「但是，老夫要你們發個誓：你們三個人可以對老夫許下願，願來生變作個什麼東西，來報答老夫的不責之恩！聽明白了沒有？」

那兩個佃戶一聽東家不催租子了，不由喜出望外。跪在左邊的那個連連叩頭，口裡大聲說：「小的願來生變馬，給老東家騎乘！」

「唔，不錯！」李財主點了點頭，一抬手把那個人放了。

跪在右邊的那個佃戶想了想說：「小的願來生變作牛，代老東家耕田耙地！」

「也好！」一抬手，李財主又把這個佃戶給放了。

「我願來生變作老財主的爹！」還沒等那佃戶走出去，王建就開了腔。

「什麼？你！你好大的膽子！」李財主氣得差點背過氣去，心想：「好你個王建！你偷了我的驢，我不追究，你竟要變成我的爹！你變成我的爹，我不就是你的兒子了嗎？這還了得！」於是，他大聲叱罵道：「你這廝偷了我的東西，賊性不改，還想討我的便宜！你給我說清楚，不然，打折你的狗腿！」

「李老財主息怒，」王建嬉皮笑臉地說：「我王建不是偷就是盜，欠的人太多，變牛變馬，只能報答你一個，但是我若來生變成你的老爹，做大官，發大財，針頭削鐵，蚊子腿上剝肉，積下數不清的家財，你再拿去花用。花不完的再賞給鄉里，豈不是一舉而數得了嗎？」說完，他擠眉弄眼朝李財主直笑。

李財主一想，只要能為我弄來萬貫家財，就是給他當回兒子也值得，但大庭廣眾之下，他還要顧及一下自己的面子，舞陽人罵人有罵「王八蛋」的習慣，於是，脫口而出：「你這個王八蛋，真是個賊王八！」

西元八八〇年十二月，黃巢起義軍攻破唐王朝西都長安，大宦官田令孜率領五百名神策軍挾持唐僖宗逃往成都。

次年五月，驚魂甫定的唐僖宗李儇下令天下兵馬勤王。唐王朝忠武軍監軍楊復光率領忠武軍八千人，大敗黃巢手下大將朱溫於鄧州，直追到陝西藍田才鳴金收兵。

楊復光所率的這八千人中，有一千人是我們本文的主角「賊王八」帶來的。

這時候的「賊王八」已投入忠武軍軍將鹿晏弘的麾下，任都頭。

由偷驢盜馬的賊變成助紂為虐的官軍，王建名義上是吃上了官飯，但實際上卻仍不脫賊氣。但他此番做賊卻大大獲益，不僅得利，而且還撈到了一個好名聲。

做賊為什麼還能撈個好名聲？原來是唐僖宗喜歡上了他。

僖宗皇帝為什麼會喜歡「賊王八」呢？

遇亂軍焚棧道
負玉璽救皇帝

西元八八五年三月，唐僖宗自成都返回長安，改元光啟。戰亂後的長安，已非舊時的模樣，狐兔猖狂，朝廷號令所行，也只有河西、山南、劍南數十州而已。

九個月以後，唐僖宗又一次被迫逃離長安。這次逃離長安，大宦官田令孜不能辭其咎。原來，就在返回長安後不久，田令孜就好了瘡疤忘了疼，與當時的地方實力派，河中節度使王重榮去爭安邑、解縣兩處鹽池。王重榮兵權在握，根本不買田令孜的帳，田令孜遂假傳聖旨，調王重榮為泰寧節度使。王重榮拒不受命，並且上表，數田令孜十罪。田令孜勾結邠寧節度使朱玫、鳳翔節度使李昌符以圖王重榮，王重榮則向當時最有實力的李克用求助。十二月，李克用、王重榮聯手進攻朱玫、李昌符，並大敗之。王重榮率兵進逼長安，剛剛過了九個月安生日子的唐僖宗李儇不得不再一次逃離長安。

次年正月，李克用還軍河中，與王重榮一起上書唐僖宗，請誅田令孜，田令孜把唐僖宗劫持到寶雞。朱玫、李昌符恥為田令孜所用，投向李克用、王重榮，四人合兵一處，追趕著田令孜、唐僖宗一行人從散關赴興元（今陝西漢中）。

這次逃亡途中，王建一直跟在僖宗皇帝的身邊，深得李儇的賞識。李儇任命王建為清道使，並且把攜帶傳國玉璽這麼重要的任務交給了他。

僖宗為什麼這樣信任王建？

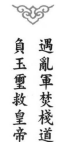

原來，在此之前，王建曾經救過皇帝的命。那是從散關入漢中的途中，在經過當塗驛時，李昌符突然派人燒毀棧道，李克用、王重榮的追兵在後面窮追不捨。儘管他們口口聲聲說此來是為誅殺田令孜以清君側的，但亂軍之中，刀劍無情，誰也不知道，這些「丘八」們會不會在追上皇上之後，也捅他一刀兩刀的。所以，不僅田令孜恨不得變成一隻小鳥飛起來躲開去，僖宗皇帝本人也急得什麼似的。

還好，田令孜的坐騎已通過棧道，唐僖宗所乘的馬也走到了棧道的中間，隨行人員心裡剛剛要鬆一口氣，突然，棧道右方的山崖上滾下一團火來，「啪」地一聲，不偏不倚，正好打在皇帝的坐騎上。那匹御馬「唏溜溜」一聲暴吼，突然揚起前蹄，偏過頭來要往左邊狂奔。左邊可是萬丈深淵。此時，隨行軍士或者離皇上太遠，或者只顧自己逃命，把個僖宗皇帝給拋在了一邊。眼看這位「真命天子」就要葬身深谷，突然，一身手敏捷之人，幾步就搶到了僖宗的身邊，左手攬轡，右手扶住皇上，單腕用力，將那匹本來還像無頭蒼蠅一樣到處亂跑亂撞的御馬「釘」在了原處。馬上的僖宗，低頭一看，不由倒抽了一口冷氣：好險啊！倘若控馬人晚來一步，自己此時恐怕早就見列祖列宗去了。

驚魂甫定，僖宗皇帝再回過頭來細細打量這位「自天而降」的救駕勇士，才發現他原來就是不久以前由自己加封的清道使，連忙脫下自己身上的一件龍袍披在王建身上（《新五代史・前蜀世家》用的是「解御表賜之」），別人想攔都來不及。

唐代的皇室與宋代一樣，皇帝的袍服有獨特的標識，其最主要的特徵乃是其顏色。按照唐代輿服制的規定：天子之服黃色；其餘軍民人等，無論你是平頭百姓，還是一人之下，萬人之上的王爺、宰相，都不得衣黃袍，否則，就是犯了僭越之罪。稍後於信宗的趙匡胤陳橋驛兵變，首先做的事情就是扯件黃衣服「黃袍加身」，以表明自己成了天子。這種等級尊卑的服飾文化觀念早已形成，而信宗本人卻拱手給一個不入品的小小武官王建披上龍袍，這可不是一件小事情！至少那些相信符讖之說的人是這樣認為的。

「看來不久將有革故鼎新之事出現了！」一些隨行官員心想。

但他們誰也沒敢把自己的想法說出來。事實上，他們也不願相信。在他們看來，皇上雖然把龍袍賜給了那個叫王建的清道使，但王建本人恐怕沒有那麼大的命！王建，到底行不行呢？

生吃活人嚇走韋昭度 猛攻成都不饒田令孜

逃難漢中以後，原本不可一世的田令孜開始變得謹小慎微起來。他知道自己任十軍觀軍容使期間剋扣軍餉，名聲太臭；又結怨於地方實力派李克用、王重榮，致使天子兩度蒙塵，「懼且得罪」，於是，沒敢與信宗皇帝一起返回長安。

他脅迫皇帝任命他為西川監軍，因為西川節度使陳敬瑄乃是他的同母弟。

為了籠絡人心，田令孜舉薦另一宦官楊復恭代己為觀軍容使。楊復恭見皇上很喜歡王建，於是，體察上意「出建為壁州刺史」——推舉王建為壁州刺史。

從一個小小清道使到一州父母官，王建深知「有槍就是草頭王」的道理。於是，他豎起招兵大旗，「招集亡命及溪洞夷落，有眾八千」。以這八千人做本錢，王建加入了逐鹿蜀中的軍閥混戰行列。

他先是攻下與壁州相鄰的閬州，執其刺史楊行遷，又攻利州，逐走利州刺史王珙，把一向平靜的川西攪了個一塌糊塗。

西川節度使陳敬瑄坐不住了：打又打不過，放又放不得，難道就這樣任由王建鬧騰下去？他去找自己的大宦官哥哥田令孜拿主意。

田令孜打腫臉充胖子地說：「這事好辦。王建是我的乾兒子，若是老夫有話，一介之使即可召之立至，將他收到吾弟的麾下，專供驅使！」

陳敬瑄一聽，喜出望外，立即請其兄派人前往王建軍中召王建前來。

此時的王建雖然已不是昔時的「賊王八」，但也還沒有什麼遠大的志向。聽說田令孜兄弟請他前往，高興異常，即刻整軍從閬州來到梓州。

梓州小軍閥顧彥朗是王建白手闖天下時的老夥伴。到了梓州以後，王建得意洋洋地對他說：「十軍阿父（指田令孜）派人來請我，這可是一件很有面子的事。我打算輕騎趕奔成都，面見阿父和陳公，以求一鎮！」

將家屬託付給顧彥朗之後，王建只帶二千名精兵，趕往成都。

他們一路上曉行夜宿，不一日便來到了鹿頭關下（今四川德陽北鹿頭山）。相傳古時有一名叫張鹿頭的人在此造宅，故以之為山名。此關自古以來即為西川防守要地。唐代元和元年（八〇六年）

高崇文討西川節度使劉辟，就是攻破鹿頭關後直趨成都的。

王建一行來到關下後，走在最前面的斥候（偵察兵）上前喊關，說是奉節度使之命趕奔成都公幹。哪知關上回應他們的竟是一陣箭雨。

怎麼回事？

王建聽了手下人的稟報以後，拍馬來到關前：「喂，關上的人聽著：我是壁州刺史王建，奉了節度使陳公之命，前往成都，快快開門，放我等過去！」

關上傳出一個粗粗的聲音：「格老子（四川罵人話），你說你奉了節度使之命入關，有何憑證？老子守關，也是奉了節度使之命。節度使大人下令，不准放你們過去！管你什麼刺史不刺史的！」

這一番話把王建氣得鼓鼓的，他立即揮兵攻關。一天以後，鹿頭關被攻破。王建揮得勝之兵直取漢州。遠在梓州的顧彥朗聞聽陳敬瑄叛盟，也出兵回應王建。兩人合兵，其勢更盛，先後擊敗了陳敬瑄所派的大將句惟立、眉州刺史山行章，又與陳敬瑄的七萬援兵相持於新都百餘日。

這時，一向信任田令孜、陳敬瑄兄弟的唐僖宗病死，其弟昭宗李曄繼位。剛剛繼位的昭宗派左諫議大夫李洵為兩川宣諭和協使，為王建、陳敬瑄進行調停。

王建不便出面，就指使顧彥朗出面，提出了停戰的兩個先決條件：

一、「請以大臣鎮蜀」——請求朝廷派一個高級官員來四川鎮守；

二、「為建求旌節」——請求朝廷任命王建為節度使。

一心想要息事寧人的昭宗皇帝全部接受，任命宰相韋昭度為西川節度使以代替陳敬瑄，拜王建為永平軍節度使。

陳敬瑄一聽皇上要罷免他，很生氣，拒不從命。這正中昭宗皇帝的下懷，他立命韋昭度率顧彥朗等興兵討伐，又任命王建為招討牙內都指揮使，協同韋、顧二人作戰。

這場討伐打得很辛苦，雙方相持了好幾個月也沒有結果。這倒不是因為陳敬瑄的部下有多頑強，而實在是因為王建另有企圖。

此時的王建野心進一步膨脹，他已看上了韋昭度那個位置，於是，經過一番準備以後，他就開始行動了。

「韋公以數萬之眾，」王建給韋昭度下「毛毛雨」說：「困兩川之人，師久而無功，這可太危險了！況且現在朝廷多變，東面諸藩鎮兵接京師，危及天子，宰相大人為什麼不回去輔佐皇上，安定中原，以固根本呢？我們現在待的地方不過是片蠻荒之地，相公對它難道還有什麼留戀嗎？」

求官心切的韋昭度裝聾作啞，「遲疑未決」。王建就使出了他的「殺手鐗」——派人將韋昭度的親信捉來，「於軍門臠而食之」——將那人殺死，切成塊，一塊一塊地生吃，然後，故意裝作驚慌失措的樣子去見韋昭度，氣喘吁吁地對他說：「宰相大人，看見了吧？這群兵士餓瘋了，開了殺戒。我也彈壓不住！長此以往，恐怕大人的安全也沒有辦法保證啊！」

「昭度大恐，即留符、節與建而東。」嚇走了韋昭度以後，王建立即派兵東向，控制住聯繫東、西兩川通道的劍門關。

劍門關一卡，西川的一切都成了王建的囊中之物。

與王建相持不下的山行章自不量力，引兵擊王建，反為王所敗，不得已舉州向王投降。山行章的投降，就像西方人玩的「骨牌」一樣，引起了連鎖反應。陳敬瑄屬下的資、簡、戎、嘉諸州皆殺刺史以應王建。這些人的陣前倒戈，自然加重了王建一方的籌碼，這一次，他可真的要攻成都了。

成都城裡又是另一番景象。手中雖然還有幾萬兵丁，但陳敬瑄卻覺得自己已經完了。他再一次求助於自己的大哥。

「待老夫到城牆上一觀。」田令孜也想給自己找一條退路。

「好！」

正在城下組織攻城的王建突聞城上有個人在尖聲尖氣地朝他喊些什麼，於是，一揮手，示意左右的人靜下來，他要聽聽那人究竟在喊些什麼。

「王將軍，王建將軍，」是田令孜的聲音，「老夫以往待你不薄，能否看老夫薄面，解成都之圍呢？」

王建沒有說話，他叫過隨軍文書，口授了幾句話，在一塊白布上寫好，然後將其綁在箭頭上，「嗖」地一聲射上了城牆。

牆上的守軍把綁在箭上的信交給田令孜。那信很短，大略謂：「軍容（田令孜）待我的恩情怎麼敢忘？但『割穀子種芝麻，一碼是一碼』！我這次兵臨成都城下，乃是奉了天子之命前來討伐拒不接旨、不肯交出節度使印信的人。因為有了聖上的這道旨意，我不敢以私廢公！」

見王建翻臉不認人，田令孜、陳敬瑄這對難兄難弟也毫無辦法，只好屈服。

就在當天夜裡，田令孜縋城而下，來到王建的軍營。他是替其弟陳敬瑄來向王建繳納節度使、觀察使的印信。

第二天一大早，走投無路的原唐朝西川節度使陳敬瑄打開成都城門，把他的仇敵，那個一向被他稱為「賊王八」的人迎進城中。

「賊王八」入了成都城，也還是賊王八。

他先是把陳敬瑄貶到雅州殺掉，然後，又找個藉口殺了他的乾爹田令孜。

昏庸無能的唐昭宗無意也無力干涉西川事務，遂於王建攻占成都後不久，授予王建一大堆官銜。這些頭銜有檢校司徒、成都尹、劍南西川節度副大使知節度事、管內觀察處置雲南八國招撫等使。

王建本人呢，也樂得朝廷成全，所以也就照單全收。

蜀地以外的中原，群雄逐鹿，民不聊生，亂成了一鍋粥，而王建治下的西川倒還算太平。此後，他又乘各地方實力派你爭我鬥之機，採用明搶暗奪等種種手法，先後奪得了東川、興元、武定（後二者合為山南西道）等地，於西元九〇三年八月爬上了蜀王的寶座。

中國有句老話，叫作「江山易改，稟性難移」，當了蜀王之後的王建，他身上那股流氓氣還有沒有呢？

禮遇文士令人稱奇
弔唁朱溫不忘辱之

西元九〇七年三月，唐哀帝李柷派宰相張文蔚、楊涉等人捧著玉冊、傳國寶（注意：不是傳國璽），前往朱溫所在的大梁（今河南開封）。四月，張文蔚等來到大梁，傳達李柷的旨意，禪位給朱溫。朱溫更名為晃，即皇帝位，國號大梁。

五代十國正式開始。

遠在四川的王建也不知是消息閉塞，還是故意不買朱溫的帳，根本不承認大梁，不但不承認，還仍沿用唐昭宗的年號「天復」。

天復七年（九〇七年）正月，有巨人現於成都附近的青城山。六月，鳳凰現於萬縣，嘉陵江裡出了黃龍。接著，兩川及山南西道諸州紛紛上書給王建，說他們那裡發現了祥瑞，因而，都上表勸進，「懇請」王建即皇帝位。

王建呢？假意推託了一次，到了這一年的九月己亥日才正式穿上了龍袍（不知是不是十幾年前，另一位「真龍天子」唐僖宗賜給他的那件）登基做了皇帝，建立起前蜀帝國。

王建其人，《新五代史．前蜀世家》中稱他「雖起盜賊而為人多智詐」，是一個具有多重性格的高級無賴。

這個無賴當了皇帝之後，有一件事很叫人不解，那就是所謂的「善待士」。

大概從盛唐以後，社會的風氣已由重文輕武轉為重武輕文，所謂「寧為百夫長，不為一書生」。儘管由太宗皇帝所宣導的科舉取士制度名義上還存在，而且有許多人也確實借之求取了功名，但安祿山、史思明這兩個「從來不讀書」的胡人，以一杆長槍、三尺寶劍旬月之間，就將「天可汗」李世民建立的龐大帝國掀了個底朝上，遂使草民百姓覺得銀筆桿實在趕不上爛槍頭。其後藩鎮割據，那些手握重兵的武夫們可以任意撤換朝廷大臣，甚至趕走皇帝，槍桿子就更值錢了。後周時代的一個大將史弘肇就說過：「打天下靠的是手中長槍。文人手裡那三寸毛筆濟得甚事？」所以，在王建那個時代，一個小朝廷新立，其重要官職往往都由武夫擔任，無論這個職位是文官還是武職。在這種情況下，王建重用文人確實顯得有些獨樹一幟了。

先後被王建委以重任的文人有韋莊、張格、王鍇等。

韋莊，約生於西元八三六年，卒於西元九一〇年，字端己，是後代常常提起的「花間派」詞的鼻祖。

他的作品清婉秀麗，多用白描手法，寫閨情離怨，給人留下了深刻的印象。

我們不妨引錄他所寫的兩首詞：

其一〈菩薩蠻〉

人人盡說江南好，遊人只合江南老。春水碧於天，畫船聽雨眠。壚邊人似月，皓腕凝霜雪。未老莫還鄉。還鄉須斷腸。

其二〈荷葉杯〉

記得那年花下，深夜，初識謝娘時。水堂西面畫簾垂，攜手暗相期。惆悵曉鶯殘月，相別，從此隔音塵。如今俱是異鄉人，相見更無因。

關於後一首詞還有一段離奇古怪的傳說。因為牽涉到我們本文的主角王建，所以，這裡不妨略敘幾句。

據楊偍《古今詞話》記載，韋莊於乾寧元年（八九四年）考中進士以後，曾當過幾年校書郎，然後便入蜀依附王建，被王建辟為記室（類似於後代的祕書）。西元九〇七年王建稱帝以後，韋莊被任命為左散騎常侍，累官至吏部尚書平章政事（丞相），前蜀帝國開國的典章制度大多出自其手。傳說韋莊有一寵姬，資質豔麗，且擅長辭章翰墨。王建聞知便以教宮中姬妾習詩為托詞，將韋莊的愛姬（即詞中所說的「謝娘」）奪去。愛姬去後，韋莊思念不已，於是作了上面引錄的這首〈荷葉杯〉以追懷寄情。詞情淒怨哀絕，人相傳播，盛行於時，姬見此詞不食而死。

悲則悲矣，然而卻與史實不符。

我們前面已經說過，韋莊生於西元八三六年，上述這首詞約寫於西元九〇七年，其時韋莊已是年過七十的老翁。古稀之年，想必他不會為一年輕女子與王建爭風吃醋，且觀其「如今俱是異鄉人」之語，亦似非指被奪之姬。詞學大家夏承燾先生已撰文指證其偽。

從王建稱帝前期的所作所為來看，我們也覺得夏承燾先生所說有理。西元九一〇年以前的王建，還不是個好色之徒。

他之任用韋莊等人，實在「非關女色」，而是與他早年的一段生活經歷有關。

王建曾經不止一次地向他周圍的人講過這樣一件事：

那是他剛剛投身於行伍之後，因為護駕有功，升任神策軍將，成為僖宗皇帝的「帶刀侍衛」。禁中的生活在外人看來是充滿神祕色彩的。那四堵高牆圈起來的，決不僅僅是一個狹小的空間，還有許多布衣小民們難以想像的神祕。

充任「帶刀侍衛」的王建在禁中的所見所聞是什麼呢？

「吾為神策軍將時，宿衛禁中，見天子夜召學士，出入無間，恩禮親厚如僚友」——《新五代史》中的王建如是說。他看到的是那些出口成章的文人們吟詩作賦的洋洋灑灑，看到的是大唐天子對那些文人墨客們的禮遇和優容。

「故建待格（即張格。當時著名文人）等恩禮尤異」（《新五代史·前蜀世家》）。正是由於有了那段經歷，一心想要脫掉自己身上低層次習氣的王建才大規模地起用文人，並不惜任之以宰相之類的高官。

前蜀立國的同年，由朱溫建立的後梁代唐入主中原。放眼當時，能夠與朱溫相抗衡的，恐怕只有王建和李克用。

得天獨厚的地理條件，使得王建能夠在交通並不發達的情況下，與中原的新生封建政權相抗衡。當然，由於中間還隔著一些其他勢力，從嚴格意義上說，這種對抗還僅僅限於非軍事性的。

西元九一二年元月，王建接受群臣所上的尊號，自稱「英武睿聖神功文德光孝皇帝」。

同年二月，前蜀帝國出了一件大事：一向被視為無價之寶的原大唐王朝的傳國玉璽突然在蜀地出現，並落到了王建的手裡。

唐代的傳國玉璽怎麼會在蜀地出現？又為什麼會落在王建的手裡呢？

這要從西元八八六年唐僖宗奔蜀談起。在那次逃亡中，大宦官田令孜懼禍留蜀，竊得唐僖宗李儇隨身攜帶的傳國玉璽。唐僖宗回到長安後，才發現作為國家象徵的傳國玉璽不見了。一瞭解竟是他最信任的田令孜「玩」了他一下，他也只能「啞巴吃黃連——有苦說不出」，也就沒有聲張。所以，當朱溫逼迫唐哀帝李柷禪位時，才出現了只有玉冊、傳國之寶，而無傳國玉璽的尷尬場面。

田令孜竊得傳國玉璽之後，一直把它帶在身邊。

西元八九〇年王建攻取成都，流放田令孜並殺之於流放途中，田令孜的老宅就一直沒人住。二十二年過去，王建手下的尚食使（官名）歐陽柔翻建田令孜的故宅，挖宅基地時陰差陽錯地把這個令無數人為之朝思暮想的傳國玉璽給挖了出來。

膽小怕事的歐陽柔自然不敢隱瞞，馬上將這個無價之寶呈交給他的皇帝陛下王建。也不知是誰傳的話，「王建得到了大唐的傳國玉璽」這個消息，像一陣風似地很快「吹」到了數千里之外的後梁首都大梁。

「這個賊王八怎麼這麼有福氣？」朱溫氣哼哼地罵道。

他通過中間人輾轉致信給王建，聲稱願用數州之地交換那枚傳國玉璽。

一來是那中間人的品級太低，二來也確實想與朱溫「別別苗頭」，王建一口回絕了朱溫以地換璽的請求，並且對那中間人說了許多難聽的話，諸如某些人「賊性難改」啊，「效曹操、司馬懿從孤兒寡婦手中奪得天下，乃壯夫所不屑為」啊，夾槍夾棒的。矛頭所向，直指曾經參加過黃巢起義，後來又成了叛徒的朱溫。那朱溫也是一勇之夫，豈能嚥下這口惡氣？聽了中間人的轉述，當時就要發兵伐蜀。

左右的人將朱溫勸住，其實這位後梁太祖皇帝當時也是虛張聲勢而已，因為他的大梁不僅與王建的前蜀並不接壤，而且更重要的還在於他當時還有一塊「心病」未去。

這塊「心病」就是沙陀族人李克用。自從在討伐黃巢的一次戰爭中雙方結怨以來，李克用及其兒子李存勖就恨不得生吞活剝了朱溫。有這樣一個強敵窺伺於側，朱溫若要討伐王建，也只能是紙上談兵，過過嘴癮而已，是不能當真的。

可是這「賊王八」的話又確實氣人，朱溫是個愛面子的人，現又是名正言順的大梁帝國皇帝，豈能有氣往肚子裡邊嚥？

一個名叫盧玭的光祿卿（官名）很會體察上意，為朱溫獻上一計。朱溫聽了，開懷大笑，一高興，竟拍起盧玭的肩膀來。

「好，好主意！」朱溫想也沒想就下命令說：「朕決定就派你任專使，前往『賊王八』那裡去完成這個任務，替朕出口惡氣！」

盧玭這傢伙本來是想通過獻「奇計」討好皇上的，誰料竟引火焚身。欲要推託吧，朱溫的脾氣他又是知道的，於是一咬牙，一跺腳，幹吧！

西元九一二年五月，後梁國光祿卿盧玭千里跋涉來到前蜀。盧玭此來，一為報聘（訪問），二為送印。兩個任務中，送印才是他此來的真實目的。

不遠千里而來，盧玭要代表大梁送給王建一枚什麼樣的印呢？

這是一枚很普通的印章，不普通的是它上面的銘文。那銘文共有六個大字：

「大梁入蜀之印」。

倘若王建所用的宰相不是文人，不熟悉唐代的各種典章制度，那麼，前蜀帝國的這個啞巴虧是吃定了。

原來，從唐代開始，有一條不成文的習慣：天朝大國的使節出使周邊的夷狄之國時，其所攜帶的印文上，才刻有「大唐入某國之印」的銘文。王建的前蜀雖然並非地處中原，但它也絕不甘於以夷狄自居。巧之又巧的是，王建所用的宰相級官員基本上都是文人，而且都是熟悉典章制度的文人。此時，大詩人韋莊已故，朝政由另一著名文人張格打理。張格是唐代名臣張浚的兒子，以熟悉唐代的典章制度見稱於世。他見到梁國使臣送來的這枚印章後，對王建說：「按照前唐的慣例，只有派遣使節出使周邊的夷狄之國，才使用『大唐入某國之印』的印文。現在，梁口口聲聲說願以兄事陛下（指王建），為什麼要這樣埋汰我們呢？」

「什麼？朱全忠這廝竟敢這樣耍戲於我？」王建氣得暴跳如雷，當時就要將盧玭斬首，以解心中之憤。

左右的人一勸，王建的腦袋也轉了幾圈，一個「餿」主意出來了：

「你想玩老子，」王建心裡暗道：「老子還想玩你呢！你朱溫不過是個私鹽販子出身，俺老王還偷過驢、宰過牛呢，難道還玩不過你！」

說來也巧，之後不久，朱溫被兒子朱友珪殺死，一直被王建扣留的大梁使臣盧玭請求回國奔喪。王建慨然應允，只是命人帶上印章一方，與盧玭一同前往後梁首都開封，將那枚印章「敬獻」於朱溫的靈前。印章上赫然刻著六個大字：

「大蜀入梁之印」。

已經躺進棺材裡的朱溫當然鬥不過還活蹦亂跳的王建了！

聽任舞僮害太子　後繼無人狎客行

王建治下的前蜀帝國，古稱「天府之國」，巴山、秦嶺、揚子江、嘉陵江，再加上「難於上青天」的蜀道，可以說是一座輕易不能攻破的堡壘。

這座堡壘後來之所以輕而易舉地被沙陀族人李存勖所建立的後唐攻破，實在是因為它自身的「窩裡鬥」。

挑起「窩裡鬥」的人，就是王建自己，而替王建拉響「內戰導火線」的則是一個名叫唐襲的舞僮（相當於後世的舞女，但卻由男人來充當，此類男子多係面目姣好之輩，俗稱「小白臉」者是也）。

在南征北戰的前期，王建收了一個養子。收養子以為己用，乃是唐末五代十國時期，割據一方的軍閥們最常施用的一種擴充實力的手段。與王建同時代的朱溫有養子，李克用有養子，而且還都不止一個。李克用的養子李嗣源後來還成為後唐的一代明主。由此可見，收養義子，如教育得法，也並非什麼壞事，但倘若養之而不教之，就容易遺患。

王建收養的這個義子原本姓甘，因為從小到大一直跟隨王建出生入死，所以以軍功累遷至武信軍節度使，成為獨當一面的方面大員。王建親自為其取名叫王宗佶。

這個方面大員眼高於頂，與王建最為寵信的唐襲勢同水火。唐襲覺得王宗佶不過是皇帝陛下撿來的一個窮小子。王宗佶呢？則始終把唐襲看成一個只會粉墨登場的舞僮。

說也湊巧，王建早年大大小小的老婆也娶了不少，但卻一直沒有誰為他生過一個兒子，所以，他才收養了那個甘姓子弟。當甘姓子弟剛剛有所建樹時，王建的幾個老婆卻像事先商量好了一樣，接二連三地為王建生了一大堆兒子，他們是：衛王王宗仁、簡王王元膺、趙王王宗紀、豳王王宗輅、韓王王宗智、莒王王宗特、信王王宗傑、魯王王宗鼎、宋王王宗澤、薛王王宗平、鄭王王宗衍。這些兒子一天天長大，身為養子的王宗佶一天比一天不安，他手下的謀士鄭騫替他出主意，讓他向皇上求官。

「求官？」王宗佶煩躁地問：「求什麼官？」

「請皇上任命王爺為大司馬，總六軍、開元帥府，凡軍事可便宜行事！」鄭騫此計甚毒。

「有那舞僮在朝，皇上能答應我的請求？」王宗佶語含輕蔑地說。

他這話倒不是捕風捉影，因為那「舞僮」唐襲的確一直在旁打他的冷拳。

舞僮出身的唐襲與王建之間的關係除了是君臣之外，很可能還有一層特殊關係。

王宗佶可能不知道他的老爹還好這一口，所以，即使當唐襲扶搖直上，升遷到掌管全蜀兵馬調動的樞密使官職時，「猶名呼襲」——還直呼唐襲的名字，這在古代是十分失禮的事。見有人如此侮辱自己的面首，王建很氣憤。唐襲呢？卻假作大度，他越是大度，王建就越恨王宗佶。有一天早朝後，王建氣哼哼地對唐襲說：「那小子直呼樞密使其名，一定是看不起你！看不起你，也就是看不起我，他這是要造反啊！」

就在這時候，王宗佶又不度德量力，連著上了三道表章，請求皇上封他為大司馬。

見時機已到，唐襲於火上再加了一勺油，他對王建說：「宗佶是陛下的螟蛉義子，義同親生，子承父業，不是很好嗎？何況他現在已經很有威望，又得人心，這大司馬之職晚封不如早封，陛下就給了他吧！」

「有威望？得人心？子承父業？」王建心裡連打了好幾個冷顫。「我又不是沒有親生骨肉，幹嗎要把一個舉足輕重的位置給一個沒有血緣關係的人？」他想道：「看來，該下決心了！」

說來也巧，第二天早朝，王宗佶竟從他的武信軍節度使駐地趕回成都，當著滿朝文武的面「自請不已」。王建勃然大怒，高聲喝道：「金殿衛士何在？把這個逆子亂臣拉下去摔死！」

王宗佶一聽父皇要把他摔死，嚇得魂飛天外，忙示意左右的人為他求情。但他這人平日裡的人緣太壞，加上皇上盛怒之際，所以，滿朝的文武一個個眼觀鼻，口問心，沒有一個上前說話。

那些金殿衛士們早已得了唐襲的好處，聽見皇上的命令後，一刻也不遲疑，七手八腳將王宗佶裝在一個口袋裡，喊著號子往高處拋。上上下下十幾次，王宗佶就成了肉餅，沒當上大司馬倒先成了「大死馬」了！

王宗佶之死，僅僅是前蜀帝國內亂的先兆，因為那個「導火線」唐襲還在，更重要的是他還得到了王建的信任。

晚年時的王建和許多開國之君一樣，寧肯相信身邊所寵愛的人，也不願相信骨肉至親。

王宗佶死後的第三年，王建又親手逼死了自己的親生兒子、皇太子王元膺。王元膺是王建的第二個兒子，他本名王宗懿，後來更名為王宗坦，最後定名為元膺。十七歲那年，他被王建立為皇太子。

作為皇太子，王元膺享有許多特權，而少年得志，則使他身上難免沾染一些紈綺習氣。但平心而論，他還不是一個「壞孩子」。連《新五代史．前蜀世家》上也稱他「多才藝，能射錢中孔」。王元膺還有一絕，能在馬上拋出一個畫球，然後彎弓搭箭射中之，而且是百試百中。

一開始，王建對他的這個兒子還是比較滿意的，除了委之以「判六軍、創天武神機營、開永和府」的重任外，還為他延請當時頗為有名的道士廣成先生以及大名士杜光庭充任老師。

倘若不是遇上了唐襲這個惡人，或者雖然遇上唐襲這個惡人，但王建能夠兼聽而不偏信，那麼，王元膺一定會順順利利地成為前蜀帝國的第二任皇帝。

但這都只是假設而已。

害死了王宗佶之後，唐襲被王建提拔為太子少保。嘗到了害人甜頭的唐襲，志得意滿，以為除了皇上以外，滿朝的文武都應該巴結他。誰知王元膺偏偏不買他的帳，不但不買他的帳，而且還多次開他的玩笑（當然是非惡意的）。於是，他對皇太子懷恨在心，伺機報復。

前蜀武成三年（九一〇年）七月七日，是中國傳統的乞巧節。王元膺遍撒請帖，請諸王、大臣前往太子府赴宴。滿朝文武差不多全都到了，只有集王王宗翰、樞密使潘峭、翰林學士毛文錫沒有到。年輕氣盛的王元膺覺得他請客，竟有人膽敢不來，實在是莫大的恥辱，氣得暴跳如雷。

次日早朝，王元膺立即參了王宗翰等人一本，說集王不尊重太子的權威，又說潘峭、毛文錫離間諸王，請求皇上對他們進行懲治。

王建不置可否，以此事詢之於隨侍在側的唐襲。

早就想報復太子的太子少保唐襲可一點都不想「保」太子。聽皇上問他如何看待此事，唐襲裝模作樣地沉思了一會兒，然後，不慌不忙地說出一番話來。他說：「七月七日晚上的聚會，實際上據臣所知，乃是太子圖謀作亂，欲召諸王、諸將赴宴，然後將他們軟禁，因此，集王等人不去赴會，實在是高明之舉，根本無罪！」

見唐襲說得斬釘截鐵，王建已信之三分。唐襲也不勉強，又很熱心地為王建出了個主意：請皇上授權給他召集屯營軍以測太子反應。

王建想都沒想就答應了。

在宮外的王元膺一開始時還像沒事人似的，但當他聽說唐襲調集兵馬有所舉動時，也沒有仔細偵察一下，就錯誤地做出「以為將誅己」的判斷。

七月九日，王元膺與其心腹軍將喻全殊、伶人安悉香率天武兵自衛。一場內戰爆發。

樞密使潘峭、翰林學士毛文錫來不及逃走，被王元膺派人捉去，關在太子府裡。

唐襲率屯營軍討伐王元膺，說是奉有皇上的旨令。王元膺命令手下大將徐瑤、常謙率兵出拒唐襲，也說奉有皇上的旨意。

較起真章來，舞僮出身的唐襲，哪裡是王元膺等人的敵手，被太子爺一箭射在馬下，割下首級。

唐襲陣亡的消息傳到宮中，王建又氣又惜，立命王宗賀再率大軍，手捧他親筆所書的聖旨討伐王元膺。

那些隨太子起事的士兵，見了皇上親筆所書的聖旨都很害怕，一哄而散。王元膺見勢頭不對，也顧不上太子爺的身分，乘亂躲到了皇宮附近的躍龍池中。在那裡藏了一夜，第二天一大早，又累又餓的王元膺出來想要向人討點吃的，被人認出，密報給皇上。

王建此時也不知是真想置太子於死地，還是老糊塗了，竟派與王元膺最不友善的王宗翰前去招撫王元膺，這豈不是讓黃鼠狼去給小雞拜年！結果，自然是王元膺難逃一死了。

王元膺一死，前蜀的繼承人人選又成了問題。要是按照「立嫡以長」的原則，應該立長子衛王王宗仁，或三子趙王王宗紀，但此時的王建卻偏選定了第十一子，也就是他最小的兒子鄭王王宗衍。

這是為什麼？

難道王宗衍有什麼「經天緯地之才」嗎？否！

王宗衍其人，《新五代史・前蜀世家》說他「年少荒淫……以韓昭、潘在迎、顧在珣、嚴旭等為狎客」。有一年九月九日重陽節，他竟與一班狎客連喝了三天三夜的酒，不去處理國政。其兄嘉王王宗壽（王建養子）哭著勸諫王宗衍打理國政，沒心沒肺的王宗衍竟嘻嘻哈哈地拿嘉王取樂，並醉醺醺地說：「嘉王都醉哭了！嘉王太沒有酒量了！」

這種人別說是選他當皇位繼承人，把一個國家託付給他，就是把一個幾口之家託付給他，恐怕也會讓他敗得個精光的！

「王建真是個蠢貨！」有許多不明真相的人常常這樣說。

其實王建也不是不知道他這個小兒子不爭氣，之所以立王宗衍，實在是因為王宗衍有一個漂亮的母親和一個風韻猶存的小姨。史稱王建「晚年多內寵。賢妃徐氏與妹淑妃皆以色進，專房用事」。王宗衍，就是徐賢妃所生的兒子。愛屋及烏，王宗衍撿了個大便宜。

西元九一八年六月，王建突染重病。他一向寵信的另外一個唐姓奸臣唐文扆密謀作亂，幸賴其養子王宗弼排闥而入，殺死唐文扆，才使前蜀免遭覆滅。因受刺激，幾天以後，王建病死於成都，終年七十二歲。

當臣子的僮僕常挨大臣揍

——五代十國吳景帝楊隆演

◎榮登大寶，卻毫無自由
遭臣子戲，心酸無人知

◎接連受辱，窩囊忍氣吞聲
忠臣除奸，膽小不敢維護

何處望神州？滿眼風光北固樓。
千古興亡多少事？悠悠。不盡長江滾滾流。
年少萬兜鍪，坐斷東南戰未休。
天下英雄誰敵手？曹劉。生子當如孫仲謀。

這首詞乃南宋大詞人辛稼軒的懷古之作。詞的末尾借曹孟德之口說出的「生子當如孫仲謀」表達了詞人對孫權一類英雄人物的景仰。是啊！誰不希望自己能生個孫仲謀一樣的兒子呢？但造物弄人，世事常使人難明其所以。

西元九〇五年十一月，割據淮南、江東一帶的吳國（五代十國中的一國）國主楊行密身罹重疾，自知可能一病不起，遍觀諸子，除了楊渥以外，均係沖齡。而楊渥又是個除了擊球、飲酒以外，什麼都不懂的「花花大少」。這位史稱「英武有霸氣」的吳國開創者不由發出淒涼的慨歎——慨歎自己生不出孫權那樣的兒子，萬般無奈，只能傳長不傳幼，立下遺詔將王位傳給楊渥。

楊行密死後，楊渥當了不到三年的皇帝，便因荒淫無度而被臣下徐溫、張顥殺死。

楊渥死後，吳國皇位落到了楊隆演手裡。楊隆演之所以能夠承繼楊渥成為吳國的第三任君主，並不是因為他本身有什麼過人之處，而實在是沾了血統上的光。因為他係楊行密的次子，當時的吳國還需要有一個姓楊的人來裝點門面。

榮登大寶，卻毫無自由
遭臣子戲，心酸無人知

倘與楊渥比起來，楊隆演實在算不上一個胡作非為的皇帝。他不胡作非為，並不是他不想，而實在是他不敢，因為就連他的帝王之位也是撿來的。原來，在謀殺了楊渥之後，弒君事件的兩個主謀張顥和徐溫曾想將楊氏江山一剖為二而瓜分之。只是由於分贓不均，徐溫接受了手下人的建議，抬出楊隆演來當「漢獻帝」，自己做「曹操」，這才使得這位楊家二公子過上了幾天皇帝癮。

當上了皇帝的楊隆演，如果說與以前有什麼不同的話，那就是比當皇帝之前更不自由了。徐溫借楊隆演之手，誅殺了其政敵張顥以後，封自己為行軍司馬、鎮海軍節度使、同中書門下平章事，後又進一步為自己進爵為齊國公、升遷至兩浙都招討使。後來，他又仿效東晉權臣桓溫，自己出鎮潤州，而留下兒子徐知訓做行軍副使，鎮守京師，代行朝務。楊隆演，說得好聽是一個掛名皇帝，說得不好聽，只不過是一個傀儡而已。

平心而論，一開始時徐知訓對楊隆演大體上還算過得去，因為雙方似乎還沒有什麼利害衝突：一切事情都由徐溫遙決，徐知訓代行，而楊隆演只不過是在擬好的文告詔書上簽字畫押而已！一來二去，時間長了，百姓中便傳出一首歌謠：「說英雄誰是英雄，牛打江山馬擎功。屬龍的不是龍，是蟲的不是蟲！」

宮廷侍衛李球、馬謙經過密謀，於西元九一六年上元日詐稱觀燈，挾持楊隆演一起登上皇宮城樓，命手下人打開武庫，取來刀矛劍戟，聲稱皇帝下詔「除蟲」——殺掉徐知訓，再造楊氏江山。

這場兵變來得突然，去得也迅速。開始時，李球、馬謙與徐知訓的部隊交戰，頻頻得手，不料中途生變，斜刺裡殺出一彪軍馬。為首的一員大將挺槍躍馬，闖入亂軍陣中，手起槍落，挑李球、馬謙於馬下。這員大將不是別人，正是徐知訓之父徐溫的心腹愛將朱瑾。關於朱瑾，我們以後還將提到。單說楊隆演，他毫無疑問是無辜的：不用說下令「除蟲」，恐怕連「搬蟲」——撇開徐知訓，他都從來沒敢想過。

徐知訓可不管這些。這次兵變不僅使他大大地失了面子，而且差一點送了性命。他心裡這個氣啊，要不是有老父徐溫「不得殺死楊隆演」的嚴令，憑他的少爺脾氣，恐怕有十個楊隆演，也早就一命嗚呼了。「死罪可免，活罪可不能讓他少受了！」徐知訓暗暗在心裡打定了主意。

這一年（九一六年）農曆三月初三，俗稱中和節。按殘唐舊俗，君臣這一天應歡宴一堂，飲酒作樂。不管怎麼樣，楊隆演也得把徐知訓請來赴宴，儘管他心裡是一百個不願意。

酒過三巡、菜過五味之後，徐知訓也不知是喝多了還是怎麼的，忽然提出要演戲。楊隆演沒聽明白，以為徐知訓是要聽戲呢，立即傳令：「快喚宮廷弄臣來，好好為徐將軍演上一場！」

「慢！」徐知訓斜著眼，傲慢地一擺手，一字一頓地說：「要那些弄臣們來演有啥意思！臣斗膽，請皇帝陛下與俺老徐同演！」

左右的人驚呆了。他們還沒醒過神來呢，就見徐知訓也不管楊隆演是不是願意，斷聲說道：「來呀！快給本公子和皇帝陛下打扮打扮，我們共同演它一齣『參軍戲』。」

「『參軍戲』？」左右的人這一驚更是非同小可。

原來，這參軍戲又名弄參軍、參軍樁、陸參軍，亦稱假官戲、跳加官。它源於周，秦時「善為笑言，然合於大道」的優語。而名為「弄參軍」，則始自東漢。唐人段安節在《樂府雜錄》中曾有過這樣一段記載：「開元中，黃幡綽、張野狐弄參軍，始自後漢館陶令石耽。耽有贓犯，和帝惜其才，免罪。每宴樂，即令衣白夾衫，命優伶戲弄辱之，經年乃放，後為參軍。」參軍戲也由此得名。這種戲一般只有參軍和蒼鶻兩個角色，演時有對話，有插科打諢，也有動作。這種戲雖然極受當時人的喜愛，但礙於傳統觀念，一向連讀書人都不屑去涉足，更不用說由皇帝來親自扮演其中的一個角色了。

徐知訓可不管這些，他見左右的人沒動，火了：「愣著幹什麼！快為皇帝陛下拾掇拾掇！」

見徐大公子發火了，左右的人哪裡還敢再怠慢。在徐知訓的授意下，楊隆演被套上了一件前長後短的破褂子（鶉衣），又被人用不知從哪裡尋來的紅頭繩在腦門綁了兩個小羊角辮（髽髻），打扮得像個小傻柱子似的。

「好了，打扮得也差不多了。我的皇帝陛下，您不是看過參軍戲嗎？」徐知訓幾分調侃幾分認真地說：「今天，咱們也演一場怎麼樣？您哪，就演那個小傻柱子蒼鶻；我呢，演參軍！」說到這裡，也不管楊隆演願不願意，高聲喝道：「來呀！把高貴卿給我叫來！」

不一會兒，人稱「優孟復生」的名優高貴卿匆匆趕到。

「小老高啊，本公子要你來，你知道是幹什麼嗎？」

「小的不知。」

「我讓你為我侍酒，也讓你這個名優看看皇帝陛下演的戲，切磋切磋嘛！」

「這個，這個……回徐將軍，小人只見人戲裡演皇帝，從未見過皇帝去演戲，更談不上觀皇帝演戲了，小人至死不敢從命！」

「什麼？你好大的膽子！竟敢和本公子作對！我看你小子大概也是李球、馬謙一黨！」徐知訓話裡有話，邊說邊用充滿怨毒的目光掃視著楊隆演，「你真的不幹？」

「我幹！我演！」還沒等高貴卿那裡有所表示呢，有一個人先應聲了。是誰呢？就是那個鶉衣鬖髿的小皇帝楊隆演。一聽徐知訓惡聲惡氣地指桑罵槐，這個年方十九歲的小天子腿肚子都嚇得轉筋了。除了要他的命以外，此時手握重兵的徐知訓要他做什麼，他都會乖乖答應的。於是，亙古未有的場面出現了：本來一向坐在臺下觀戲的皇帝上臺演戲——而且是演滑稽戲，扮演大臣的跟班；本來應該對皇帝俯首稱臣的臣子，卻在臺上演起了趾高氣揚的主子參軍。

臺上如此，臺下又何嘗不是如此呢？語云：「人生大戲臺，戲臺小社會」，沒有臺下的乾坤顛倒，又怎麼會有臺上的臣子戲君呢？

接連受辱，窩囊忍氣吞聲
忠臣除奸，膽小不敢維護

中和節過後，江南轉眼又是柳綠花紅。

六月的一天傍晚，暑熱難消。徐知訓閒來無事，派人邀來了楊隆演，說是要與他泛舟作竟夜之遊。

楊隆演雖然是連做夢都害怕與徐知訓在一起，但積威難返，因此，徐一派人來「請」，他又不得不擰著鼻子前往。

六月的揚州，正是「池上碧苔三四點，葉底黃鸝一兩聲，日長飛絮輕」的時節。

蕩開了畫舫，徐、楊二人又開始了一次難受的航行。

揚州素以景色秀麗著稱於世。古有所謂「淮海雄三楚，維揚冠九州」，「天下三分明月夜，二分無賴是揚州」的說法。早在唐代，揚州就已「街垂千步柳，霞映兩重城」了。揚州諸景之中，以徐知訓和楊隆演所遊的瘦西湖最為引人注目。這瘦西湖原名炮山河，一名保障河，六朝時即為有名的風景勝地，古人有詩詠之云：「垂楊不斷接殘蕪，雁齒虹橋儼畫圖。也是銷金一鍋子，故應喚作瘦西湖。」因其與杭州西湖相比，另有一番清瘦秀麗的韻味在內，是以得名。湖畔蜀崗東峰，有隋煬帝所建造的迷樓遺跡；蜀崗中峰，上有大明寺。寺建於南朝劉宋大明年間，因之得名。

其地盛景難以一一道盡。唐人姚合寫下了這樣的詩句：「江北煙光裡，淮南勝事多。市廛持燭入，鄰里漾船過。有地惟栽竹，無家不養鵝。春風蕩城郭，滿耳是笙歌。」

一路遊來，徐知訓遊興盎然，而楊隆演卻感到如芒刺在背，了無情趣。

午夜時分，徐知訓命移舟就岸，去大明寺賞花。

上岸時，因岸在左，楊隆演恰在左舷，是以沒等徐知訓先下船，他就舉步登上了跳板。

剛走了沒幾步，楊隆演就覺得有些異樣，回頭一看，驚呆了：原來徐知訓滿臉怒氣，正手執彈弓，向他瞄準呢。

「徐公子，千萬使不得！千萬使不得啊！」隨行的衛士見狀，一面大聲疾呼，一面用身子擋住了楊隆演。

說時遲，那時快，只聽「啪、啪」兩聲，兩顆彈子重重地擊在了那個以身遮住楊隆演的衛士身上。

徐知訓手下的狗頭軍師見了，也覺事情鬧大了，傳出去不雅，於是好勸歹說，才將這位徐大公子扶上了岸。

到了大明寺後，徐知訓不知又觸動了哪根神經，借著剛才在船上的酒勁，又辱罵起楊隆演來了。他先從楊隆演的父親楊行密罵起，什麼「老子是賊，兒子是賊種」啦，什麼「老羊生小羊，小羊變小娘」啦，罵得要多難聽就有多難聽。楊隆演氣得渾身上下直發抖。要知道，他雖然是個傀儡，但畢竟好賴不濟還有個皇帝的虛名啊！被人如此辱罵，他還有什麼臉面去見三宮六院七十二妃嬪呢？

楊的兩個貼身太監，一個叫朱貴，一個叫王昌，都是楊行密時代的老臣，見狀不忿，又自知惹不起徐知訓，於是轉身架起楊隆演欲走。

還沒走出幾步呢，只聽一聲悶響，楊隆演覺得右邊扶他的朱貴突然鬆開了手。他回頭一看，傻了：只見朱貴連肩帶上半個身子斜著往外噴血，那張一向和善的老臉，也濺滿了血水。徐知訓呢？卻仍在那裡罵聲不絕。

徐知訓的惡劣行徑，惹起了一個人的激憤。這個人就是曾經於徐氏父子，尤其於徐知訓有恩的大將朱瑾。

六月賞花後的一個午夜，朱瑾前往徐府，以宴飲為名，親手斬殺了徐知訓，提著徐的人頭來到皇宮。見到楊隆演之後，他抑制不住喜悅的心情，對楊說：「陛下，大喜！大喜！」

「何喜之有？」

「我把徐知訓那賊子給殺了！」

「什麼？你說什麼？」楊隆演聞聽戰戰兢兢地開口問道。

「我是說，我把那個常凌侮陛下的賊子徐知訓給殺了！」

「這……這……這……」楊隆演欲喜還憂，轉瞬間又噤若寒蟬了。他顫抖著說：「這不關我事！這不關我事！」說畢，轉身就走。

「陛下，陛下，難道您真的想這樣一輩子當傀儡嗎？」朱瑾悲憤地說。見楊隆演聽也不敢聽的樣子，他歎息著說：「我知道李球和馬謙不能成事的原因了，豎子不足與謀。先主公啊！」

言畢，轉身出宮。

其時，宮門外已圍滿了聞訊趕來的徐氏親兵。朱瑾見皇帝不支持，手下又無親兵衛隊，一腔恨意難平，遂將徐知訓的人頭拋在腳下，拔出佩劍，橫刀自刎。

這一次，倒徐派除了朱瑾自刎以外，還折了大將米志誠等數十人。而楊隆演呢？則縮頭烏龜照當不誤。

西元九二〇年六月，楊隆演在一次借酒澆愁的狂飲中死去，終年二十四歲。

「雞湯君王」

——五代十國楚衡陽王馬希聲

◎弟才思敏捷應莊宗
兄蠢笨若牛遭離間

◎古時有阮籍，居喪食蒸豚
今日馬公子，父死喝雞湯

唐昭宗乾寧三年（八九六年），割據一方的湖南邵州小軍閥劉建峰因為公然霸占下屬陳贍的妻子，而被陳贍用鐵錘擊殺，劉建峰的部下公推劉的行軍司馬（參謀長）張佶接替劉的職務。就在張佶即將入帥府接管軍權時，他所騎乘的馬突然咆哮著揚蹄亂踢，一腳踢中了他的肚子，把他的脾臟給踢壞了。眼見著就要到嘴的肥鴨子一下子飛了，張佶既感到氣憤，又感到恐懼，腦瓜一轉，召來眾將領，對他們說：「我不堪出任主帥，馬公才是上上之選！」

眾人聽了，覺得張佶說得有理，立即派人前往潭州去迎接馬公。

馬公是誰？

馬公姓馬名殷，字霸圖。五代十國中的楚國，就是他一手創立的。

在五代十國時代，馬公算得上是一位英雄人物。但虎父偏偏生了個犬子，他的次子，也就是他的繼承人馬希聲卻是個典型的「後主」式人物。提起馬希聲，可能很多人都不熟悉，但若提起他「雞湯君王」的綽號，想必對五代史稍有涉獵的人，都會有深刻的印象。

馬希聲為什麼被稱作「雞湯君王」呢？

弟才思敏捷應莊宗 兄蠢笨若牛遭離間

西元九二四年春正月，後唐都城洛陽，剛剛「奉三矢」掃平劉守光、逐走契丹、滅掉後梁的後唐莊宗皇帝李存勖，在皇宮便殿接見前來朝貢的各藩鎮屬國的使臣。很快就輪到了楚國。

楚國的使臣是馬殷的兒子。

「你是馬希聲嗎？」莊宗皇帝好奇地問。他曾聽人說起過，馬殷的二兒子馬希聲常常代替馬殷處理內外政務，所以才有此一問。

「希聲是臣的二哥。」

「那麼，你叫……？」

「臣賤名希範，係楚王之四子。」

「聽說楚王的爵位乃是偽梁（即後梁，因係李存勖的死敵，故有是名）所封，不知貴使來我大唐有何貴幹啊？」李存勖的話裡隱隱透有幾分殺機。這的確是個很難回答的問題，就好比一個人蠻橫無理地問另一個人「你為什麼是你娘生的」一樣，是一種尋釁的行為。

「小臣此來，一是向陛下賀正旦，二是向陛下交還偽梁所授印綬。恩出自陛下，臣父與臣誠惶誠恐！」

「朕可以封汝父為楚王……」

「謝主隆恩！」未待李存勖說完，馬希範已經在那裡謝恩叩頭。

「免禮！」李存勖把手一擺，氣呼呼地說：「但是朕近日欲揮得勝之師，與汝父會獵於荊楚，不知楚國廣狹如何？」

這話簡直就像赤壁之戰前的曹操寫給孫權的信再版，馬希範哪能聽不出來？他不卑不亢地答道：「陛下南巡，正是臣求之不得之事。只是恐怕彈丸之地，不堪供陛下飲馬。」

李存勖一聽，覺得跟前這個年輕人應對有禮，而且語含機鋒，不由歎息著說：「馬殷有子！」——馬殷的兒子不錯！

馬殷的兒子真的都不錯嗎？

否。

至少他的二兒子馬希聲是個飯桶。

西元九二七年，與馬殷的楚國並立的荊南（南平）國主高季昌修書一封祕密派使臣送到楚國。信是寫給楚國大將高鬱的，但卻故意「誤」送到時任楚國判內外諸軍事（總參謀長）的馬希聲手裡。

在信中，高季昌以一種既神祕又親切的口吻，詢問了高鬱的近況，然後說可按既定計畫亡馬氏，並承諾「屆時，定與將軍共有之！」

拿到了這封信，馬希聲以為自己建下了不世之奇功，興沖沖地去見老父馬殷。

「信是假的！」馬殷沒等馬希聲說完，就斷然打斷他的話，斬釘截鐵地下了結論。

「假的？」馬希聲氣急敗壞地反問：「怎麼會是假的？這明明是高季昌那廝的親筆嘛！」

「那就更是假的了！」見兒子仍是一副木木的神情，馬殷掰開餡餅說餡地解釋道：「策反高鬱，乃是一件大事，高季昌再蠢，也不會派一個連高和馬都分不清的人來送信，此其一；另外那信中的話過於直白，根本不像密信，此其二。」

「萬一……」

「沒有什麼萬一！」馬殷恨鐵不成鋼地說：「這不過是唐莊宗李存勖用來陷害梁朝大將王彥章時所用的下三濫伎倆罷了！你怎麼連這個都識不清，真是個蠢材！」

挨了老爹一頓罵之後，馬希聲悶悶不樂地回到了自己的府邸。

「給老子講講王彥章！」馬希聲迫不及待地找來他的狗頭軍師。

「王彥章？」

「對，就是大梁的那個王彥章。你給我講講他是怎樣被唐莊宗陷害的。」

「莊宗害王彥章？」那狗頭軍師撓了撓腦袋，說：「我只聽說過王彥章的妻子是李存勖所害，但從未聽說過王本人也是死於莊宗皇帝的陷害啊！」

「那王彥章是怎麼死的？」

「據說他是死於朝中同僚的陷害……」

「什麼？」馬希聲一把揪住軍師的衣服，「這是真的？」

「小的不敢撒謊。」

「好了，你去吧！」

打發走了狗頭軍師以後，馬希聲這個氣啊！他不明白，老頭子是真糊塗了，還是有意這麼說。

若是真糊塗了，那還沒什麼，但若是別有用心，那自己可就慘了。越想越氣，越氣越想，馬希聲決定要給高鬱一點顏色看——借機「敲」老爹一下，別把自己兒子的話當成耳邊風。

幾天以後，馬殷偶感風寒，朝政暫由馬希聲署理。

抓住這一難得的時機，馬希聲立即下令解除高鬱的兵權，而且不做任何解釋。

一向以馬殷的功臣和左膀右臂自詡的高鬱哪裡受得了這個，在朝會上就大發牢騷。他說：「我跟隨楚王多年，沒想到落了這樣一個下場！以前常聽人說『狡兔死，走狗烹，飛鳥盡，良弓藏』，現在看來，這話一點也沒錯！」

「你這話是什麼意思？」馬希聲惡聲惡氣地問。

「沒什麼意思！」高鬱以一種十分輕蔑的口吻，像回答又像自言自語地說：「虎父生犬子，犬子漸大能咬人了！」

「他媽的，你竟敢罵老子！」馬希聲紅頭漲臉地說：「犬子？老子這個犬子就要咬咬你這頭老狼！」

左右的人都呆住了，以堂堂的楚王世子之尊而在朝堂上口吐穢語，辱罵大臣，這成何體統？不待有人上前解勸，馬希聲已經發出了一道命令：把高鬱剝去朝服，插上木牌，立即推出午門開刀問斬。

「反了，反了！」正在病中的馬殷，一聽自己不成器的逆子竟想要殺自己的老戰友，不由得怒火中燒，頭一昏，眼一花，「哇」地吐出一大口鮮血，昏在地上人事不省。

那些本來想請楚王當救兵的人，見狀只好先救楚王。

連搖帶喚，好半天，馬殷才緩過氣來。這時，另外一個朝臣踉踉蹌蹌地跑了進來：「殺了，殺了！世子已把高鬱高老將軍給殺了！就在午門外殺的！」

馬殷又吐了幾口血，有氣無力地說：「我老了，生個兒子卻這般忤逆不孝，竟連老父的勳舊們也殺了起來，真是對不住那些伴我出生入死的老弟兄啊！」喘息了片刻，他接著說道：「我恐怕也將不久於人世了，不知馬家的江山會不會斷送在這個逆子的手裡。」

「是日大霧四塞。」（《新五代史．楚世家》）馬希聲濫殺無辜，搞得天怒人怨。

但是，這僅僅是個開始。

古時有阮籍，居喪食蒸豚
今日馬公子，父死喝雞湯

西元九三〇年十一月，稱雄一方的馬殷病死於長沙（古潭州）。

已經控制了全國軍隊的馬希聲，因其兄馬希振已不在人世，登上了楚王的寶座。

按照禮節，父死，兒子要為其服孝三年，至少民間是如此。

君王們因為身繫一國的安危，不能停止視事達三年之久，但是按照常規，至少也應該在父母死後到出殯之前的這段時間，盡點人子之孝，比如獨處、服斬衰等。

在這些禮節中，最重要的是忌食和茹素。《新唐書・禮樂志》上說：「斬衰三日不食，齊衰二日不食；大功三不食，小功緦麻再不食。」就是說無論死的是父母，還是未出五服的本家、親戚，與他們有親屬關係的人都要忌食一段時間（少則三頓飯，多則三天），然後，茹素，保住一條性命，最後，才慢慢地進食。

在服喪期間，要為死者立神主，並設一名護喪，一名司書，一名司貨，還要備好喪葬用品。然後，要用白布設靈堂，中設衾床，將死者放在床上，頭朝南方。眾人伏地大哭，要有專人替死者洗頭擦身，剪指甲，沐浴完畢，將死者放在衾床之上，換上衾衣。這時，死者的長子要率眾致哀，用小匙舀米放於死者口中，如是者三次。然後，再指定專門的人為死者加幅巾，塞耳、合眼、穿鞋及整衣，結好大帶，並把死者的雙手合放在胸前。

然後是小殮——於次日淩晨將死者遷到屍床上，用絹墊頭，纏緊其雙腿，裹上兩層被子。這時，長子要撫屍大慟。

再來是大殮——第三天黎明，要陳放好大殮的衣衾，將靈座抬到旁邊，把棺材抬到靈堂中間，在棺中鋪好被子。設大殮床，把死者移到床上，蓋好被子，外面再紮上五道繩子，移屍入棺。諸子大哭盡哀，然後才蓋棺焚香。

大殮之後，要於早晚哭著祭奠，直至出殯。吃飯時還要在靈柩前的桌子上供好食品。

接著是出殯。出殯之前要做的工作很多，主要的是選好墓地，祭祀地祇；然後點穴破土，立碑（碑者，悲也），在碑上刻死者姓名、生卒年月；紮製各種冥器；然後，告祭祖先遷柩於墓地，長子要率眾人哭號步行。

整個喪事活動期間，長子的作用最為重要。毫不誇張地說，若沒有長子出面，那死去的父母就不能入土為安。

作為馬殷實際上的長子，馬希聲的表現如何呢？

首先我們來看看他的服裝。依長子為父戴孝的禮儀，馬希聲應當服「斬衰」之服。衰，通縗，乃是五服中最重的一種。這種衣服的衣料是極粗糙的生麻布，不緝邊以使斷處外露。古人之衣，上衣為衣，下衣為裳，斬衰之服最大的講究是在裳上。據史料記載，地道的斬衰之服，其裳前三幅，後四幅；另外還要在上衣胸前心口處縫上一個布條；以厚紙作冠，頭上、腰上要各纏以單股或雙股的黑麻，並持哭喪杖，穿草鞋。

這些要求馬希聲一件也沒有做到。不是不能做，而是不想做。馬希聲曾經很鄭重其事地對左右的人說：「禮教只是為百姓所設！」言外之意他是國王，應當享有各種各樣的特權，其中當然包括不為其父戴孝。不戴孝就不戴孝，負責喪葬事宜的禮部官員心想，能停食三日也行啊！

「停食？」馬希聲不解地問。

「對，按先王禮儀，父親去世，兒子要停食三日以示哀悼！」

「這『先王』是誰？」馬希聲胡攪蠻纏道：「快去把他捉來，殺了！」

「這……」左右的人心裡暗笑：「這先王哪是一個具體的人啊？退一萬步說，真是某一具體的人也早已作古，又能到哪裡去把他『捉來殺掉』呢？」

只聽馬希聲咆哮著說：「停食三日，要把老子餓死啊？」

「大王，大王，」跪在地上的另外一個官員戰戰兢兢地說：「且息雷霆之怒。停食確實不是個好辦法。「這還差不多！」馬希聲不待那個人說完就讚了一句。

「但老楚王逝世，大王還是應當有所表示才好啊！」

「你說該怎麼辦？」

「大王能否茹素？」

「茹素？什麼茹素？」

「就是吃素食，不吃肉啊！」

「你更壞！」馬希聲口不擇言，破口大罵道：「那人剛才勸老子忌食，葷的素的一塊忌還好，你卻想讓老子口裡淡出個鳥來，是不是？」

「這個……」

「這個什麼？你不知道老子特別愛吃雞？特別愛喝雞湯嗎？」

那官員嚇得匍匐在地，大氣也不敢出。

馬希聲為什麼要發這麼大的火呢？

原來，他有一種特殊的嗜好：愛吃雞肉，愛喝雞湯。

雞本來是漢民族最早馴化的家禽之一，從西周時代起就已經進入了人們的生活。《詩經·齊風》中就有一篇名〈雞鳴〉。到了三國時代，著名文人楊修曾以雞肋作比，悟出曹操將要退兵的祕密。再往後，以雞嵌入帶有雞字的成語俯拾俱是，像什麼雞口牛舌、雞犬皆仙、雞皮鶴髮、雞蟲得失、雞鳴狗盜……但都不是把雞當成須臾不可離的食物。到了唐代，雞肉雖已擺上人們的餐桌，但喜食者甚少。浩如煙海的唐詩中，較為常見的也不過是孟浩然的〈過故人莊〉中「故人具雞黍，邀我至田家」而已。

作為一國之君，喜食雞肉，愛喝雞湯，並因之在歷史上留下笑料的，恐怕也就只有馬希聲一人而已。

馬希聲為何這麼酷愛雞肉雞湯呢？

說來可笑，這是一種「東施效顰」的行為。

從童年時代起，馬希聲就崇拜一個人，這個人就是梁太祖朱溫朱全忠。

這種崇拜簡直到了狂熱的程度，只是由於崇拜者對被崇拜者的認識十分膚淺，所以只是學其皮毛，沒有得其精髓。

馬希聲聽人說朱全忠好吃雞，而且每頓飯都離不開雞，就覺得這一點最可學，也最好學。頭腦一熱，說：「梁太祖有什麼了不起，我要超過他還不是易如反掌！」

左右的人有些「丈二和尚摸不著頭腦」。他們知道，梁太祖雖然「沒有什麼了不起」，但卻能夠代唐自立，能夠使包括老楚王馬殷在內的一大批手握重兵的地方實力派臣服。因而，沒有一個人附和馬希聲。沉默了片刻，一個佞臣試探著說：「您的意思是？」

「梁太祖不是每天都能吃好幾隻雞嗎？」馬希聲一副睥睨一切的神情，「我一天吃牠五十隻雞，你們看是不是比他要厲害？」

「那當然，那當然！」大家隨聲附和，只是心裡邊有一個問題：不知道那五十隻雞，怎麼全被馬希聲吃進肚去。

聚會結束以後，有兩個「好事」的人邊走邊嘀咕：

「誰能有那麼大的胃口？五十隻雞啊，一天能吃進去？」

「反正我們楚國又不是不能吹牛。他是楚王世子，吃不了五十，硬要說能吃得下，也沒有人敢把他怎麼樣。」

其實，這兩個人有點「井底之蛙」，馬希聲確實能每天「吃」下去五十隻雞。

怎麼「吃」下去的呢？

確切地說是喝下去的。

馬希聲也是人，要叫他一天吞下五十隻雞的肉，恐怕他的老父再給他生出幾副腸胃來，也無濟於事。

但既然已經在眾人面前誇下海口，馬希聲就要說到做到。

思來想去，他有了個主意：將五十隻雞宰好，收拾乾淨，放到一個大鍋中煮，少添湯，多加柴，喝燉好了的湯。

這樣，五十隻雞雖然吃不下，五十隻雞燉的湯，卻可以毫不費力地喝下去。雖然吃與喝有很大的區別，但畢竟一天可以處理掉五十隻雞，馬希聲終於「超過」了梁太祖。

記得有一則古代笑話，說有一個人不學無術，卻偏喜談文。有一次他讀了晉代大詩人郭璞的〈遊仙詩〉中的「太行有奇峰，峰高一萬仞」後大發感慨，說他寫的詩能超出郭璞一倍。見別人不信，他朗聲吟道：「太行有奇峰，峰高兩萬仞」——將「一萬」改成「兩萬」，果然是「超出」一倍。

笑話中的那個人是可笑的，而馬希聲則比他還要可笑、可恨。

可能是因多內寵，身子有些發虛吧，馬希聲漸漸喜歡上了喝雞湯，而且每鍋雞湯必須用五十隻雞來燉。不足五十隻或多於五十隻雞燉出的湯他都不喝。

有一次，他手下的人因為天氣不好，沒有湊足五十隻雞，想偷工減料，就用四十八隻雞為他燉了一鍋湯。馬希聲也不知是不是有特異功能，喝了兩口便覺出不對勁，立即下令將廚子綁了用馬活活拖死。

自那次事件以後，哪怕有天大的事，也沒有人敢擾了他喝雞湯的「雅興」。

所以，當禮部官員勸他茹素時，熟悉馬希聲的內侍們都覺出大事不好。

好在國喪期間不許殺人，馬希聲只是叫人把那禮部官員拖出去揍了一頓了事。

處理完這件「案子」，馬希聲覺得肚子裡像有十五條小饞蟲，七上八下一陣一陣地往上拱，於是，他不管三七二十一地高聲叫道：「來人！快替我準備雞湯！」

就在此時，有人來報，說楚王靈柩已安放在靈車之上，就要前往墓地，請示馬希聲是否隨靈車前往。

馬希聲不耐煩地一揮手，說：「天大的事也得等我喝完雞湯再說！」

於是，在周圍的人一片驚愕之中，馬希聲「頓食雞肉數器」，又喝了很多的湯，然後，才一邊打著飽嗝，一邊站起來對左右的人說：「走，走，給老頭子送葬去！」

馬希聲走後，他的禮部侍郎潘起歎息著說：「昔阮籍居喪而食蒸豚，世豈乏『賢』邪？」

潘起的話是什麼意思呢？

這裡不能不簡單地說上幾句。

大家知道，阮籍是「建安七子」之一阮瑀的兒子，自己也躋身「竹林七賢」。據說他一生最仇視禮教，常以「白眼」看待禮俗之士，主張「天地生於自然，萬物生於天地」。有一次，正趕上其母病逝，別人都去弔喪，他卻飲酒數斗，食一蒸豚，鼓盆而歌。儘管在今天看來，阮籍是個反對封建禮教的鬥士，但在古人的眼中，他卻是個離經叛道的怪物。

潘起將馬希聲與阮籍類比，其用意無非也是對馬希聲不為其父服喪進行鞭撻。

西元九三二年七月，馬希聲病死於長沙。那些雞肉和雞湯也沒有使他長壽！

隨風倒的牆頭草

——五代十國南平文獻王高從誨

◎父狼心拋妻棄子
母機智編謊脫險

◎父子本是牆頭草
哪裡風勁哪裡倒

◎信術士，辭封謝官
寵兒子，喪業誤國

先秦時代的孟子說過：「吾養吾浩然之氣，富貴不能淫，威武不能屈，是謂大丈夫也！」中國傳統民諺中也有「男兒膝下有黃金」的說法。這說的都是一個意思，那就是作為一個男子漢大丈夫，應有錚錚傲骨，不應「為五斗米折腰向鄉里小兒」。

孟子故世以後的一千多年間，儘管不斷有反孟子或非孟的人物出現，但能夠公然背棄「威武不能屈，富貴不能淫」的大丈夫觀，為了些許利益便屈膝求人，甚至是投靠仇人的人畢竟還是少數。說少，不等於沒有。五代十國時，割據荊南（今湖北的一部分）一帶的南平小朝廷第二任君王高從誨就是很著名的一個。

高從誨，字遵聖（多麼符合儒家傳統的名字，可他的所作所為，又是與儒家傳統道德大相徑庭的！由此觀之，「名如其人」這個成語並非絕對的真理）。他是南平王國創始人高季興的長子，在五代十國的統治者中，是一個很有特色的人物。

父狠心抛妻棄子　母機智編謊脫險

西元八九一年春季，唐王朝所封的梁王朱全忠與宣歙觀察使楊行密等人，一起攻打淮南節度使孫儒。原因是孫儒恃仗其兵強馬壯，想先滅楊行密，後滅朱全忠，進而取唐王朝代之。孫儒曾移牒藩鎮，數行密、全忠之罪，同時「悉焚揚州廬舍，盡驅丁壯及婦女渡江，殺老弱以充食」，大舉攻行密。不得已，行密求救於朱全忠。朱全忠率大軍入皖，梁軍與孫儒所部交戰互有勝負。

一次戰役失敗後，朱全忠的部將，時任潁州防禦使的高季興倉皇之中攜妻而逃。他的妻子張氏聰穎多智，善權智。用今天的話來說，她很有一些鬼心眼兒，因此頗受高季興的寵愛。

且說這夫妻二人慌不擇路，只知打馬狂奔。其時，張氏已有七八個月的身孕。跑著跑著，高季興暗叫一聲「苦也」！原來，他們在黑夜中不辨方向狂奔，竟跑到了一座懸崖之上，幸虧發現得早，夫妻二人才免去了墜崖之災。

見後面的追兵沒跟上來，高季興長吁了一口氣，轉身扶著張氏說：「下來歇歇吧！」身懷六甲的張氏早已累得粉腮流汗、玉臉呈紅了。

見丈夫說要休息，張氏遲疑了一下，然後慢騰騰地從馬上爬了下來。她雖是個婦道人家，但因為久隨丈夫馳騁疆場，因此，深知戎機。在她看來，他們夫妻二人雖然暫時擺脫了敵兵的追擊，但真正的危險並未過去——不然，一向達觀的丈夫為什麼仍然鎖著眉頭呢？

借著天上微弱的月光，張氏隱隱約約地發現丈夫那雙往日裡一向對她脈脈含情的虎目，此時竟隱隱透出幾絲殺機。她陡地一驚，小時候讀過的《太史公書》（即今天所說的《史記》）中漢高祖劉邦在逃避追兵時拋妻棄子的故事，像早春的寒意一樣湧上了心頭。但她畢竟是個絕頂聰明的人，她知道該怎麼做，只是還不能一下子斷定，平素裡對她一向生死相許的丈夫會做出什麼令她傷心的事！此刻，她也真的累了，因此，歇歇就歇歇吧！

也不知是真的累了，還是別的什麼原因，從馬上下來之後不久，張氏就靠在馬鞍子上打起瞌睡來了。大約過了半個時辰，與她坐在一起的高季興突然輕手輕腳地拔出劍來。一直在旁假寐的張氏見狀一驚，正要起身逃避，卻見高季興又把寶劍緩緩地插回鞘中，長歎了一聲，似有什麼心事未決。如是者三四次，最後，他一跺腳，像下定了什麼決心似的，轉身用劍三五下就把張氏（其時正坐在崖邊）身後懸崖上的山石弄得鬆動了許多。然後，他又一次回頭望了張氏一眼。正要打馬走開，只聽「轟」的一聲巨響，已經翻身上馬的高季興雖已知情，但仍心頭一涼。就在此時，他忽然聽到背後傳來一個熟悉的聲音：「夫君，你到哪裡去？」「啊！」高季興聽了心頭一震，「難道這個『包袱』沒有甩下？」轉過頭一看，叫他的果然是他的妻子張氏。張氏一副睡眼惺忪的樣子，一把拉住他說：「你上哪裡去了？夫君！我剛才做了一個夢，夢見咱們坐著的這座山突然崩塌了。倒下來的山石眼看就要壓在我們娘兒倆（指張氏和她肚子裡的孩子）身上。」她一邊說著，一邊拍著自己狀如小山丘似的肚皮，「突然哪，我夢見一個披著金甲的天神，一手執戈，一手托起那些山石，同時還向我連連下拜。我說不敢當，你猜那位仙人怎麼說啊？」

「怎麼說？」一向信奉神仙鬼怪之事的高季興聽了，一把抓住張氏問。

「他說：『我不是拜你，我是拜夫人腹中的貴子，此子將來必有王者之位。』」

高季興聽了，信以為真，一點也沒有覺出有什麼不對的地方。於是，他又扶了張氏上馬，夫妻二人遂真心誠意地一起逃命。不久，他們找到了失散的部下。這一年的五月，張氏夫人產下了一子。這個差一點不能出生的男嬰，就是本文的主角高從誨。

父子本是牆頭草 哪裡風勁哪裡倒

南平，介於湖南、嶺南、福建之間，地狹兵弱，可以說自其創立者立國之初，就已患上先天不足症了。

高從誨從父親手裡繼承下來的財產，計有土地三州（歸州、峽州、荊州），百姓不足十萬。史書上說，南平國首府「城邑殘毀，戶口雕耗」，雖然經過高從誨的父親高季興的治理，但也是一身好鐵撚不出幾個釘來。

因此，從高季興開始，南平國的君主們就實行「牆頭草，隨風倒」的政策，見誰勢大就奉誰為主，看誰有實力就對誰稱臣。

高從誨的父親高季興屢改名字，就說明了一切。

原來，這高季興本為汴州富豪李讓（一名李七郎）的家僮。唐昭宗時，朱全忠為宣武節度使，李讓為尋求保護，向駐軍於汴州的朱全忠輸送軍資，被朱全忠收為義子，賜名朱友讓。高季興通過朱友讓得以謁見朱全忠，被其賜名為朱季昌。後因立下戰功，高季興受梁封渤海王，是時，恢復本姓，更名為高季昌。梁朝為後唐所滅後，這位名叫高季昌的人改換門庭，投靠後唐，被封南平王，又一次更名為高季興。為什麼要屢次更改自己的名字呢？識者答曰：「是為了巴結比他更有實力者。」就拿最後一次更名來說吧，那完全是為了討好其時剛剛取梁而自代的後唐莊宗皇帝。《舊五代史‧世襲傳》在談到高季興最後一次更名時說：「及後唐莊宗即位，避其廟諱改焉。」當然，這中間還隔著一層窗戶紙，不捅破了，有的讀者不會明白的。原來，後唐莊宗的祖父名叫李國昌。李國昌、高季昌，有此「昌」容不得彼「昌」。避有權勢者之名諱在封建時代是很正常的，但為了巴結一個「拳頭」比自己大的人，連他已經謝世幾十年的爺爺的名字都要避諱，高季興的馬屁功夫可謂震古鑠今了。

高從誨執掌南平以後，酷肖其父，用見風使舵、順水行船來形容他似乎都不足以狀其萬一。史料記載，自高從誨當政以後，唐、晉、契丹、漢割據中原，南漢、閩、吳、蜀皆稱帝，「從誨所向稱臣，利其賜予。」當然了，他「稱臣」的物件是要付出代價的。代價就是他給誰叩頭，誰就得向其提供財、物。當那些接受他朝拜的人不想或不能滿足他的「要求」時，他就立刻翻臉，甚至做些常人所不屑的下三濫勾當。

西元九四七年，兒皇帝石敬瑭的兒子後晉出帝石重貴被北方新近崛起的契丹軍隊俘獲。後晉河東節度使、北平王劉知遠起兵驅逐契丹，自立為王。因順應民意，一時之間，軍威大震。遠在湖北的高從誨聞訊，見有利可圖，立即派人間道渡海，向劉知遠（時已稱帝）稱臣顯示忠心，條件是劉知遠將郢州的土地賞賜給他。對高從誨平日所為頗有些瞭解的劉知遠，因係用人之際，佯作應允，而到了局勢平穩之後，便立即翻臉。高從誨見所求的賞賜沒有著落，便立即宣布與後漢斷絕一切關係，並馬上向剛剛立國的南唐、南漢、閩等國稱臣。

南漢中宗皇帝劉晟見高從誨遣來的使者畢恭畢敬的樣子，心裡忍不住又是好氣，又是好笑，一樁往事不由浮上心頭。

那還是在後梁未滅之時，南漢等國均奉後梁王朝為正朔，歲歲向梁輸送貢品。因為南平地處交通要道，諸國向梁輸送貢品往往要借道於南平。每逢運送貢品的軍隊途經南平時，高從誨便派人用好酒好菜款待輸貢使，同時派人扮作強盜或小偷，將那些白花花的銀子、黃澄澄的金子和各種各樣的土特產品劫、偷下來。當南漢等國派人責問時，高從誨又派人假作「進剿」，將其中一部分吐出來應付了事。被人揭穿了本是件很難堪的事，但高從誨一點也不以為恥。一來二去的，他就落下了一個「高賴子」的「美」名。高賴子是什麼意思呢？《新五代史．南平世家》上說：「俚俗語謂奪攘苟得無愧恥者為賴子，猶言無賴也。」

思及於此，劉晟一本正經地對南平國使臣說：「回去上覆你們大王，我南漢不比他國，只接受叩頭，沒任何東西賞賜。想清楚了之後，你們再來。」把個南平使者弄得尷尬萬分。

信術士，辭封謝官
寵兒子，喪業誤國

後晉天福六年（九四一年），後晉王朝刺史安重榮起兵反晉，高從誨權衡利弊之後立即起兵勤王，實際上也只是輸送一些軍食給後晉王朝的軍隊。在遼軍的協助之下，後晉兒皇帝石敬瑭平息了這次叛亂。論功行賞時，石敬瑭封高從誨守尚書令一職，高從誨上書固辭。石敬瑭很感奇怪，因為他對高從誨父子真的是太瞭解了——他們父子只要一聽見別人的一個給字或賞字，就可以立即滿臉堆歡；不給、不賞，他還要想法來搶，怎麼現在給他一個官，而且還是一個高官，他卻要婉辭不就呢？是不是嫌官小了？按理說，守尚書令可以代行宰相之權，差不多可以說是一人之下、萬人之上了，職位可不低了，但卻為什麼不能使他動心呢？百思不得其解之餘，石敬瑭派人請來了曾出使過南平的翰林學士陶谷。等說明情況以後，陶谷也感到奇怪，絞盡腦汁想了許久，也沒有想出一個所以然來。

適逢後晉國子祭酒田敏出使南平返國，他說出一件事來，才使後晉高祖石敬瑭等人恍然大悟。

原來，高從誨這個人雖然無賴，但對江湖術士卻言聽計從。當時，有一個名叫王梁的術士曾為他打了一卦。這個拿了高許多賞賜的騙子騙高從誨說，他夜觀天象，發現鎮星（主災難）在翼軫之分。高從誨作為翼軫分野之主，應「釋羅紈，衣布，素飲食，以避禍」，而且，對任何加官封爵之類的賞賜都應力辭不受，否則必有血光之災。

見王梁說得有鼻子有眼，高從誨不敢不信。因而，他先後數次上書，先謝後晉王朝的封賞美意，次言自己輸送軍資乃理所當然，最後扣到主題說自己無特殊功勳，因此，不能接受「守尚書令」的官職。

瞭解到這一情況後，石敬瑭也就釋然了，本來就沒有真心想封他，現在他自己固辭不受，這正好，誰也不欠誰的情了。

看了上面的故事，人們可能會認為高從誨是一個一點自尊心也沒有的人。其實不然，當那些地位、身分不如他的人對他稍有不敬時，他也是會發火的。

後漢王朝的國子祭酒田敏（田敏是五代時著名的儒學大師，歷任梁、唐、漢等多國的國子祭酒），就親身領教過高從誨發火時的雷霆之怒。

那一年田敏奉後漢高祖劉知遠之命出使楚國，假道南平。出於禮節田敏拜訪了南平國主高從誨。這位高賴子設酒宴招待來自中原的外交使節。酒過三巡之後，高從誨向田敏探問中原的虛實，言談之中屢屢透出對剛剛遭受契丹兵丁洗劫過的後漢王朝的蔑視。田敏自然要反唇相譏了，只見他從懷裡掏出一卷經書來，說：「臨來時，我高祖皇帝曾專命我帶一本書給大王。」

「給我？」高從誨不解地問，「要知道，俺老高可是斗大的字也識不了一升啊！」

「噢，這就不對了，」田敏煞有介事地說：「但我記得高祖皇帝曾親口對我說，大王您於古籍頗有精研，其中尤以老、莊浸淫最深。」

「我？」

「沒錯。記得高祖皇帝說您最喜歡『高者抑之，低者起之』這句老聃名言，並將它改為『高者拜之，低者驕之』，我沒說錯吧？」

田敏的話還沒說完，高從誨的臉騰地就紅了。這不是明擺著挖苦他嗎？他連《論語》都沒讀過，又什麼時候讀過老莊了？更可氣的是自己雖然見有權勢者就拜，但從來沒有人以這種形式「表揚」過他啊！不行，不能饒了他！思及於此，高從誨高聲喝令：「來啊，取大杯來！田先生沒喝醉就說醉話，罰他三大杯！」

見事情要鬧僵，高從誨的智囊忙命人去找高保勖。高從誨發火找高保勖幹什麼？這裡還得交代幾句。

原來，這高保勖字省躬，是高從誨最小的兒子，因自幼聰穎，因而深得高從誨的喜愛。據史料記載，每逢高從誨發火別人避之唯恐不及時，只要保勖一到，就萬事全無了。一來二去，傳神了，南平國士民暗地裡給高保勖取了個綽號叫「萬事休」。

這「萬事休」高保勖果然是「神力」超凡，匆匆趕來之後，也不知用了什麼手段，竟將一場干戈重新化成了玉帛。

此件事情過後，高保勖的綽號叫得更響了。這時，有一班愛在名諱上做文章的江湖術士卻在私下裡犯起了嘀咕：「萬事休」倘若單指「什麼事都沒有」倒還好，但若包含「什麼事情都無法挽回了」又該怎麼辦呢？

想是這麼想，可是誰也沒敢說出來。

西元九四八年十月，「賴子」高從誨病死於湖北江陵。

十五年以後，他與他的老父苦苦經營的南平亡於高保勖的手中。

「萬事休」的不幸預言果然應驗了。

這是命運的安排，還是高氏子孫的不爭氣使然呢？

春聯鼻祖「送子張仙」

——五代十國後蜀後主孟昶

◎好打球走馬
用近習奸佞

◎幼子早卒追封遂王
夜壺豪奢飾以七寶

◎改桃符為春聯
不料聯語成讖

◎降赴汴京七日而亡
緣妻成仙千古流傳

後蜀明德元年（九三四年）六月，剛剛接受後唐山南西道節度使張虔釗等人投降的後蜀開國皇帝孟知祥志得意滿，設宴款待張虔釗。應邀作陪的還有新近歸附的原後唐武定軍節度使孫漢韶以及後蜀的文武群臣。席間，孟知祥開懷暢飲，當他伸手去接張虔釗遞過來的酒杯時，忽然「手緩不能舉」——突然中風不語，不久就離開了人世。

孟知祥一死，整個後蜀群龍無首。王處回、趙季良——孟知祥託付的兩個顧命大臣經過一番商議，決定扶立東川節度使、同中書門平章事為孟知祥的繼承人。

這位東川節度使不是別人，正是本文的主角孟昶（音 ㄔㄤˇ）。

孟昶，是孟知祥的第三個兒子。在五代十國的末代皇帝之中，他也算得上是個「腕兒」。

除了對政治沒有多大興趣以外，他的興趣極為廣泛，是一個典型的「花花公子」。

這位「花花公子」有哪些「花花」事呢？

好打球走馬 用近習奸佞

西元九三六年三月，「熒惑犯積屍」——「熒惑」與「積屍」均為星宿名。孟昶認為他的後蜀帝國要出現變異，因為「熒惑」是惡星，「積屍」在地上的分野又正好是蜀地。他的心腹，司天少監胡韞請他寬心，說「積屍」在地上的分野還可以對應秦地，並舉出晉咸和九年（三三四年）三月「熒惑犯積屍」最後應在秦地雍州刺史郭權被殺一事，叫孟昶放寬心。

孟昶當然會放寬心，因為自小生長在錦衣玉食中的他，根本不知真正的憂愁為何物。他有很多樂事可供開懷。

第一件樂事是打球。

球，即鞠，乃是古代的遊戲用具，以皮為之，中實以毛。擊球即蹴球，又稱蹴鞠，劉向《別錄》：「蹴鞠者傳言黃帝所作，或曰起於戰國時。」到了唐代，發展成為與現代足球相類似的一種運動。據《文獻通考·樂考二十》上的記載，擊球時要在地上「植兩修竹，高數丈，絡網於上，為門以度球，球工分左右朋，以角勝負」——在地上插兩根長竹竿，在竹竿上拉上網作為球門，擊球者分左右兩隊決勝負。

唐代的達官貴人甚至皇帝中都不乏擊球高手，比如唐穆宗李恒最喜愛擊球。有一次，他圍獵後回宮與太監擊馬球，忽然有一匹馬受驚，直奔李恒而來，李恒受到驚嚇，得了一種抽筋病，最後竟一病身亡。再如李恒之子敬宗李湛，也最愛擊球，結果最後死於常陪他一起玩擊球的將軍蘇佐明、王嘉憲、石從寬等人之手。

孟昶之喜愛擊球，也可以說是一種附庸風雅的行為。

孟昶的球藝並不高，因為他的注意力太容易轉移。

玩球的時候，他很難伺候：對手若是球藝比他高而故意輸給他，他會說對方看不起他；若是贏了他，他又會說對方不懂長幼尊卑，因而弄得大家都既煩他，又怕他。打球一事只好不了了之。

孟昶的第二個愛好是走馬，這也是一項十分富貴的運動。因為走馬用的馬要跑得既快又穩，而且還要供以「三品以上草料」，簡直和人吃的差不多。

孟昶的第三個愛好是信奉一些江湖術士，聽這些術士為他講授房中術，而且「多采良家子以充後宮」。

幸虧一個忠臣，時任樞密副使的韓保貞上書切諫，孟昶才幡然頓悟，即日便放良家子出宮。

這幾個「愛好」孟昶可以置於一旁，但另一個愛好，他卻無論如何也不肯放棄。

西元九三四年八月，就在孟昶繼皇帝位之後不到兩個月的時間，他就先後對童年的玩伴王昭遠、安思謙等人委以重任。

孟昶的母親李太后認為兒子不應該重用這些人。

李太后為什麼不願兒子重用王昭遠等人呢？說來簡單，她覺得他們成不了大事。

原來王昭遠的出身十分卑賤。他本是成都的一個貧民子弟，十三歲那年，出家當了小和尚，後來到成都東郭佛寺，給一個名叫智譓的禪師當善財童子。因為模樣長得不錯，被孟昶之父孟知祥看中。孟知祥從智譓那裡硬把他要了出來，賞給了孟昶作跟班。由於王昭遠特別「慧黠」——很有些小聰明，所以深得孟昶的喜愛，但李太后卻不怎麼喜歡他。

後來發生的一件事，證明了李太后的判斷是正確的。

那是在西元九六四年，宋太祖遣將伐蜀，孟昶因為王昭遠平素愛讀兵書、好談兵法，便命他為將出征，並在首都成都郊外為他舉行盛大的送別宴會。

舉杯欲飲之際，王昭遠大言不慚地以諸葛亮自許。

他手裡拿著一柄鐵如意，自我感覺就像手執羽扇的孔明一樣，大言不慚地說：「今天在這裡與諸君暫時告別。這次遠行，是道道地地的遠行。我不僅要禦敵於國門之外，還要率領這三萬多雕面兒郎，揮師北上，底定中原！」

送行的人有的被他「唬」住了，更多的人則暗自在心裡發笑。

只有孟昶相信王昭遠的鬼話。

結果呢？王昭遠一遇上宋軍就像雪堆遇上了火球一樣土崩瓦解。

幼子早卒追封遂王
夜壺豪奢飾以七寶

孟昶當政的時期，中原大地群雄逐鹿，晉、漢、周三代迭起，蜀中得天獨厚的地理條件，使得他能夠左右逢源，安心做太平天子。

西元九五〇年，孟昶給自己加尊號為「睿文英武仁聖明孝皇帝」，並大封諸子為王：先封長子玄喆為秦王、判六軍事，次子玄玨為褒王，後封自己的弟弟孟仁毅為夔王、孟仁贄為雅王、孟仁裕為彭王。

封賞完畢，孟昶最為寵愛的花蕊夫人徐氏嘟著嘴，像是不太高興的樣子。

「我的愛妃，」孟昶一副憐香惜玉的神情，「你怎麼好像不太高興啊！」

「沒有啊。」

「沒有？是不是因為今天分封諸王的事？」

「是又怎麼樣，反正玄寶也沒份！」

「夫人不必著急，玄寶現在年紀還小，有我和夫人在，將來王爵還能少得了他的嗎？」

花蕊夫人想想也是，於是轉怒為喜。

誰料天有不測風雲，五年以後，孟玄寶長到七歲的時候，突然暴病身亡。

花蕊夫人哭得死去活來，孟昶頭腦一熱，要追封玄寶為王。

有一個穩重老成的大臣覺得此舉太過荒唐，上書諫阻。

孟昶大怒，立即將其免職。

見皇上動怒，左右的人不敢怠慢，立即撒下人馬去為皇上追封七歲的小王子尋找「理論根據」。還是一個叫李昊的人「博學」。他絞盡腦汁想出一個成例，於是樂顛顛地去見孟昶，對孟昶說：

「皇上，找到了，找到了！」

「找到什麼了？」孟昶不耐煩地說。

「找到追封小皇子的舊例了！」

「當真？」

「臣如何敢欺君！」

「好，快快講來！」

於是，李昊不慌不忙地講了起來。他說，據史料記載，唐德宗李適的小兒子李評年方四歲時不幸夭折，唐德宗愛子心切，力排眾議，追贈他為揚州大都督，封為遂王。

「還有別的嗎？」

「這一條就夠了！」

「好，你去傳朕的旨意：追封玄寶為遂王，追贈青州大都督！」

李昊樂滋滋地傳旨去了。群臣們見木已成舟，誰還願意再饒舌。

小兒子死後，孟昶覺得人生短暫，壽夭無常，所以，變本加厲地奢侈起來。

他不但將境內所有的金銀財寶都搜羅在一起，據為己有，甚至連鐵器都不准老百姓使用。《宋史・西蜀孟氏世家》中說他「禁境內鐵，凡器用須鐵為之者置場鬻之」，他還將西蜀境內的珍珠、白米全部集中在一起，不許百姓分享。

到了後來，他覺得再也沒法進一步地誇富擺闊時，就把搜刮來的金銀全都換成珠寶，鑲在衣服上、床上，擺在桌子上。

有一天，孟昶突發奇想，覺得他的夜壺（尿壺）還不夠漂亮，於是，立即傳令主管宮中器物的尚方監頭目給夜壺打扮一番。

「打扮夜壺？」尚方監簡直懷疑自己是不是耳朵壞了。

「對！怎麼，不行嗎？」

「行，當然行！當然行！」那尚方監頭目心想：又不是花我的錢，你說怎麼就怎麼唄！於是，他小心翼翼地請示：「不知陛下有什麼高見？」

「高見倒談不上，」孟昶還挺謙虛，他用手一指堆放財寶的那幾間屋子，對尚方監小頭目說：「你看，那麼多的珠寶，你替我隨便找一些來鑲在夜壺上不就行了嗎？怎麼這麼笨呢？」

「是，是！陛下聖明！」那個尚方監頭目一聽竟要給夜壺鑲珠寶，心想這可是一件「了不起」的傑作，必須得聽聽皇上有何高見。

果然，孟昶見那尚方監頭目仍是一副似懂非懂的神情，立刻下了更具體的指示：要求工匠想辦法在那夜壺上鑲嵌上七種寶物。

這七種寶物都是什麼呢？

有人說是金、銀、琉璃、硨磲、瑪瑙、珍珠、玫瑰；有人說是金、銀、琉璃、水晶、珊瑚、瑪瑙、硨磲；還有人乾脆就認為是泛指多種寶物，此處只是「言成數以表其多」。

究竟哪種說法對，我們且不去管它，總而言之，孟昶是想要他的夜壺珠光寶氣，這個要求他確實做到了。

七寶溺器後來隨著後蜀的滅亡，被當作一件戰利品，而呈送到宋太祖趙匡胤的手裡。素有明主之稱的趙匡胤斷然拒絕了別人勸他將七寶溺器留作己用的「美意」，抽出寶劍，當著眾人的面將其擊碎。趙匡胤的舉動越發反襯出孟昶的荒奢。

改桃符為春聯　不料聯語成讖

西元九三八年正月，孟昶治下的蜀國一片升平景象。經過四年的努力，孟昶終於從老父孟知祥的巨大陰影中走了出來。為了徹底擺脫老父，他將老父時代的「明德」年號改為「廣政」。

許多願意捧皇上臭腳的人決定好好過個年，讓皇上高興高興。

按照蜀地風俗，每歲歲除（年尾）時，都要由有學問的讀書人寫兩句吉祥話刻在桃木製成的桃符上，據說這樣一來可以避邪，二來也可表達喜慶的氣氛。

這一年（九三八年）的春節，後蜀皇宮中也是一派喜氣洋洋的景象。

奉詔前來的翰林學士幸寅遜（人名。幸，姓；寅遜，名）像以往一樣，提起筆來，刷刷點點寫了幾副桃符，什麼「一元初始，萬象更新」啊，什麼「過往諸神，佑我大蜀」啊。他以為這是一項不需要動什麼腦筋的工作，所以，也只是因循老套，故調重彈。

幸寅遜寫好了之後，侍從把桃符呈送到孟昶的手中。

「不行，不行！」孟昶邊看邊搖頭。他頗為內行地說：「對仗不穩，亦不工！」

「微臣才思枯竭，」幸寅遜順坡下驢說：「一支禿筆，絞盡腦汁也想不出好詞，是以斗膽請陛下惠賜一副給臣作為樣板！」

「也好！」孟昶爽快地答應道。他提筆在手，沉思了片刻，隨手寫出「新年納餘慶，佳節號長春」十個大字。

那個「春」字還沒寫完，一旁的人就叫起好來。

其實，這些人並不一定真懂，孟昶撰寫的也不一定真好，只因為係「御筆」，所以，聰明的人都得叫好。

孟昶見大家一齊叫好，更是飄飄然，隨口說道：「這副聯語就不用往桃符上刻了。」

「那怎麼辦？」

「把它裁成兩副，貼在寢宮的門上，左右各一張。」

「既然不往桃符上刻了，」左右的人湊趣說：「那麼，能否請大王惠賜一個新的名字以示有別於桃符？」

「這名字嘛，」孟昶思忖了片刻，恰好一眼看到他寫的那十個字中最後的一個，靈機一動說：「就叫它春聯吧！一來嘛，朕親筆所書中有個『春』字；二來嘛，歲除又稱春節，春節時所掛之聯，豈不正可名之以春聯？」

這幾句話倒是說得在理。從孟昶以後，一直到今天，一千多年過去了，春節時所貼對聯一直以春聯名之，追本溯源，有人就將孟昶稱為中國文化中獨具特色的春聯鼻祖。這一點，恐怕是孟昶當時未料到的。

還有一點是孟昶也沒有想到的，那就是他那副聯語中的「餘慶」和「長春」兩個詞，及其在句子中的奇妙組合後來竟成了讖語。這是怎麼回事呢？

原來，西元九六五年正月，北宋軍隊在忠武軍節度使王全斌的率領下攻下成都，孟昶被迫投降。為了便於對原後蜀地區進行控制，宋太祖派他的親信呂餘慶知成都府——這不是「新年納餘慶」嗎？

接著又下令改春節為「長春節」——這不是「佳節號長春」嗎？

這並非筆者牽強附會，而實在是見諸史籍的（詳參《宋史・西蜀孟氏世家》）。說到讖語，《舊五代史》在轉引《五代史補》時提到了另外一件事。因此事與孟昶有關，我稍加以敘述。

那還是在孟昶之父孟知祥剛剛隨後唐魏王李繼岌、樞密使郭崇韜入蜀的時候。那時，王衍的前蜀政權剛被他們滅掉，魏王李繼岌就矯詔殺死了能征善戰的郭崇韜，不久，揮師北返，留下孟知祥任西川節度副大使，知節度事（即代理節度使）。

從打隨軍入蜀的第一天起，孟知祥就對蜀地險要地形、易守難攻的地勢，留下了十分深刻的印象，於是，「陰有割據之志」——內心深處生出據蜀地獨霸一方的念頭。

這一天，他率軍來到成都郊外，因太晚，不便入城，所以就地宿營。安排好軍務後，孟知祥打坐了一會兒，暗暗對天禱告，祈求神靈保佑他能夠諸事順遂，萬事如意。

然後，他帶了一名侍從，踱出軍營，漫無目的地走了一會兒，迎面遠遠來了一個車夫。孟知祥想討個「口彩」，於是充滿希冀地問：「兀那車夫，你這車子是用來推糧袋的嗎？」

「是。」

「最多能幾袋？」

「盡力不過兩袋而已！」那車夫老老實實地回答。

「袋」與「代」古今讀音都是相同的，孟知祥一聽那車夫的答話，心想是「盡力不過兩袋」？還是「盡力不過兩代」？

自己本想討個口彩，結果徒增厭惡，遂命人把那車夫給殺了。

車夫可以讓人殺了，但他無意中說出的那句話卻像讖語一樣，預示了後蜀帝國的命運。

降赴汴京七日而亡
緣妻成仙千古流傳

後蜀小朝廷雖然很早就以帝國自命，他的兩任統治者也都有皇帝之名，但與中原大國比起來，卻仍是微不足道。所以，如何處理與中原政權之間的關係，對於後蜀帝國來說一直是個不容忽視的大問題。

孟昶執政的中後期，中原後周、宋兩大帝國更替，孟昶對後周世宗皇帝柴榮一直是一種大不敬的態度，在給柴榮的信中直呼其名。對於宋，孟昶則採取了一種「遠交近攻」的戰略。

西元九六三年，北宋軍隊連下後蜀的潭、荊諸州，孟昶十分恐懼，於是，偷偷派遣他的大臣孫遇、趙彥韜等「以蠟丸書間行東漢」——拿著藏在蠟丸裡邊的密信，取道前往宋的敵國北漢（後漢的後人建立的小王國），約請他們同仇敵愾，從側翼牽制宋，使宋軍不能全力南下。

這個計畫很好，不料執行過程中出現了偏差，那個「蠟丸使者」孫遇審時度勢，覺得不能繼續為虎作倀，與宋為敵，於是便乾脆把那封「蠟丸書」連同整個後蜀整軍備戰的詳細情報，全都「賣」給了宋太祖趙匡胤。

正苦於師出無名，沒法出兵滅蜀的宋太祖如獲至寶，重重地獎賞了孫遇等人。

然後，宋太祖召集眾文武，發下數道命令。

首先，他命擅長撰寫露布文章的翰林學士為他草擬一份宣戰詔書，在詔書中要特別公布孟昶寫給北漢國主劉鈞的密信。

這封密信都寫了些什麼呢？

《新五代史》和《舊五代史》都沒有記載，多虧了《宋史》的撰著者，他在掌握了宋朝的大批原始檔案後還原了這份蠟丸書。我們照引如下：

早歲曾奉尺書，遠達睿聽。丹素備陳於翰墨，歡盟已保於金蘭。洎傳吊伐之嘉音，實動輔車之喜色，尋於褒漢，添駐師徒。只待靈旗之濟河，便遣前鋒而出境。

趙匡胤正是想通過披露這封信，讓天下人覺得後蜀謀宋在先，宋軍是不得已而攻蜀的。

露布寫好之後，宋太祖立即調兵遣將。他先派忠武軍節度使王全斌充任鳳州路行營前軍兵馬都部署，派武信軍節度使侍衛、步軍都指揮使崔彥進充任副部署，派樞密副使王仁瞻充任都監，率領禁軍（宋王朝最精銳部隊）三萬，廂軍（諸州兵）二萬，分數路攻蜀。

這五萬宋軍雖然人數不多，但由於訓練有素，有名將（如曹彬）指揮，再加上有後蜀的叛徒孫遇「指畫江山曲折之狀及兵寨戍守之處」——為宋軍畫了不少有價值的作戰地圖，所以，當宋太祖為他們餞行時，大小將領一個個都是勁頭十足。

「臣等仗天威，遵廟算，克日可定後蜀」——伐蜀軍主帥王全斌如是說。

「西川一方，倘在天上，人不能到，固無可奈何，若在地上，以今之兵力，到即平矣！」——龍捷右廂都校史延德更是豪言壯語。

見手下兵精將勇，趙匡胤十分高興，親自為這五萬大軍定下了每攻取一地只取其糧草，而將金銀財寶全部分給戰士的策略。

結果，伐蜀軍一路勢如破竹，很快就打到了成都以北不足百里的地方。

在這期間，孟昶曾先後派出長子孟玄喆、親信王昭遠等人統軍迎敵，結果，王昭遠師未臨敵而已先潰，他本人雖以諸葛亮自許，而實際上卻遠遠不及其萬分之一。

那位皇長子孟玄喆，更是「庸懦無識」。他領兵出征時，竟「攜姬妾樂器及伶人數十輩，晨夜嬉戲，不恤軍政」——帶著一大群姬妾、優伶（演員），提著樂器，不分白天黑夜地狂歡，不去處理軍政事務。這樣的元帥若叫他當個「梨園領袖」還行，領兵打仗純粹是自取其辱。果不其然，孟玄喆一聽宋兵已攻破劍門關，嚇得立即望風而逃。此人打仗外行，逃亡路上焚燒老百姓的糧食、房舍倒是很內行。

各路探馬流星般飛報成都，眾口一詞，都說宋軍正在向這裡推進。孟昶下令召集緊急朝會，老將石斌獻計說：「宋師遠來，勢不能久留。為今之計，莫如聚兵固守成都，頓敵兵於堅城之下，使其師老兵疲，然後待其糧草不濟、士卒思鄉之際出城襲之，定可一舉而奏奇功。」

孟昶一開始時還覺得石老將軍的話有一定道理，但當他抬起頭來想要從其他人那裡尋得進一步的支持時，看到的卻是一雙雙漠然的眼睛，真是「太平年間嫌官小，荒亂年頭懶把官升」啊！孟昶暗暗地在心裡歎息了一聲，然後開口說道：「先皇與朕以豐衣美食養士四十年，但一旦遇上了敵人，這些人卻不能發一矢。石老將軍的忠心可嘉，計謀亦不為不好，然而，真要是實行起來，朕卻不知道有誰能替朕固壘卻敵？」

孟昶故意把「有誰」中的「誰」說得很重，想使個激將法，但他完全失望了。因為不說還好，說了之後那些文武官員一個個都如老僧入定一般，眼觀鼻，鼻觀口，不發一言。

孟昶知道再說無益，立即命人修下降表一封。在表中他首言自己歸順朝廷之志；然後談他有親戚、朋友、家屬二百多人，而且還有年近七十的老母（李氏夫人），希望宋太祖能允許他「終甘旨之養，免賜睽離之責」；接著援引三國時西蜀後主劉禪以及南北朝時陳朝後主陳叔寶的先例，請求趙匡胤封他一個爵位。

這道降表很快就被交到宋軍主將王全斌的手裡。王全斌見降表寫得有情有理，很是高興，即刻派遣馬軍都監康延澤率一百名騎兵入成都安撫，然後，玩味降表，覺得「非老於此道者不能為之」。

幾天後整軍入城，安排好一切受降事宜後，王全斌向帳下幕僚們問起那封降表出自誰的手筆。一個喜歡收集奇聞逸事的幕僚答道：「這道降表出自『世修降表』的李家李昊之手。」

「世修降表？」

「對。這李昊字穹佐，自言是唐相李紳之後，在前蜀王衍時代，曾擔任過中書舍人、翰林學士。後唐大將郭崇韜率軍滅前蜀，王衍舉國出降時的降表就出自他之手，現在孟昶這廝的降表仍是出自李昊之手，所以，有好事者夜表其門曰『世修降表李家』。」

「怪不得！怪不得！」王全斌搖頭歎息說：「有專以修降表為業的人做臣子，這後蜀小朝廷早就該亡國了！」

西元九六五年二月，宋太祖趙匡胤頒下一道詔書。詔書中說：

朕已受命上穹，臨制中土，姑務保民以崇德，豈思右武以佳兵？至於臨戎，蓋非獲已……朕嘗中宵憮然，兆民何罪？屢馳陽騎，嚴戒兵鋒，務宣拯溺之懷，以盡招攜之禮……朕不食言，爾無他慮！

這封詔書是為了安撫心不能安的孟昶的。

這一年的四月末，孟昶一行被解送北宋首都汴梁。宋太祖一開始時對孟昶還是蠻客氣的，先派皇太弟趙光義（即後來的宋太宗）親自到汴梁城外迎接孟昶一行，又「親御崇元殿，備禮見之」，賞賜孟昶「襲衣、玉帶、黃金鞍勒馬、金器千兩、銀器萬兩、錦綺千段、絹萬匹」，又賜給孟昶的母親李氏夫人「金器三百兩、銀器三千兩、錦綺千匹、絹千匹」。另外，還賜給孟昶一套五百間的大宅第。

這些，都是在十分親切友好的氣氛中進行的。

幾天以後，李氏老太太帶著孟昶的妻子花蕊夫人進宮謝恩時，事情卻起了很微妙的變化。

《宋史．西蜀孟氏世家》中摘引了一段這個時候趙匡胤親筆下的一道詔書。在詔書中，宋太祖再也不與孟昶稱兄道弟，而是罵他為「偽蜀主」。原文是這樣的：「諮爾偽蜀主孟昶，克承餘緒，保據一隅，擅正朔以自尊，曆歲時而滋久……」

為什麼會發生這樣的變化呢？

原因在孟昶的妻子花蕊夫人身上。

花蕊夫人在歷史上有兩個：一個是前蜀王建的妃子，她姓徐，稱小徐妃，又號花蕊夫人，是王衍的生母，著有〈花蕊夫人宮詞〉；另一個是後蜀孟昶的老婆，也就是我們本文所說的花蕊夫人，她原本也姓徐（一說姓費），是青城（今四川都江堰市）人，此人也生得嬌嫩嫵媚有如花蕊，所以也落得「花蕊夫人」的美稱。

據說這位花蕊夫人喜愛牡丹和芙蓉花，孟昶為了取悅她，專門為她建造了一座牡丹苑，又在成都城裡遍植芙蓉。花開季節，成都燦爛似錦，因而留下了「花重錦官城」的美名。

有一天，孟昶專門賦詩讚詠自己的老婆。第一句「冰肌玉骨清無汗」博得一片喝彩，第二句「水殿風來暗香滿」又令左右擊掌叫絕。正待他要提筆寫出第三句時，邊關諜報飛至，說宋軍壓境，孟昶像那位只寫了一句「滿城風雨近重陽」的唐代詩人一樣，擲筆於地，興味索然，說道：「叵耐宋師，壞我雅興！」於是，留下了一首未完工的詩。

由於人們多崇尚殘缺的美，所以孟昶這首未完成的詩和花蕊夫人的大名，遠遠地傳遍了四方。遠在汴梁的宋太祖趙匡胤早就聽說了花蕊夫人的豔名，正愁沒有機會一見，不想李氏老太太竟領著兒媳婦入宮叩謝皇恩，不見則已，一見就再也不能忘懷。經過一番苦思，宋太祖想到了一條計策。

就在孟昶一行人到達汴梁的第六天，宋太祖頒下一道詔書，加封孟昶為開府儀同三司，檢校太師兼中書令、秦國公，並設晚宴，專門款待孟昶一人。

宴罷回家，孟昶覺得胃裡似翻江倒海一般，意識到是宋太祖有意在他的酒中做了手腳，但他一點也不明白，自己已經多次向宋太祖表示，願像劉禪那樣「樂不思蜀」，只求有口飯吃，絕沒有什麼非分之想，為什麼宋太祖還非要把他置之死地而後快呢？

的確，孟昶與南唐後主李煜不同，他從沒有寫過什麼「小樓昨夜又東風，故國不堪回首月明中。雕欄玉砌應猶在，只是朱顏改。問君能有幾多愁？恰似一江春水向東流」之類犯忌的詩詞，也沒有什麼過人的英武，但他卻有一個如花似玉的老婆，而這個老婆又不幸被趙匡胤看上，所以，他自然就成了北宋開國皇帝的眼中釘、肉中刺，自然是必死不可了！《新五代史・後蜀世家》稱孟昶到汴梁後「七日而卒」。

孟昶死後，宋太祖趙匡胤貓哭老鼠似地假裝悲哀了一下，追贈孟昶為楚王，並下令把葬禮搞得很隆重。

喪事結束以後，花蕊夫人按照禮節不得不到宮內謝恩。

雖然只是幾日不見，但趙匡胤卻覺得如隔三秋，無論從哪個角度看，都覺得眼前的這位一身縞素的花蕊夫人楚楚可人、我見猶憐，當晚就命其侍酒侍寢。

花蕊夫人也不是什麼貞節烈婦，把宋太祖侍候得又愛又憐。第二天，宋太祖就降旨封其為妃，以後，更是著實寵愛了一段時間。

花蕊夫人的詩句「十四萬人齊解甲，更無一個是男兒」雖然一下子把後蜀君臣給貶到了底，但這畢竟只是詩而已。事實上，投降宋王朝的十四萬後蜀人中，至少有一個還算是男兒的，至少在花蕊夫人的心目中是這樣認為。

這個人就是孟昶。

中國古代有句俗語叫作「女子愛前夫，男兒愛後婦」。宋太祖趙匡胤雖然無論從哪個方面來說都比孟昶不知要強上多少倍，但在花蕊夫人心中，她的那位寶貝前夫卻始終占有一個重要的位置。

閒來無事，常要手托香腮發一陣呆的花蕊夫人，有一天突發奇想：為什麼不能畫一幅像來紀念前夫呢？但她轉眼又否定了自己的這個念頭：「不行，趙大郎（趙匡胤）會發現的！」

又過了一段時間，她偶然得到了一些宋宮中珍藏的歷代名畫。這些名畫中有一些以神仙鬼怪為題材的，或寫實，或寫意，或借縹緲的虛無世界的種種，來澆自己心中的塊壘。

看了之後，花蕊夫人受到了啟發和鼓舞。「我完全可以為前夫畫一張似像非像，既像又不像的畫像，」她心裡想道：「這樣，趙大郎就看不出來了！」

說做就做，花蕊夫人原本就有繪畫才能，加上孟昶的面部特徵在她的腦海中十分清晰，所以，只用了幾天的時間，一幅孟昶畫像就被繪製出來了。

畫中的孟昶至少要比實際上的孟昶（亦即趙匡胤所見到的孟昶）年輕二十歲（孟昶死時四十七歲），他頭戴神仙巾，身穿英雄氅，少了幾分帝王霸氣，多了幾絲仙風道骨。

畫成之後，花蕊夫人把畫像掛在自己的寢宮，朝夕相伴。

說來也巧，幾天以後，宋太祖突然駕臨，花蕊夫人起身接駕。行過禮之後，趙匡胤落座喝茶，偶一抬頭，發現了那幅畫像。

「這是誰呀？」

「陛下猜一猜？」

「不會是你的那位寶貝後主吧？」宋太祖不愧是宋太祖，眼睛確實很「毒」。

「哪個寶貝後主？」花蕊夫人好似對以前的一切都已漠然了的樣子。

「就是孟昶孟仁贊啊！」

「怎麼會是他呢！」花蕊夫人佯裝不悅地說：「一來我是陛下的愛妃；二來想那孟昶早已不是什麼後主，陛下不是剛封他為楚王嗎？」

「噢，對了，」趙匡胤也恍然大悟地說：「那會是誰呢？」

「告訴你吧！我的皇上陛下，」花蕊夫人語含機鋒地說，「這是送子張仙。」

「送子張仙？」

「對。」

「掛他幹什麼？」

「臣妾日夜祈禱，祈求張仙快快給陛下送來個兒子！」

當時的北宋皇宮中，眾妃嬪為了固寵，都想能多為皇上生兒子，因而，她們大多供奉有各種各樣的神仙，以求降福給自己，所以，宋太祖也不好再多說什麼。

已經糊裡糊塗死去多時的後蜀後主皇帝孟昶又糊裡糊塗地被人當成了神仙。據說，在以後近千年的漫長歲月中，因這幅「送子張仙」畫像的緣故，孟昶一直在善男信女的焚香禱告中，接受他們的頂禮膜拜，從而成為「生命力」最強的皇帝之一，這不知是幸抑或不幸？

信鬼崇道遭子殺害的皇帝

——五代十國閩太宗王延鈞

◎長亭話別遭嘲諷　折辱殺人以洩憤

◎避位欲求大羅仙　殺戮吳英惹眾怒

◎疑仁達，尋藉口殺人　責李仿，種惡果喪命

西元九二五年十二月，古老中華大地的最南端，由後梁太祖朱全忠加封的閩王王審知病逝，其子王延翰繼位。這位「王家大少」不審時度勢，竟從太史公司馬遷的《史記》中找出「閩越無諸傳，示其將吏曰『閩自古王國也，吾今不王，何待之有？』」——從古人那裡找出「根據」，建國稱王。

可是好景不長，一年以後，由於「王家大少奶奶」崔氏濫殺無辜，惹得王審知的養子王延稟惱恨，起兵攻入福州，執「王家大少」而殺之。

這場宮廷政變雖由王延稟發動，但最大的受益者卻是王審知的另外一個兒子王延鈞。

這位後來登基稱帝的閩太宗是怎樣從宮廷政變中受惠，又是怎樣爬上皇帝寶座的呢？

長亭話別遭嘲諷
折辱殺人以洩憤

西元九二七年一月戊未日，福州西門外的長亭，一場酒宴正進行。

這是送別的酒宴。

有唐一代，長亭話別必飲酒，文人雅士們還要灞橋折柳，賦詩留念。那位被東坡居士稱為「詩中有畫，畫中有詩」的王維，就曾作過一首流傳千古的話別詩。詩云：「渭城朝雨浥輕塵，客舍青青柳色新。勸君更進一杯酒，西出陽關無故人！」

但本文寫到的這次長亭話別，卻沒有詩。因為話別的一方是剛剛發動了宮廷政變的王延稟，另一方是從政變中得利的王延鈞，這對難兄難弟誰也不是文人，所以，他們只有話，沒有詩。

不僅沒有詩，他們對飲時所說的話也充滿了機鋒。

「老弟，」王延稟喝了一口酒，大大咧咧地對王延鈞說：「你這次便宜占大了，老兄我費了九牛二虎之力，把延翰那廝給弄了下去！這位子現在歸了你，你可要像咱們的老爹（即王審知）那樣，繼承先志，不要勞煩老兄我再領兵前來啊！」

這番話倘若是換在一年以前說，王延鈞可能會覺得沒什麼，但現在已是今非昔比了——此時的這位「王家三少」雖然尚未登基稱帝，但好歹也是一國之主了。叵耐王延稟竟用這種訓誡小孩子的口吻和他說話，這簡直是沒把他這個閩王放在眼裡。王延鈞當時就想發火，但最後還是克制住了自己。他知道，此時自己立足未穩，還不是與王延稟翻臉的最好時機，於是「銜之」未發，忙喝酒把不悅掩飾了過去。

轉眼五年的時間過去了，這對長亭話別時沒有鬧翻的難兄難弟終於翻了臉。

王延稟見王延鈞對自己缺乏應有的「尊敬」，再一次領兵前來。他命其子繼雄繞海路攻福州的南門，自己則親統精銳猛攻福州西門。

王延鈞此時已做了五年的一國之主，遠非當年的那個「吳下阿蒙」，他一面親自登城迎戰王延稟，一面派最親信的心腹愛將王仁達迎戰王繼雄。

王仁達這人還真是個將才，他知道王繼雄年輕氣盛，且又自恃兵多，求功心切，於是「伏甲舟中，偽立白旗請降」——在船上設下了埋伏，然後搞假投降。不虞有他的王繼雄就像那位接到黃蓋詐降書後的曹孟德一樣，對王仁達的「投降」深信不疑。當他得意洋洋地來到王仁達的座舟上準備受降時，船上伏兵突起，將措手不及的王繼雄一刀砍翻在地，並「梟其首」——把他的腦袋砍了下來，送到城內。

王延鈞見了，如獲至寶，立即命人拿著這顆人頭登上西城的城門樓，用一個竹竿挑著人頭向城下高喊，說王繼雄已經伏誅，閩王已經決定對參與此次作亂的亂軍除首惡者嚴辦以外，脅從者一概不究，只要放下手中的武器，仍然是好臣民。

這番挑唆再加上王繼雄的人頭，不亞於一股颶風，王延稟手下的士兵「見之皆潰去」，反把王延稟孤零零地撇在了城下。此時，城門大開，步騎俱出，一舉將王延稟擒獲。

左右的人沒有把五花大綁的王延稟送到閩王府，因為閩王王延鈞有令，「立即將王延稟押往長亭！」

王延鈞想要幹什麼？

原來，他是想報那「一言之仇」。

此時，長亭內，酒宴還是當年的酒宴，人物也還是當年的人物，只是昔日的兄弟如今已是一為席上主，一為階下囚了！

見王延稟狼狽的樣子，王延鈞得意洋洋地說：「老兄遠來，未遑遠迎，實在是大不恭！」說到這裡，他舉杯喝了一口酒，接著說道：「我果然未能繼先人之志，勞煩老兄再次前來，真是不好意思！老兄此來，定當有教於我，對嗎？」

「對個屁！」王延稟憤憤地罵道：「我當年真是瞎了眼，立了你這麼個忘恩負義的東西！」

「不要發火！不要發火！」王延鈞貓戲老鼠似的說：「來啊，這位老兄舌頭太長，你們幫我替他拿下一段來！」

劊子手們聞言立即動手，一刀就割下了王延稟的半個舌頭，把個王延稟疼得直打哆嗦。見王延稟已經不能和他對罵了，王延鈞突然覺得有些興味索然，又罵了幾句，就叫人把王延稟拖出去殺了。

避位欲求大羅仙 殺戮吳英惹眾怒

西元九三二年，王延鈞上書給後唐明宗李嗣源，稱楚王馬殷、吳越王錢鏐等幾位後唐王朝加封的尚書令如今都已經不在人世，因而「請授臣尚書令」——請求加封他為尚書令。

李嗣源沒有答應王延鈞的這一請求。

王延鈞見人世間的中原皇帝不准他發展，就轉而向天上的「皇帝」尋求庇護。天上的「皇帝」亦即玉皇大帝不是常人能親近的，因此，王延鈞轉而「好鬼神道家之說」，寵信上了一個名叫陳守元的道士，對他簡直到了言聽計從的地步。

陳守元說與天帝「溝通」沒有一個合適的場地，王延鈞立刻就為他修了一座寶皇宮。

陳守元收了王延鈞之子王繼鵬的禮，謊稱「寶皇（即上帝）命王少避其位」，王延鈞信以為真，馬上離開王宮，命其子王繼鵬「權主國事」。

當然，王延鈞也不傻——為陳守元建座寶皇宮這沒問題，但要讓他把王位讓給兒子，他可就沒有那麼毫無保留了。

陳守元這個披著道士外衣的江湖術士什麼樣的人沒見過，他當然懂得王延鈞想吃又怕燙的心理，於是，就先給王延鈞一個「定心丸」吃。

他這個「定心丸」是張「空頭支票」。為了讓王延鈞心甘情願退位，他煞有介事地對王延鈞說：「大王暫時避位，然後再入主王宮，定可當六十年的太平天子！」王延鈞一聽天上的玉帝這樣眷顧他，不由喜出望外。「六十年後吾將安歸？」一高興，他頭腦就格外靈活起來，冷不丁地冒出了這樣一句話，竟問起六十年以後自己的命運來。

這問題很簡單，也很複雜。說它簡單，是因為王延鈞當時已年過三十，六十年以後肯定難逃一死；說它複雜，是因為在中國，死是有權有勢者最為忌諱的一個字眼。

陳守元真不愧久混江湖，他裝模作樣地搗了一會兒鬼，然後說：「六十年後陛下當為大羅仙人！」

一聽說自己可以成仙，王延鈞自然是喜不自禁，立刻照陳守元所說的去做了。

多虧王繼鵬不是那種為了保住權位不惜弒父殺君的人，他代理了一段國政之後又把寶座還給了老子。

從兒子手中接回王位後，王延鈞以為自己已得神助，「乃即皇帝位」——不滿足於稱王而稱帝。為了證明皇位是「神授」，自己是受命於天，王延鈞「受冊於寶皇」——接受寶皇宮中供奉的寶皇神的冊封，改元龍啟，國號仍為閩；追封王審知為「昭武孝皇帝」，廟號「太祖」；又立五廟，置百官，以福州為長樂府。

名號雖然由王變成了皇帝，但王延鈞治下的領土卻沒有一絲一毫的增長。「國用不足」仍是擺在統治者面前一個最現實的問題。

王延鈞為了彌補國庫的空虛，下令起用一個名叫薛文傑的人出任國計使。

薛文傑可真是一個「理財」好手，至少王延鈞本人是這樣認為的。這位「好手」理財的一個「祕密武器」是「多察民間陰事，致富人以罪，而籍沒其產」——多派人喬裝打扮去民間私訪，想方設法發掘富人的罪過將其財產沒收。

這一手頗有點現代人常說的劫富味道，只不過是劫富而不濟貧，所得全都落進了王延鈞的個人腰包。

薛文傑此舉，受到了時任內樞密使的吳英全力抵制，吳英甚至罵薛文傑是蝗蟲，而且是專揀肥枝嫩葉叮啃的蝗蟲。

薛文傑大怒，但因吳英有一度曾經執掌過禁軍的兵權，所以單靠薛文傑自己是扳不倒吳英的。

老奸巨猾的薛文傑想來想去想出了一個主意：找替身——找人幫他攻擊吳英。

他找了一個妖巫，這個妖巫姓徐名彥，據說「很有道行」。

徐彥在王延鈞面前玩了幾手小把戲，取得王延鈞的信任後便開始進讒言。

「陛下左右有不少奸臣，不求助鬼神除掉他們，恐怕就會出亂子！」徐彥信口胡謅道。

「哪一個人最危險呢？」王延鈞信以為真地問。

「待小道作法，請下仙師來幫陛下指認！」

王延鈞一聽徐彥說要作法，覺得還真像那麼回事，立刻命人去寶皇宮，替他收拾了一間淨室，備下各種法器。

語分兩頭，且說這次誣陷活動的主謀薛文傑此時竟又換了一副面孔去見吳英，假仁假義地對吳英說：「主上最近一段時期對你很不滿意，認為你現在是沒病裝病！」

「這話從何談起？」吳英激動又有些惶惑地說。

「為今之計，」薛文傑越發誠懇地推心置腹道：「老兄不如說出一種病來，以備皇上查詢。」

「我這病多了，」吳英有些犯愁地說：「和皇上說哪一種好呢？」

「這樣吧！」薛文傑幫著出主意說：「估計這幾天皇上可能要派人前來探視，到時，你就說頭痛欲裂就行了。」

吳英一想，頭痛這主意不錯，聽起來挺嚴重，真要請人來查也不容易查出真偽，於是，一點也沒遲疑就答應了。

這個「扣」做好以後，受薛文傑遙控的徐彥也宣告「作法」完畢，回來報告王延鈞，說他「入北廟，見英（吳英）為崇順王所訊曰『汝何敢謀反？』以金槌擊其首！」——見到神仙打吳英的腦袋。

「那麼，那個最大的奸臣一定是吳英了！」王延鈞自作聰明地下了結論。

薛文傑倒顯得很「公正」，他對王延鈞說：「鬼神之事需敬而遠之，不可不信亦不可全信。依微臣愚見，莫不如請人去吳英家裡探視一番，看他的頭是不是真的很痛，若是，再殺他也不遲！」

「這樣也好，就勞煩薛愛卿走一趟吧！」

「此事請陛下另委他人，因微臣曾與吳英有隙，瓜田李下之嫌臣不能不小心避之！」

「也好。」王延鈞覺得薛文傑說得有理，於是，另外派了一個人前去視疾。

除了薛文傑以外，其餘的人——皇帝、使者果然中計。因為吳英記住了薛文傑的叮嚀，堅稱自己頭痛欲裂，那使者本想救他，但見他一副不可理喻的表情，也只好作罷。回來如實地向皇帝作了彙報後，使者也就算完成了任務。

有神喻（通過徐彥獲得）、有調查，王延鈞覺得自己終於揪出了一個大奸臣，於是，立判吳英死刑，並派薛文傑監斬。

在刑場上，終於悟出害自己元凶是誰的吳英破口大罵薛文傑，罵他為了害自己而挖空心思、不擇手段。

由於吳英在內樞密使任上時頗有仁政，對士卒親同手足，因而深得軍心。吳英一死，閩帝國的三軍兒郎都恨死了薛文傑。

正趕上吳國吳睿帝楊溥派兵襲擊閩帝國的建州，王延鈞馬上派手下大將王延宗率兵前去援救。這幫士兵走到半路突然停下不走了，說是朝中有薛文傑這樣的奸臣，他們犯不著為奸臣賣命。

王延宗也沒有辦法，只好把這情況如實地向朝廷作了彙報，並說這些士兵必欲得薛文傑而後才甘心。

王延鈞一聽就火了，他說：「這些傢伙竟敢侮辱我的愛將，說他是奸臣！薛文傑要是奸臣，滿朝文武還有誰是忠臣？」堅決不答應。

「父皇，」王延鈞的兒子王繼鵬進言說：「父皇，薛文傑與國家社稷孰重？」——薛文傑與我們大閩帝國的江山社稷相比，哪一個更重要？

這話問到點子上了。王延鈞想了想，覺得還是江山重要，於是，命人把薛文傑抓起來，放進木籠囚車，運往前線。

說來真巧，這輛木籠囚車是由薛文傑監製的。當初他為了害人，對傳統的木籠囚車作了更動，「令上下通，中以鐵芒內向，動輒觸之」——在車內裝了不少鐵刺，囚車內的犯人不動則已，一動就如萬刃分身。沒想到囚車做成之後，第一個「坐車」的卻是他自己，這可真應了那句老話「木匠戴枷——自作自受」。

臨上囚車前，薛文傑替自己算了一卦，卦辭上說：「過三日可無患。」

負責押送的人聽說了這件事，一路上打馬狂奔，兩天就到了軍前。那些對薛文傑恨之入骨的士兵亂刃齊下，當場就結果了薛的性命。

一天以後，亦即卦辭上所說的「三日」以後，王延鈞派特使拿著一道「免死牌」前去赦免薛文傑，但薛文傑早就一命嗚呼了。

疑仁達，尋藉口殺人 責李仿，種惡果喪命

西元九三五年三月甲子日，是閩帝國例行的朝會之日。早朝散後，王延鈞與王仁達閒談。王仁達，就是前面提到過的那位勇將，他曾經替王延鈞除掉了王延稟之子王繼雄，並最終促使王延稟伏誅，因而對於王延鈞來說，他可以算得上是一個大大的功臣。

為了表示對他的器重，王延鈞一直讓他掌管禁軍。

也許是功高震主，也許是還有別的原因，反正近一個時期以來，王延鈞開始不怎麼信任王仁達了。再加上有些奸佞小人在旁挑唆，他越看越覺得王仁達像個居心叵測的人，用他的話說就是像「趙高」。

為了驗證一下，這天閒談時，王延鈞有意把話題引到歷史上來。

「最近朕讀了一遍《太史公書》（即《史記》）。」王延鈞沒話找話地開了頭。

「難得陛下還有這樣的好興致。」王仁達不知道這位皇帝老倌為什麼突然和他扯起了《太史公書》，只好順口敷衍。

「朕觀書中所言，趙高指鹿為馬以愚二世（秦二世），不知這件事是真是假？」

王仁達一聽就明白了，皇上這是考他來了，加上又曾聽人說皇上背地裡把他叫作「趙高」，於是，氣不打一處來，悻悻地回答說：「以臣觀之，是那位秦二世太蠢了，所以，趙高才敢指鹿為馬糊弄他。倘若他很聰明的話，別說趙高，就是什麼張高、李高、王高也都不敢對他稍有不敬。因此，是二世自愚，而非趙高愚之！」

說完這番話後，王仁達覺得自己的態度可能有些過於強硬，不管怎麼說，眼前的這位也是皇上啊！於是，他換了一種口氣，給王延鈞灌了一點「迷湯」。他說：「鑑古而知今。像陛下您這樣天縱英明，而且我們朝廷中的文武又都肯替陛下效力，其一舉一動，陛下全都知道。漫說沒有人敢心懷不軌，即使有人要鋌而走險，陛下也絕不會允許他成為趙高第二的，對嗎？」

「那當然！那當然！」王延鈞有些得意地說。

這君臣倆說到這裡，突然都覺得再也無話可說了，於是結束了談話。

等王仁達走了以後，王延鈞沉思著對左右的人說：「仁達智略過人，有我在，猶可用之；等朕百年之後，如不除之，定遺後世禍患！」

不久，王延鈞隨便找了個罪名，把王仁達給殺了。

王延鈞的正宮皇后死得較早，其繼室金氏賢明而不得寵愛。

在王延鈞執政的中晚期，這位閩王國的太宗皇帝竟迷上了他的一位「小娘」——其父王審知一個名叫陳金鳳的侍妾。

誰知這位陳金鳳愛的並不是王延鈞這個人，而是他的皇位。

這也難怪，王延鈞此時已是一個年近花甲的老翁，而金鳳小娘卻是二八佳麗。為了及時行樂，陳金鳳搭上了王延鈞的「嬖吏」歸守明。

這歸守明本是王延鈞的男寵，史稱其「以色見幸」，被王延鈞稱為「歸郎」。這位「歸郎」既要侍候皇上，又要侍候皇后，也真夠難為他的了！

過了一段時間，一向喜新厭舊的陳金鳳又搭上了一個名叫李可殷的人。這位李可殷是執掌專供宮中一應物事的百工院院使。此人為了討好陳金鳳，特命手下的能工巧匠為這位皇后趕製了一頂九龍帳。不曾想這頂寶帳竟被陳金鳳用來與歸守明偶爾偷情。這真是絕妙的諷刺。

當時的福州城內流傳著一句歌謠：「誰謂九龍帳，唯貯一歸郎！」

這種烏七八糟的關係，把個本來很好的閩王國搞了個亂七八糟。

也許是上行下效吧！王延鈞的兒子王繼鵬也瞅空與王延鈞的侍妾春燕偷起情來。王延鈞一氣之下，把春燕賞給了次子王繼韜。

王繼鵬見老父「只許州官放火，不許百姓點燈」，心裡十分氣憤。他暗暗勾結了負責京都警戒保衛工作的皇城使李仿，決定「清君側」。

西元九三五年的十月辛酉日，王延鈞在皇宮中的大酺殿大宴手下軍將。宴會正歡之時，這位皇帝老倌竟突然說起了瘋話——說他看見了王延稟。

這可真是「白日裡撞見了鬼」，王延稟早在幾年以前就已被他殺害了，怎麼會在宴會上出現呢？

王繼鵬和李仿由此斷定王延鈞「病已甚」——已經病糊塗了，於是，決定動手。

此時，因為歸郎歸守明仍在皇宮，所以，他們只好先拿李可殷開刀，「先殺李可殷於家。」

說也奇怪，一向病癱在床的王延鈞第二天竟又奇蹟般地好轉，而且，破例能出席久違了的朝會。

就在這次朝會上，王延鈞當著滿朝文武的面，責問李仿為什麼要殺李可殷。

這句簡單的問話可難住了李仿。李可殷有什麼罪？這一點皇帝本人應該比誰都清楚！負責百工院的李可殷連皇上的老婆都給「負責」去了，皇帝卻竟然責問代他除奸的人為什麼殺人，這個皇帝的頭腦恐怕是真出了問題！

幸虧王繼鵬在一旁為李仿遮掩，才混過了這一關。

早朝結束以後，李仿匆匆忙忙地找到了王繼鵬，二人不經研究就已經得出一個結論：「清君側」計畫已引起了皇帝的懷疑，為求自保，只好鋌而走險，連君也「清」了。

於是，李仿率領一幫皇城衛士——這些人都是他的心腹死黨——殺進王延鈞的寢宮，欲行弒君之事。

聽到外面突然傳來的嘈雜腳步聲，王延鈞憑直覺判斷大事不好。也不知從哪裡來的那麼大一股勁，他一翻身，下了自己的龍床，躲進了專為皇后設計製作的九龍帳內。

氣勢洶洶的亂軍殺了進來，接連砍翻了幾個內侍、宮女，卻唯獨尋不見皇帝的身影。

「搜！」李仿下令說：「若是走了那主兒，今天我們誰也活不成！」

這個利害關係其實不用李仿說，那些亂軍比誰都清楚。

好在王延鈞的寢宮並不大，亂軍七找八尋就發現九龍帳中有人，一個亂兵大聲吆喝道：「在九龍帳裡！」

李仿做了一個手勢，那些如狼似虎的亂兵們刀槍劍戟齊下，把個王延鈞刺得滿身都是洞，血流如注。

這群人終是有些做賊心虛，再加上還要去殺陳金鳳、歸守明以及王繼韜，所以誰也沒有注意九龍帳中的那條「龍」是不是真的死了。

這些人走了之後，幾個倖存的太監發現他們的皇上居然還沒有死。見他那痛苦萬分的樣子，都覺得於心「不忍」，於是，只好「幫」了他一個忙，用刀割斷了他的喉管，結果了他的性命。這一年，是西元九三五年。

貪財枉法、過河拆橋的皇帝

——五代十國閩景宗王延羲

◎好酒而無酒德
殺侄子欲剖大臣胃

◎貪財而枉法
勒索「買宴費」

◎量小非君子
開棺戮人屍

◎唯有人心相對間
咫尺之情不能料

西元九三九年閏月，偏處東南一隅的閩王國（五代十國中的一個小國）第四任皇帝，康宗王繼鵬被部下殺死。

王繼鵬的族叔，王延羲受兵變首領的推戴，登上了皇帝的寶座，成為閩王國的第五任皇帝。

王延羲乃是閩王國創始人太祖王審知最小的兒子，繼位後改名王曦。他在位六年，做了許多壞事和蠢事。

好酒而無酒德 殺侄子欲剖大臣胃

閩王國的幾任皇帝中，除了太祖王審知以外，沒有一個不是酒色之徒。王延羲在「酒、色、財、氣」四字中占了三個，除了「色」以外，別的他都喜好。

西元九四〇年，王延羲在即位一週年之際，大宴群臣。宴會設在福州城皇宮中的九龍殿裡。參加宴會的除了滿朝文武以外，還有王延羲的子侄們及他的妻子李皇后。

宴會開始前，王延羲當眾宣布此次宴會一律以大杯飲酒，並令皇后派人監酒。為什麼令皇后派人監酒呢？原來皇后李氏也是一個酒徒，史稱她「悍而酗酒」（詳參《新五代史》）。如果有誰膽敢以量小不飲，那無論是先禮——請他與皇后對飲，還是後兵——讓兇悍的李氏代行監酒大權，均可保萬無一失。

喝著喝著，出事了。那些文武百官雖然並非每個人都是劉伶、阮籍一類的人物，但多多少少還有一些酒量，但王延羲的子侄們就不同了。平日裡只有他們罰別人飲酒，今日裡反被別人監視，越想越不是滋味。王繼柔——王延羲的侄子，推開皇后所遣侍女為他斟酒的纖纖玉手，站起來向王延羲告醉。

早就對王繼柔不滿的皇后李氏見狀把嘴一撇，說道：「喲，怎麼量這麼窄，喝起酒來還不如我這個老太婆呢？」見王繼柔不理她，李氏由怒轉恨，挑撥道：「是不是對皇上有什麼不滿啊？」一開始並沒將這事當成一回事的王延羲聽皇后這一挑撥，火騰地一下就上來了，他想也沒想就高聲喝道：「武士何在？給我把這個逆臣推出去砍了！」

見皇帝因飲酒竟殺人，文武百官唯恐爹娘少生了一個胃，玩命似的往嘴裡灌，彷彿喝的不是酒而是玉液瓊漿，不一會兒，便一個個醉得不省人事。

見了這番情景，王延羲覺得好玩極了，不由哈哈大笑起來。

笑聲未落，他揉揉朦朧的醉眼：「噢？怎麼他沒醉？」

「他」是誰？

他就是翰林學士周維岳，因身材矮小，人稱「矮學士」。

「你……你……你這個矮學士，為什麼酒量這麼大？你剛才是不是投機取巧了？」

「回陛下，臣不敢。」

「那你為什麼沒醉？我聽人說個子矮的人喝了酒就醉……」

平日裡最忌諱別人叫他「矮學士」的周維岳見皇帝在大庭廣眾之下連揭他的短，就帶有幾分不快地答道：「回萬歲，臣只聽說個子的高矮與穿衣服用布料的多少有關，卻沒有聽說酒量的大小也與個子的高矮有直接的關係！」

「也對。依你看，酒量的大小和什麼有關係呢？」

「臣愚，依臣觀之，酒量的大小不在身材而在腸胃。」

「這麼說，你是有一副與眾不同的腸胃了。」不待周維岳答覆，喝得已有七八分醉意的王延羲向李皇后擠了擠眼，高聲叫道：「來啊，給我剖開周學士的肚子，朕要看看他有一副什麼樣的腸胃。」

一聽皇帝要將他開膛破肚，周維岳嚇得魂飛魄散，慌忙跪倒求饒。左右也覺得這個玩笑開得有點太出格了，也反覆諫阻，王延羲這才很不情願地停止這個「惡作劇」。

貪財而枉法 勒索「買宴費」

西元九四二年，閩王國諫議大夫黃峻上書朝廷，切辭彈劾閩王國泉州刺史余廷英，說他「假傳王命，強搶民女」。

表章上去之後，身為皇帝的王延羲一開始時相當重視。他親筆批示：著吏部會同三法司即速查明以報！

有知情者將這一消息透露給余廷英後，這個一向以天不怕、地不怕著稱的武夫害怕了。

「皇上這下子說不定要動真格的了！」余廷英自言自語道：「怎麼辦呢？」他找來了心腹死黨，密謀了半天，想出了一個主意，接著，派人火速進京予以實施。

將近一個月過去了，仍未見皇帝有什麼具體的處置措施，黃峻有些著急。他再次上書繼續彈劾，可是這一次皇帝大人王延羲卻連見也懶得見他了。

「這可真是『雷聲大，雨點小』啊！」黃峻很是納悶，他搞不清楚皇帝為什麼會中途變卦。有老百姓送來的狀詞，又有旁證，余廷英的「欺君之罪」很容易就會大白於天下，聖上為什麼突然變得不「聖」了呢？

真是不到黃河心不死，黃峻又派人暗暗去打聽此事的虛實。進宮的「細作」報回來的消息令他欲哭無淚。

原來，皇帝一開始時確實是想嚴辦的——不為別的，他要維護他的「王法」，但余廷英也不是省油的燈。前文我們已經提到余廷英與心腹死黨密謀後連夜派人進京一事，派人進京而且還是連夜，幹什麼呢？送禮。送禮給誰呢？皇帝。

皇帝怎麼會接受一個嫌疑犯送來的禮物？——這是讀到此文時一般人心裡最為正常的疑問，奇就奇在這裡，怪也就怪在這裡。《新五代史》、《十國春秋》等許多史書，在談到此事時，有著大同小異的有趣記載：

當余廷英派的代表進京時，王延羲「大義凜然，一身正氣」，怒聲斥責余廷英的「欺君」行為，並聲稱要嚴辦。

當這個代表說可以送些錢給皇帝消火時，他也不依不饒。但當得知余廷英「孝敬」的款項達到十萬緡（穿錢的繩子，亦指成串的錢，一千文為一緡）時，王延羲的嘴就不那麼硬了。他手撚鬍鬚，作沉思狀，久久不語。

余廷英派來的代表是個老夫子，見皇帝沉吟不語，還以為他要拒收「孝敬」款，將余廷英「罪加一等」，再定他個「賄賂罪」呢！誰料到，王延羲說出一句話來，差點把他樂昏過去。

王延羲問的是：「我這有十萬緡了，那皇后呢？朕為天，皇后為地，你們總不該厚天薄地吧？」於是，余廷英又被敲了十萬緡，算作給皇后的「買宴錢」……

瞭解到這一情況後，黃峻揮了揮手，令「細作」退了下去。他歎息著說：「以前聽人說皇帝視國事如兒戲，我還不願相信，現在看來那些人說得一點也沒錯啊！貴為天子，竟也『黑眼睛見不得白銀子』，可歎啊！可歎啊！」

量小非君子　開棺戮人屍

王延羲這個人一向標榜自己是個「不世英主」，但其實，他的度量、胸襟卻很小很小。

西元九四〇年，他的一個女兒出嫁，滿朝文武大部分都來送禮。後來，那部分沒來送禮的官員都被王延羲在朝堂上抽了一頓鞭子。御史中丞劉贊因為沒有檢舉揭發沒送禮的人，也被王延羲抓了起來，欲加以笞刑。劉贊不堪其辱，憤而要自殺。

諫議大夫鄭元弼切諫，王延羲大怒，質問他說：「你為什麼敢替劉贊鳴不平？難道說你要學那犯顏直諫的魏徵嗎？你可要掂一掂你自己的分量！」

一向以能言善辯著稱的鄭元弼見王延羲發怒，不慌不忙地答道：「陛下聖明，臣犯顏切諫，自是死罪！死罪！誠惶誠恐！其實，臣哪敢自比魏徵，才能不如，聲望亦遠遜之。臣之所以敢於犯顏直諫，正因為陛下似唐太宗！」

一聽鄭元弼把自己比作唐太宗，王延羲這才轉怒為喜，一場「飛來橫禍」也被消弭於無形之中。

與劉贊等人相比，王倓就沒有那麼幸運了。

王倓本係王延羲的前任閩康宗王昶的宰相。在王昶當政之時，王延羲已初露飛揚跋扈之態，唯有王倓才能稍微震懾他一下。

西元九三七年，新羅國派遣使節來聘，獻上一柄新羅產的太阿寶劍。據使節稱，這柄寶劍係純鋼打就。就近觀之，劍身通體發著一種藍色幽光；劍柄上綴滿各種各樣名貴的珠寶；劍鞘係用鯊魚皮細細縫製。據說，此劍還有一絕，能於出鞘之後盤於持劍者的腰間。時人有詩詠之云：「誰言百煉鋼，化為繞指柔。」

王昶從新羅使節手中接過寶劍，話中有話地問站在一旁的王延羲：「這劍是幹什麼用的？」

「這不是廢話嗎？」王延羲心裡想：「劍嘛，就是殺人防身用的唄！」他剛想開口，站在他一旁的王倓先開了口。他也話裡有話地說：「陛下，據臣所知，此劍又名『斬佞劍』，凡不忠不孝，妄圖謀逆犯上者，悉可以此劍斬之！」

說到這裡，王倓有意望了王延羲幾眼。

王延羲這個氣啊！本來他是準備於近期內發動宮廷政變推翻王昶，取而代之的，現在有了王倓這番不陰不陽的話，王昶能不提高警惕、加以提防嗎？

這個該死的王倓！

經過一番精心策劃，兩年以後，王延羲終於如願以償，登上了皇帝寶座。他即位後的第一件事就是找曾「壞了他大事」的王倓算帳。

遺憾的是，王倓此時已不在人世——就在王延羲篡位前一個月死去了。

「死了？」王延羲聞聽暴跳如雷，「死了也得懲治！跑得了和尚跑不了廟，給我開他的棺，鞭他的屍！」

開棺那天，王延羲親臨現場。為了解氣，他不顧皇帝的身分，親自動手將王倓亂劍分屍。

史載：「曦（王延義）既立，而新羅復獻劍。曦思倓前言而倓已死，命發塚戮其屍，倓面如生，血流被體。」

唯有人心相對間　咫尺之情不能料

王延羲之所以能夠平步青雲，當上閩王國的皇帝，是與連重遇、朱文進二人的擁戴分不開的。當上皇帝之後，王延羲是怎樣對待連、朱二人的呢？

一句話：過了河就拆橋。

他先是將連重遇、朱文進二人升任有職無權的合門使，而將他們原先統率的皇家禁衛軍——控鶴軍，交由一個名叫魏從朗的人掌管。不久，他又找了個由頭，將魏從朗殺死。

俗話說「打草驚蛇，投鼠忌器」，本不該死的魏從朗竟被皇帝遣人殺死，連重遇、朱文進二人心裡開始滋長對王延羲的不滿情緒。

這時，王延羲寵上了一個妃子尚氏。這尚氏雖被封賢妃，但究其所為卻一點賢德也沒有。每當王延羲酒醉沉睡時，就由她代持朝政。她憑著自己的喜怒隨意殺戮大臣，弄得朝政紊亂，怨聲四起。

當朝皇后李氏也對尚妃心懷不滿，她害怕天長日久皇帝會廢了她而立尚氏，於是，就在朝臣中尋找可以聯合的人，準備殺掉王延羲而立她的兒子王亞澄為帝。

不用怎麼費勁，李皇后就發現曾擁立皇帝的連重遇、朱文進二人在心裡邊對皇帝憋了一口氣，而且有愈燃愈烈之勢。

原來，在殺死魏從朗之後，王延羲曾以宴請為名，召連、朱二人進宮觀察他們對誅魏一事的反應。

酒席之間，王延羲對連重遇、朱文進談起魏從朗的「謀逆」，他歎息著說：「平日裡，朕並沒有覺得魏從朗這廝有什麼反常，看他謹言慎行還是蠻忠順的，誰料想他竟然做出這等大逆不道的事情，真令我傷心啊！」

連、朱二人見狀也不好說什麼，只好違心撫慰。王延羲看也不看他們，接著說道：「你們也不用勸我！你們是怎麼想的我也不知道，我想的是什麼你們也不清楚！還是白樂天說得好：『唯有人心相對間，咫尺之情不能料』啊！」

連、朱二人一聽，知道皇帝對他們已不信任，不由得怒從心頭起，惡向膽邊生。但迫於當時形勢，二人只得離座跪拜以表忠心。

王延羲只是「嘿嘿」冷笑。宴席結束以後，連、朱二人恨死了王延羲。

瞭解到這一重要情況以後，李皇后立即派人前往策反二人。

她派去的人對連重遇、朱文進二人煞有介事地造謠說：「主上準備加害於你們了，這是皇后娘娘讓我帶過來的消息，你們快點想辦法吧！」

經過一番精心策劃，連、朱二人指使拱宸馬步使錢達，在一次酒宴後將歸宮路上的王延羲於馬上殺死。

時為西元九四四年三月。

三姓兩名大難不死的皇帝

——五代十國南唐烈祖李昪

◎改換門庭求生存
沉著應變博賞識

◎代主自立建南唐
認祖歸宗抬身價

◎無意拓土遭譏諷
迷戀丹藥把命喪

大唐天祐五年（九〇八年），割據一方的唐淮南節度使楊行密與黃巢起義軍的叛徒朱全忠大戰於淮南。楊行密的部下，一個名叫徐溫的偏將與其他亂兵一樣，見了百姓的東西就搶，搶來搶去，竟搶了一個小男孩來。沒有人知道這個小男孩原本姓什麼、叫什麼（只在許多年後他才自言姓李）。他把這個小男孩獻給了主帥楊行密，楊行密「奇其狀貌，養以為子」。

許多年以後，這個被搶來的男孩竟成了五代十國時期南唐帝國的開國皇帝。

從奴隸到將軍是可能的，但從一個被人搶來搶去的苦孩子一躍而成為面南背北的帝王，這在一般人的心裡是完全不可想像的。

這個從無姓到姓楊，後來又姓徐，最後自己確定姓李名昪（ㄅㄧㄢˋ）的人，是怎樣把不可能變成現實的呢？

改換門庭求生存 沉著應變博賞識

爆發於西元八七五年的唐末黃巢起義是一場翻天覆地的革命。這次革命不僅攻下了大唐都城，趕跑了大唐皇帝，而且也打亂了許多人原本平淡的生活。

我們本文的這位主角倘若不是生逢亂世，有可能一輩子只是「躬耕壟畝」，做一個日出而作、日落而息的農民，但這僅僅是假設而已。

且說他被徐溫掠走獻給楊行密以後，楊行密覺得他甚為「慧黠」，立即就把他認作乾兒子。過了幾天安生日子之後，李昪（為了稱呼上的方便，我們只好先稱其為李昪，儘管他此時既不名「昪」也不姓「李」！）很快就發現自己陷入了一個招人嫌、招人煩的境地。

嫌他、煩他的是楊行密的幾個親生兒子楊渥、楊隆演等人。這幾位公子哥兒仗著是楊行密的親生骨肉，根本沒把李昪這個「外來仔」放在眼裡。當著老爹楊行密的面，他們「弟弟長，弟弟短」地叫得格外親熱，一旦老爸不在眼前，哥幾個就會立即對李昪施以「幫助」——不是拳打腳踢一頓，就是一天不給飯吃。

別看這幾位楊家公子哥兒後來當起皇帝一個比一個廢物，但他們耍弄李昪的手段，卻常讓人自歎不如：打人從不往臉上、手上、腳上等看得著的地方打，而是使足了勁往屁股上招呼；餓飯時從不對手下人說今天給「小公子」（指李昪）餓飯，而是告訴手下人小公子今天不想吃東西或者假稱老將軍（指楊行密）帶著小公子出去玩了，不用預備他的飯食。

別說李昪不是個笨人，就算是個大傻瓜，他也能覺出他這幾位大「哥哥」不喜歡他。「這樣下去可不是個辦法！」李昪暗想：「得想個轍！」想個什麼樣的轍呢？

李昪突然想到了那位把他搶來、對他甚有好感的徐溫徐將軍：「聽說他也是海州人，與我是老鄉，反正給誰都是當兒子，楊行密的幾個兒子不容我，我不如給徐將軍當義子算了！」於是，他決定託楊渥向徐溫求情，請徐溫收自己為義子。

這個主意真大膽，一般人聽了可能會覺得這簡直是老鼠託貓辦事——異想天開！只有真正聰明的人，才會對李昪這個想法和膽略擊案叫絕——楊渥是徐溫的主公之子，對徐溫有相當大的影響力，他出面，徐溫不能不給面子；而楊渥本人覺得李昪作為楊府義子極有可能成為將來的心腹之患，因此，李昪主動請去，託他代為疏通，實際上幫李昪也就等於幫他楊家弟兄，這個忙楊渥不能不幫。因此，李昪對楊渥怎麼幫他都不聞不問，反正辦成辦不成他都無所謂——至少在楊渥面前他是這樣表述的。

楊渥果然不負所託說服徐溫，徐溫也很快就徵得楊行密的同意將李昪收為義子。

這樣，李昪又有了第二個姓：徐。

徐溫按照自己親生兒子的字輩，替李昪取名為知誥，這樣李昪不但有了新姓，而且連名都有了。要說李昪這人可能真像那個相士給他下的斷語那樣：「命途多舛」。

他本以為脫離楊府就可以從此一帆風順，誰料徐溫的幾個親生兒子也不是什麼好東西。他是剛離開虎口，轉眼又進了狼窩。

當然，經過幾年的磨難，他已年近二十，成為一個雖是弱冠但卻能夠領兵打仗的小將軍了。先哲們說：「苦難是人生最好的學校！」這話說得一點也沒有錯。

經過這麼多年的磨難，李昪不但沒有被擊倒，反倒因其才幹而被徐溫任命為升州刺史。李昪對徐溫十分孝順，因而更得徐溫的歡心。徐溫常罵他的幾個親生兒子，尤其是徐知訓不如他這個養子。

本來就對李昪心懷不滿的徐氏諸公子，一聽老父長他人志氣滅自己威風，氣就不打一處來。跟老父發火吧，卻沒那個膽量，所以，這滿腔的怨氣就都撒在了李昪頭上。

有一次，李昪從升州回到廣陵（江都府），徐知訓突然派人前來相請，說是兄弟久未聚首，特備下薄酒一桌為老弟接風洗塵，而暗地裡卻在宴會廳的屏風後面伏下了一排刀斧手。

心懷坦蕩的李昪不虞有他，欣然前往。

到了宴會大廳，徐知訓拱手相迎，兄弟二人寒暄了幾句攜手入席。

要說李昪這人倒是吉人天相，負責這天宴會事宜的酒吏刁彥能曾經得過李昪的好處，他知道宴會伏有刀斧手，可是當著徐知訓的面又不敢說破。於是，他靈機一動，有了一個主意。

他先敬了徐知訓一杯酒，然後轉過身來向李昪敬酒。李昪與徐知訓是相對而坐，刁彥能敬酒必然要背對著徐知訓，借這機會，他看似無意卻有意地在李昪的手背上劃了一下。見李昪沒有完全明白過來，他又狠狠地掐了他一下，做了一個快逃的表情，李昪會意，假託上廁所逃走了。徐知訓聞聽李昪不辭而別大怒。

不久，他又企圖借在山光寺為李昪餞行的機會加害於李昪，李昪有所察覺逃走，徐知訓派人追殺。說來人們也許不信，徐知訓派去的人竟然是刁彥能，這結果是可想而知的了。

見徐氏諸子容不下自己，李昪也不與他們撕破臉皮而是轉而向外求發展。他在自己的治所設立一座延賓亭，延攬四方精英。由於李昪能征善戰，所以，當時的一些名士諸如宋齊丘、駱知祥、王令謀等先後投到他的帳下。

有一年盛夏，徐溫派人送一封信給李昪。在接官亭迎信使時，李昪既不打傘遮陽，也不搧扇子，熱得汗流浹背。那信使不明所以，好奇地問：「天這麼熱，少將軍為什麼不張蓋操扇呢？」

李昪正色答道：「小校場上的士卒和田野裡的農夫不也是整天曬在太陽底下嗎？一想到他們，我就覺得自己在屋裡公幹已經夠奢侈的了，哪敢再張蓋操扇以勞民呢！」

那信使雖然知道李昪有些矯情，但一來自己拿了人家不少東西，二來他也確曾聽人說李昪「盛暑未嘗張蓋操扇，左右進蓋必卻之」，所以，回去後為李昪向徐溫美言了一番。他這一番美言，觸動了徐溫頭腦裡的一根「特殊」的弦。

幾天以後，徐溫下令調李昪任潤州團練使。

李昪在升州這個地方已經打好了基礎，現在見徐溫又要調他去潤州，心裡很不高興，因此不打算前去。

李昪的謀士宋齊丘聞聽後勸他說：「這是件好事，少將軍為什麼要拒絕？」

「好事？」

「當然！」宋齊丘見李昪仍大惑不解，附耳說道：「徐知訓那廝驕倨不可大用，現在老將軍（指徐溫）竟讓他留鎮廣陵，估計不久就會有焚巢之禍。升州距廣陵甚遠，而潤州與其則只一江之隔，一旦廣陵有變，在別處都會鞭長莫及，唯有身在潤州又手握兵權的人才可派上大用場。這乃是天賜良機，為什麼要放過？」

李昪聽了心中釋然，欣然前往潤州上任。

果不其然，沒過多長時間，驕橫不法的徐知訓就被一個名叫朱瑾的人所殺。那天夜裡，廣陵火起，徹夜不息。李昪在潤川府衙中看到，未待天明，即起兵過江誅滅朱瑾之黨，然後解甲以待徐溫。遠在金陵的徐溫雖然一接到手下人的奏報就立刻往回趕，但當他回到廣陵時，已經是事發後的第二天下午了。

本以為大本營已經亂成一團的徐溫回來後一看，大出意料——街上人群熙熙攘攘，在各個關鍵位置，李昪都布下了崗哨，而最讓他感到欣慰的是李昪本人迎接他時，不著鎧甲，而且不居功、不沾沾自喜。

徐溫感慨萬千地說：「疾風知勁草，板蕩識忠臣！這場亂子都是知訓這個不成器的東西鬧出來的！要不是有你在潤州，又應變及時、處理得法，那麼我們徐家幾十年的苦心經營都要前功盡棄了！」

「父親大人言重了！」李昪恭謹地答道，一副不敢居功的樣子。

「我心中有桿秤！」徐溫擺了擺手，示意義子不要過謙，然後斷然說：「你在我的幾個兒子中功勞最大，潤州那個地方太小，實在委屈你了！這樣吧，從明天起，你就當左僕射，不要回潤州了！」

這僕射始置於秦，漢以後承襲之，職權漸重。至魏晉時代其地位已與宰相接近，有「端副」（尚書令稱端右）之稱。唐代不設尚書令，僕射即為尚書省長官，而且由於太宗李世民曾經擔任過左僕射一職，所以有唐一代，左僕射一職一般決不輕易授於人。

李昪本不願從升州移鎮潤州，誰料無意中卻撿了個大便宜，真可謂福從天降了！

代主自立建南唐 認祖歸宗抬身價

西元九三二年五月，當時的吳國國王楊溥加封李昪為東海郡王。其時，李昪的養父徐溫已經病死。徐溫的幾位嫡親公子，論威望、論能力、論實力，沒有一個能比得上李昪。

不長的時間，李昪一躍而成為「徐家班」的第二代首領。

從一個孤兒到晉封王爵，按理說，李昪該滿足了吧？有的人心裡這樣想道。

李昪本人卻另有打算。

七月的一天，天氣酷熱。李昪沒有到前廳升堂議事，而是一副休閒打扮在後堂休息。很隨意地，李昪拿起了擺放在案幾上的青銅寶鏡，攬鏡自照，「見白髮」——竟然發現不知道從什麼時候起，白髮已悄然爬上了雙鬢。

「唉！」李昪長歎一聲，對身邊服侍他的貼身小吏周宗歎息著說：「功業未就而鬢髮先斑，真是人生苦短啊！」

周宗雖然只是個侍吏，但卻十分乖巧，最善於揣測長官話裡的言外之意。

他想：「東海郡王的爵位不謂不高，可以說已經是位極人臣了，但眼前的這位爺卻說『功業未就』，還有什麼功業未就呢？顯然是想當皇帝了！」思及於此，他不由在心裡暗暗為自己的聰明而高興，於是，一個雖然大膽，但卻可行的計畫就在腦子裡孕育成熟了。

幾天以後，周宗悄然趕赴廣陵去見李昪的心腹宋齊丘，與他商量逼使楊溥禪位給李昪的事。宋齊丘做事一向小心謹慎，此刻見周宗不請自來，來了就放了這麼一砲，立即就將周宗扣押了起來，並即刻派人送密信給李昪建議將周宗斬首。

宋齊丘的謹慎是有原因的。

西元九二〇年五月，平庸無能的吳宣帝楊隆演一病身亡，徐溫，這位曹孟德式的人物從其大本營連夜趕回廣陵。當時，眾人覺得楊家的氣數已盡，行密諸子都是扶不上牆的角色，因而紛紛給徐溫寫勸進表，勸他代楊氏家族而自立。

有一個人甚至還面見徐溫，大談三國時代劉備在白帝城對諸葛亮所說的話：「君才十倍於禪（劉禪），可立，即立之；不可立，君可取而自代！」言外之意是想給徐溫篡國尋找一點理論根據。

當時，徐溫未置可否。

次日早晨，徐溫大會文武眾臣，當著大夥的面厲聲說：「這些天不斷有人跟我講劉備的臨終遺言，這是什麼意思，我不說想必大家也明白！你們提劉備，我倒想起了曹操，此公有一句話：『設若天下無孤（曹操自稱），不知有幾人稱帝！』本王不想做諸葛亮，倒是想學學曹操！楊家若沒有一個男丁便罷了，倘若有一個男丁，只要他是先主公（楊行密）的兒子，老夫就要扶立他為主！」

幾天以後，徐溫果然從潤州把楊行密最小的兒子楊溥接回廣陵，並把他扶上皇帝寶座。

有了這麼一檔子事，宋齊丘又摸不透周宗的底，所以才有扣押周宗並請李昪斬之的表示。

宋齊丘這回的謹慎雖然不是沒有道理，但很快被證明是多餘的。

李昪不同於徐溫，正像曹丕不像魏武帝曹操一樣。

接到宋齊丘的信之後，李昪又驚又喜：驚的是周宗如此大膽，宋齊丘如此處置；喜的是終於有人悟出他的心思，而且宋齊丘也絕不可能將這件事情外洩。罰不罰周宗呢？李昪想了半天斷然決定：不罰！不但不罰，而且還要升他的官以激勵後人。於是，他一面親自寫了一封信給宋齊丘讓他馬上釋放周宗，一面親下命令任命周宗為池州刺史。

此舉無疑是向眾人明示「皇上輪流做，明年到我家，我李昪也想坐上那把金交椅享享清福了」。其時，朝裡朝外已經完全為李昪所控制。不久，楊溥就派人加封李昪為齊王，准其定都於金陵，未幾，又「加昪九錫、建天子旌旗，改金陵為西都」，只差把那位子騰出來讓李昪去坐了。

西元九三七年十月，做了十八年傀儡皇帝的楊溥派人傳旨給李昪，說他願意禪位，李昪沒有推讓坦然接受。

他也算「對得起」楊溥了，自作主張地尊楊溥為「讓皇」。其冊文曰：「受禪老臣知誥（徐知誥。即李昪）謹上冊皇帝為『高尚思玄弘古讓皇帝』。」他還追尊徐溫為忠武皇帝。

繼而，他開始分封手下諸臣：以宋齊丘為左丞相，封徐溫之子徐知證為江王、徐知諤為饒王。

人真是奇怪的動物！

徐溫的兒子徐知證、徐知諤原來十分看不起李昪，並想千方設百計地排擠他、打擊他。但當李昪登基坐殿當了皇帝之後，他們又立即換了一副面孔，想方設法地巴結李昪。

在封建時代有一條不成文的規定：一個老皇帝的幾個皇子中倘若有誰當了皇帝，他的名字就要改，以示不同於眾。比如，南唐後主李煜，本名李從嘉，繼位後為了與其弟李從善、李從益、李從謙、李從度區別，改名為李煜。

徐溫幾個「知」字輩（即名字中間都有個「知」字）的兒子見自己的這位義弟當了皇帝，馬上上表懇請徐知誥改名。

李昪置之不理。

見沒拍到點子上，徐知諤想出個主意：「請昪復姓」——索性請李昪恢復自己被掠來以前的姓氏。

這次雖然沒有拍到馬腿上，但卻觸動了李昪的一樁心事：該姓什麼？

他依稀記得自己曾經姓李，可是是哪個李呢？

在講究血統門閥的那個時代，最輝煌的家族莫過於隴西李氏。大唐開國皇帝李淵便出於隴西李氏。一筆寫不出兩個李字來，說不定五百年前自己的先祖和李淵的先祖還是一家呢！

「對！就姓這個李！」

大政方針確定下來之後，又一個問題出現了：聲稱是李唐的後代這可以，但總得找個直系遠祖自圓其說啊！

也許是計議不周，也許是史家記載有誤，出現在《新五代史》和《舊五代史》中的李昪家系竟有兩種不同的說法。

《新五代史》上說李昪「自言唐憲宗子建王恪生超，超生志，為徐州判司；志生榮，乃自以為建王四世孫」——認為自己的天祖是唐憲宗，高祖是唐憲宗李純的兒子建王李恪。

《舊五代史》上說李昪「自云唐明皇第六子永王璘之裔。唐天寶末，安祿山連陷兩京，明皇幸蜀，詔以璘為山南、嶺南、黔中、江南四道節度採訪等使。璘至廣陵，大募兵甲，有窺圖江左之志，後為官軍所敗，死於大庾嶺北，故昪（李昪）指之以為遠祖，因還姓李氏」——認為李昪是唐玄宗李隆基之子永王李璘的後代。這位李璘可是個大大有名的人物：他與肅宗李亨爭權，又連累大詩人李白下獄坐牢，現在又成了李昪的遠祖。

這些說法是真是假，恐怕只有天知道了！

在未稱帝前，李昪把自己的一個女兒嫁給了當時尚未禪位給他的吳睿帝楊溥的兒子楊璉。楊璉當時是皇太子，所以，李昪的這個寶貝女兒也就自然而然地成了太子妃。西元九三七年十月，李昪取代楊溥自立，封他這個寶貝女兒為永興公主。這位女子倒真有些根深柢固的正統觀念，就像東漢末年身歷七朝的皇太后王政君不肯接受篡漢自立的侄兒王莽所上的新封號、隋帝楊堅的女兒不肯接受其父所贈的「公主」誥封一樣，李昪的這個女兒「聞人呼公主，則嗚咽流涕而辭」——一聽見別人喊她公主就要哭哭啼啼，一副悲不自勝的樣子。

這番一哭二啼可以說與李昪認祖歸宗時選大唐皇族的某一位王爺做遠祖，有異曲同工之妙。因為她可以迷惑並拉攏住一部分對楊行密所建立的吳王朝懷有舊情、對李昪心存不滿的人，用眼淚和悲咽不戰而收服那些在戰場上也不易制服的人。

無意拓土遭讖諷 迷戀丹藥把命喪

李昪是一個具有多重性格的人。

就在他被楊溥封為東海郡王、朝思暮想要登上九五之尊的時候，他做出了一件與他的「收人心，推恩信」等一貫做法大相徑庭的事。

這件事發生在西元九三五年冬天。

這一年的冬天特別冷，雪也下得特別大。

有一天大雪過後，李昪擺下一桌酒宴，命人去請當時的兩位名士宋齊丘、徐融。

「東海郡王請我幹什麼？」宋齊丘問送信兒的人。

「小的不知，只聽說王爺已命人備好了上等的酒席……」

宋齊丘心中有了數。他知道李昪這是想附庸風雅，來個「置酒高會賞雪景」，心裡稍稍有了點底。

「東海郡王請我做什麼？」徐融也問那送信兒的人。

那人也答曰是要飲酒賞雪。

「賞雪？」徐融重重地用鼻子哼了一聲，心裡暗道：「他也懂賞雪？一介武夫！」

要說李昪這天的情緒本來是很好的，近日來諸事順遂，夢寐以求的王爵已經弄到手，雖然皇帝還是老楊家的人，但實際掌權的卻是他本人，閒來無事，召幾個文人對酒吟詩，「偷得浮生半日閒」，豈不樂哉？

但這好興致不一會兒就被人給破壞了。

誰這麼大膽？

徐融。

見宋齊丘、徐融二人應召而來，李昪立即命人生好炭火，擺上酒席。三人先喝了幾杯。在酒酣耳熱之際，李昪覺得此情此景，不行酒令無以盡興，於是，提議不能乾喝，要行個酒令玩玩。

「行酒令？好啊！」宋齊丘湊趣說：「不知大王要行什麼酒令？」

「咱們就以眼前這雪景為題，」李昪一副老於此道的樣子，「每人說上一句酒令，令中要有情有景，而且還要暗含一個古代的知名人物！」

「好！」

「既然兩位先生沒有異議，那我們就這樣定了。」李昪開口說道：「就由本王開始，好嗎？」舉杯喝了一口之後，李昪脫口吟出一句：「雪下紛紛便是白起！」——這句酒令中隱含的古代人名是「白起」。白起是戰國時期秦國的著名將領，又名公孫起，爵封武安君。

「著履過街必須雍齒！」宋齊丘接著吟道。這句酒令中隱含的古代人名是「雍齒」。雍齒是西漢初年的一個人物，因與劉邦有隙為劉邦所不喜，後來劉邦接受手下謀臣的建議封他為什邡侯，使他成為西漢初年一個赫赫有名的人物。

「明朝日出爭奈蕭何？」徐融想也沒想就接了一句。這句酒令中隱含的古代名人是「蕭何」。蕭何是我們都很熟悉的歷史人物，是劉邦得天下的大功臣。「蕭何月下追韓信」的故事千百年來一直為人稱道。但徐融在這裡將「蕭何」諧音為「消何」，與前面的「明朝日出爭（怎）奈」連在一起意謂眼前的雪景雖好，但無奈明天早晨太陽一出來就會融化。

這可真是大煞風景，李昪正滿腔興奮，準備借兩位名士的吉言討個口彩，誰料徐融竟口不擇言冒出這樣一句話來。

李昪不愧在官場上歷練了這麼長的時間，當時雖然在心裡恨死了徐融，但表面卻是不動聲色。待酒宴終了，李昪立即派人送徐融「回了老家」——把他捆起來投到江裡淹死了。

以往的正史在談到李昪時，往往只談到他性格中善良、可愛、可親的一面而忽略了他兇狠殘忍的一面。

除了上面所述的因一句酒令憤而殺徐融之外，他還曾將楊行密所遺下的諸子、諸女圈禁在一起派兵「保護」。這種「保護」實際上就是軟禁。

這種只許進不許出的「軟禁」比什麼都惡毒。久而久之，楊氏「男女自為匹偶，吳人多哀憐之。」——竟逼得楊氏男女在自己的家族內部通起婚來。這在講求血緣關係，「同姓不婚」的古代是很駭人聽聞的。

後周世宗顯德二年，周世宗柴榮征討淮南，派人尋訪楊氏子孫的下落並「下詔慰安」，李昪竟派人將楊氏族人全部丟到河中淹死。

當然，作為南唐帝國的開國之君，李昪在一些大事上還是頗有賢君風度的。

南唐升元六年（九四二年），與南唐長期為敵的吳越王國國都突然起了一場無名大火，「焚其宮室、府車，甲兵皆盡」——把錢鏐辛辛苦苦幾十年積累起來的老家當全都燒光了；最要命的是

「甲」——鎧甲、「兵」——兵器也全都化成了灰，這在兵戈不休的五代十國時期，對失火者可是大大不利的事兒。

馮延巳——李昪手下的一個著名文人，趁機勸李昪趕緊出兵討伐吳越，他認為這樣做一來可以開疆拓土，二來可以弔民伐罪。

李昪對此頗不以為然。

這位馮延巳是個大大有名的人物。他生於約西元九〇三年，卒於西元九六〇年，是五代時南唐的著名詞人。詞本稱「詩之餘」，在五代時期多寫花間月下的韻事，當時最大、最有影響的流派叫「花間派」。馮延巳就是花間派的代表人物。

對於馮延巳的文采李昪一向都是很欽佩的。但對於他的政治、軍事才能，李昪卻常常要打上幾個折扣。他知道馮延巳其人「好論兵大言」——喜歡紙上談兵、誇誇其談，所以，對他提出的乘亂出兵之舉頗不以為然。

「這個時候討伐吳越和趁火打劫有什麼區別？」李昪憤憤地對手下人說：「這種落井下石的事情我是不做的！」

李昪果然是不為己甚，「遣使弔問，厚賙其乏」——不但沒有出兵侵吞吳越，反倒派使節前去慰問，並送去了許多糧食賑濟吳越的平民百姓。

吳越王國的老百姓本來人心惶惶，現在見到平素裡的敵國居然給自己送來了糧食，一個個真是喜出望外，因為這意味著他們不僅可以安然度過嚴冬，而且自茲以後還會享受到和平。

華而不實的馮延巳見李昪居然不採納自己的「高見」，心裡很不是滋味。有一次，他喝醉了酒，借著酒勁大聲嚷嚷說：「我們的皇帝哪裡像個有作為的明主，淨是些宋襄公式的婦人之仁！」見沒人理他，他更加張狂，信口說道：「其實，我們不應當叫他陛下，而應當叫他田舍翁！田舍翁能成什麼大事！」

此話傳到李昪的耳朵裡，李昪一笑置之，沒有和馮延巳計較。

西元九四三年三月，由於崇尚道術，長期服用丹藥，李昪染上了一種可怕的怪病——疽瘡。

這疽瘡乃是由內熱、痰凝、血瘀等邪毒所引起的局部化膿性疾病。疽發於皮肉之間，初起時腫塊無頭，紅腫熱痛，如腫塊按之中軟，為化膿徵象，易潰易斂，屬陽證，類似淺部膿腫。疽分有頭疽、無頭疽兩類：有頭疽如腦疽、發背、搭手等。

李昪所患的這種疽瘡往細裡說就是發背。它初起時頂如粟米，根腳堅硬，發癢作痛，日後根盤漸大，膿頭漸多，色紅灼熱。此時，由於李昪有些諱疾忌醫，疽瘡已經潰破，狀如蜂巢。太醫用藥又出現了治表、治裡之爭，結果，弄得李昪時不時神志不清、氣息短促。

三月甲寅日，李昪神志突然清醒，他拉著長子李景通的手說：「我這次病得不輕，恐怕將不久於人世。德昌宮裡有價值約七百萬的兵甲、器物，你要善用這些，與鄰國友善相處，萬不可再滋生事端！」

說到這裡，疽病又發作起來，李昪忍痛拉著李景通的手說：「我想延年益壽，故而服用丹藥，想不到反而更加短壽，這個教訓你可千萬要記住啊！」

接著，李昪昪又向兒子交代了一些治國方略，一陣昏迷之後，當天晚上病逝於金陵。

這一年，他五十六歲。

李昪死後的諡號為「光文肅武孝高皇帝」，廟號為「烈祖」，葬於永陵。其子李景通、孫李煜均為著名詞人。李煜即是大名鼎鼎的「李後主」。

每欲用大臣先必閹之的皇帝

——五代十國南漢後主劉鋹

◎親近宦官有奇理
每用大臣先必閹

◎吝嗇無能寵奸佞
委政女巫終亡國

西元九四二年四月，偏安一方的南漢小朝廷的實際創立者高祖皇帝劉龑（ㄧㄢˇ）病重。自知時日無多的劉龑派人宣來右僕射王翻商量後事，進行所謂的託孤。他歎息著說：「我生有十九個兒子，至今還沒有立太子。他們看起來都不中用，洪度、洪熙（均係劉龑之子）年紀雖長，卻智力平平不足以承繼我的事業。其他諸子也差不多如此。唉，子孫不肖，後世恐怕如鼠入牛角，勢當漸小了啊！」

說到這裡，君臣忍不住相對唏噓。

劉龑死後，其子劉玢繼位。劉玢是一個典型的「花花大少」式的人物。由於他荒淫無度，不久就被劉龑的另一個兒子劉晟（ㄔㄥˊ）所殺。劉晟繼位後變本加厲，誅殺自己的兄弟、侄子。

西元九五八年八月，劉晟病死，其子劉鋹（ㄔㄤˇ）繼位，是為南漢後主。

劉鋹，原名劉繼興，係劉晟長子，曾被封為衛王，繼位時年僅十六歲。可不能小看了這個小後主，他與南唐後主李煜、後蜀後主孟昶等人相比，在胡作非為方面絕對是有過之而無不及。

親近宦官有奇理 每用大臣先必閹

還是在劉鋹的父親劉晟執政之時，南漢就已經成了一個胡鬧王國。劉晟妒忌諸弟有賢名因而想方設法一個個地將他們誅殺殆盡，然後把他們的女兒全都擄去「以充後宮」。劉晟還親近宦官、寵信宮女，特設「女侍中」一職，命年輕貌美的宮女盧瓊仙、黃瓊芝等人充任。這還不算，劉晟還常常酗酒。據說有一天，他飲酒飲得酩酊大醉，竟把一個西瓜放到一個名叫尚玉樓伶人的脖子上，然後拔出劍來猛砍西瓜，說是這樣可以試出劍刃是否鋒利。結果，西瓜砍開了，尚玉樓的脖子也和腦袋分了家。第二天早上，酒醒後的劉晟也曾懊悔過，但胡鬧的習性卻始終不改。

作為劉晟的兒子，劉鋹絕對是「青出於藍而勝於藍」。

史書上說他「尤愚。以謂群臣皆自有家室，顧子孫，不能盡忠，惟宦者親近可任」，因而，他只寵信宦官。可是皇宮中原有的宦官人數畢竟有限，而且他們往往很小就進入宮中，四堵高牆、一面藍天的宮中生活限制了他們的視野，且他們中的大多數目不識丁、缺乏文化素養。因而，為了維持王朝的正常運轉，不能把每一個官職都交給那些名副其實的太監，只能給文武群臣（女侍中一職已被劉鋹取消）。可是這些不是太監的人，在劉鋹看來，是大大地不可靠。因為每個人都有老婆孩子，在處理與國家的關係時，這些人往往是先家後國，甚至是只要家不顧國，怎麼辦呢？

為了解決這個矛盾，劉想了很久很久，終於想出了一個主意。因為這個主意太過於令人難堪，因此，一時之間他還不敢公然宣布實施。

不久，劉鋹在東宮做太子時的老師進宮與他閒聊，說到武則天執政時專以威立國，聘官之制極濫而責官之制極嚴，凡有小過失者皆殺之，但想當官者卻仍大有人在。說到這裡，劉的那位老師歎息著說：「唉，一心想當官的人就是記吃不記打啊！只要有官可做，叫他們做什麼都行。」

說者無心，聽者有意。劉暗自在心裡說道：「有了，就這麼做！」

不久，他就命人頒布了新的官員銓選辦法。其中第一條第一款是：

「自今而後，凡進士及第而欲登朝臣之列者先必自閹。倘自閹無著而又極欲得官者，由朝廷代為閹割。」

詔書頒布之後，輿論為之大譁。許多朝臣極力反對這一空前的任官創舉。

一位言官在奏章中寫道：「自從盤古開天地、三皇五帝至如今，未聞有如此銓選辦法。倘此令一出，定會使可為朝廷所用之才望魏闕而止步矣！請皇上為祖宗社稷計，三思而後行，收回成命。」

劉看了奏章，頗不以為然。他輕蔑地說：「可惡！言官可惡！只要有官做，像前朝武則天那樣以殺頭相警尚有人踴躍前往，區區閹割而竟得執笏板，登廟堂、做高官，何樂而不為？又何苦之有？」

言畢，他命人將那些反對此舉的奏章統統付之一炬。

據說，詔令頒行之初，適逢一次進士考試剛結束，名居榜首的狀元郎聞閹而逃。劉鋹恰從宦官口中得知此人才高八斗、學富五車，因而，必欲用之充任高官而後快。見他懼閹而逃，劉大怒。手下人奏報該人可能逃回家中，因其已經娶妻生子。劉鋹聽了，立即命人快馬加鞭趕至狀元老家。到了那裡，果然一找一個準，狀元郎以不求做官只求不做閹人相求。如狼似虎的差人聽了之後呵斥道：「真是讀書讀得昏了頭。是命重要，還是你那個傳宗接代的玩意兒重要？皇帝不過是要割掉你的『那話兒』，然後就會賞你一個大官來做，這是許多人做夢都在想的美事。你不思謝主隆恩，反倒堅辭不就，難道你真個是活得不耐煩了嗎？」

狀元郎一看別無他法，為了保住性命只得答應下來。不過，他連連頓首，懇求欽差寬限幾日，以便他能夠與妻妾再享受一下正常人的樂趣。差役們雖然答應了，但卻只給了他三日的寬限。

三天三夜過去了。第四日一大早，奉命一直守候在狀元郎宅子旁邊的官差們搭起了一座「蠶室」（專為施宮刑而設），把那個才華橫溢的狀元郎給閹割了。

吝嗇無能寵奸佞
委政女巫終亡國

劉鋹這個人，還真是不一般。在他所處的那個時代，帝王們常以「車馬輕裘與臣子共」來自我標榜，而劉鋹呢？偏偏反其道而行之。在他看來，「天下國家，本同一理」，換言之，國是他的家，家也就是他的國。家庭裡邊食用長者居先，國裡邊也是如此，因此，做他的臣子，必須將車馬輕裘等東西交給他獨用。

其實，對金銀財寶的追求乃是南漢小朝廷歷代君王的一項「優良」傳統。劉鋹的父親劉晟就先後幾次派人「以兵入海，掠商人金帛作離宮」，先後營造起南宮、大明宮、昌華宮、甘泉宮、玩華宮、秀華宮、玉清宮、太微宮等數百座宮殿。劉鋹繼位後更是變本加厲地窮奢極欲，先後幾次頒布詔書，昭告民間任何人不得隨意乘坐駟馬高車；又引證《孟子．梁惠王》中的話，說什麼古時候人不到五十不衣帛，因此，全國臣民最好都著芒履、穿布衣。那麼那些絲織品產出來怎麼辦呢？一句話，歸皇帝享用。

對財物吝嗇對於一個帝王來說，也算不上大毛病，但劉鋹偏偏又有寡人之疾，且到了不顧政事的地步。

上有所好，下必行焉，「楚王好細腰，宮中多餓死」嘛。當權者喜歡坐什麼轎子就會有什麼樣的轎夫。

不久，劉鋹的親信宦官許彥真就派人從海上擄來一名波斯女子。據說這個女子「豐腴而慧豔」，因而與溫婉細膩的江南女子不同，別具異國風味。此名波斯女子果然大獲劉鋹寵愛。劉鋹親自降旨，賜這名波斯女子一個美稱——媚豬，還自稱「蕭閒大夫」，不理政事。自此以後，真是食則相陪，寢則相伴。

為了有更多的時間玩樂，劉鋹在繼位後不久，還對官制進行了一次「改革」。

這次「改革」是圍繞「女侍中」這一官職的保留與否展開的。有許多老臣認為「侍中」前邊冠以一「女」字，儘管有些不雅，但畢竟係先帝親口所定，因而，最好保留。劉鋹呢？他對這些平日裡對自己的胡鬧行為持反對態度的老臣們很不滿，因而根本不把他們的話放在心上。但他一時半會兒也想不出別的主意來。因為在他的心目中，最可靠的人有兩種：一種是閹割過了的男人；另一種則是不須閹割的女人。「女侍中」的名號可以廢除，可總得找個女人來幫他理政啊。

真是打瞌睡就有人送枕頭。不久，宦官陳延壽向劉鋹奏報說，他最近遇見了一個女高人，文能安邦、武能定國，且能呼風喚雨、撒豆成兵，端的是法力無邊、才能無比。

「快與朕宣來！」劉急不可待地說。

「陛下，『宣來』一語恐怕有些唐突佳人。想當年，劉玄德三顧茅廬，要請的不過是一個諸葛亮。而我們今天所要請的人，其才其能遠甚於諸葛亮，您覺得『宣』她來，她能肯屈尊嗎？」

「依你之見？」

「陛下可備下法駕，親自前往迎之。」

「好，就依你。我倒要看看她有多深的道行。」

見面之後，那個名叫樊胡子的女巫在劉面前玩了幾把小魔術，在這方面見識如井底之蛙的劉馬上就信以為真了。加上陳延壽等人不遺餘力地吹捧，劉當場拍板，以王者貴賓之禮將樊鬍子請入宮中。

其後，這個名叫樊胡子的女巫又歪打正著地「預測」了幾次禍變。尤其是大寶七年（九六三年），她大大地露了一次臉。其時，已經統一了大半個中國的北宋王朝派兵攻打南漢，走投無路的劉鋹問計於樊胡子。樊胡子裝神弄鬼地屈指掐算了半天之後，搖頭晃腦地說：「不必急，不必慌，我朝大軍不可擋，北方蠻子勢不長！」當時，北宋大軍糧草不濟，加之南漢有員名叫邵廷琄的大將善於用兵，他用守戰之計迫使遠道而來的宋軍無功而還。這本應是前方將士的戰功，但劉鋹卻全把它歸之為樊胡子的「神力」。自此以後，樊胡子更以大仙自居，劉鋹對她的寵信也日勝一日，最後竟將皇帝的尊號也讓給了她，而自稱「太子皇帝」（詳參《新五代史》）。

每次朝會時，劉鋹坐在前殿，而樊胡子則「冠遠遊冠，衣紫霞裾」，坐在劉鋹身後的帳幄之中。因「女侍中」官職被撤而失寵的盧瓊仙等人見有機可乘，轉而走起樊胡子的門路。

大大地敲了盧瓊仙等人一筆錢財之後，樊胡子假作玉皇大帝附體，派人請來了劉鋹，對他說道：「玉皇諭太子皇帝：盧瓊仙等均係上天派來佐爾治理爾國者，彼等若有罪，可由上天責罰，爾不得過問。」

信以為真的劉鋹果然諾諾連聲。

玉皇大帝是諸神之帝，代替他降臨凡界的樊胡子又有半仙之體，加上盧瓊仙這些「上天派來」的王佐之才，南漢國自然就不再需要什麼太子皇帝了，因而，劉鋹從此也就不再過問政事。

他不攬權有人攬權。南漢小朝廷內部的一班佞臣如許彥真、龔澄樞、陳延壽、盧瓊仙等人趁劉不理國政之機與樊胡子相互勾結，狼狽為奸，把個好端端的江山弄得亂成一團。尚書右丞相鐘允章因上書彈劾他們竟被下獄，並被以莫須有的罪名誅殺。鐘允章臨死前，曾對負責審訊他的禮部尚書薛用丕哭訴說：「我自知自己是清白的，許彥真這班人竟假傳聖旨將我置於死地，但請老大人饒過我兒，俟其長大成人之後，告訴他們事情的真相！」

此話不知怎的又傳到許彥真一班人的耳朵裡，於是鐘允章兩個年幼無知的兒子也慘遭殺身之禍。

按下劉鋹以及昏天黑地一團糟的南漢小朝廷這頭不表，單說與他同時割據一方的南楚、南唐，其時已被北方剛剛崛起的宋王朝一一蕩平。宋王朝的創立者——宋太祖趙匡胤在掃平南唐時曾有一句名言，叫「臥榻之側，豈容他人鼾睡」！其居高臨下，必欲統一天下之志表露無疑。

劉鋹呢，卻偏偏不曉得獅子口下容不得漫不經心嬉戲這個不言而喻的至理。

西元九七〇年，宋太祖遣潭州防禦使潘美領兵掃蕩南漢，師次白霞。

劉鋹遣龔澄樞守賀州、郭崇岳守桂州、李托守韶州與宋軍對抗。腐敗的南漢軍隊將老兵疲，根本抵擋不住宋朝大軍的攻擊。不到四個月的時間，宋軍連下賀州、昭州、桂州、連州。前線折兵失地的告急文書雪片般地飛傳南漢京師，許多大臣憂心忡忡，寢不安席、食不甘味。而劉鋹反倒如釋重負地說：「昭、桂、連、賀，本屬湖南，今北師取之，足矣，估計他們得手之後就不會再往南來了！」

《新五代史．南漢世家》寫到此處時，曾有一句評語叫「其愚如此」！

次年一月，宋軍又連下英州、雄州，兵臨南漢都城廣州城下。直到這時，劉鋹方才如夢初醒，知道玉皇、女巫再好，也都幫不上他什麼忙。除了奉表請降以外，自己已別無他法。他派出右僕射蕭漼前往宋軍大營，企圖以割地的方式苟延殘喘。率領得勝之師打遍差不多整個南漢的宋朝大將潘美哪肯讓馬上就要吃到口的肥鴨子飛了，他斷然拒絕了蕭漼的請求。

一無所獲的蕭漼回去覆命。劉手下的幾個「高參」如龔澄樞等人，自作聰明地對劉鋹說：「陛下，請不要著急，求和不成，咱們就不和！」

「不和？但這仗怎麼打下去啊！」

「依臣等愚見，北師之來，無非是貪圖我們國家的金銀財寶。倘若我們把那些東西燒掉，留給他們一座空城，他們還會賴著不走嗎？」

糊裡糊塗的劉鋹又一次糊裡糊塗地聽信了這班佞臣的讒言，把滿城的財寶付之一炬，然後準備了十餘艘大海船準備逃往海外，暫避一時。將逃之日，平日裡被劉鋹視為左膀右臂的親信總管太監樂範來了個「黑吃黑」，把十餘艘海船全數盜走。

上天無路、入地無門，戰又不能、和又不准，劉只好素衣白馬，肉袒出降。然後，他被送到北宋京師汴梁。

宋太祖趙匡胤嘲弄式地將劉鋹封為左千牛衛大將軍、恩赦侯。西元九八〇年，劉鋹去世。

有「虎」氣也有「猴」氣的皇帝

——北宋太祖趙匡胤

◎杯酒釋兵權

◎是「虎」是「猴」亦難分

◎胸襟氣度令人欽佩

淵明圖醉，陳摶貪睡，此時人不解當時意。
志相違，事難隨，不由他醉了齁齁睡。
今日世途非向日。賢，誰問你？愚，誰問你？

上詞中提到了中國歷史上有兩個有名的「懶散」型高人：一個是淵明，一個是陳摶。淵明，誰之謂也？稍有點歷史常識的人都知道淵明者，陶淵明是也。陳摶是誰呢？熟悉殘唐五代歷史的人會告訴你：陳摶，自號扶搖子，係後唐失意舉子。此人怪極：他先後隱居於武當山、華山學道，常常一睡百餘日不起。自後晉、後漢以後，他每聞一朝興亡，常心有不悅而攢眉蹙額好多天。時人將其目為有道高人。

這個有道高人到了晚年修煉得喜怒不形於色。唯一的一次例外是西元九六〇年正月，他在騎驢外出訪友的途中，聽到有人建立了一個新王朝的消息後，樂得忘乎所以，被顛下驢背還不忘大叫道：「天下自此定矣！」

是誰在「亂哄哄，你方唱罷我登場」的大分裂局面中，因建立一個新王朝而受到了高人陳摶的如此心儀呢？

這個人叫趙匡胤（ㄧㄣˋ），是趙宋王朝的創始人。他建立的新王朝以「宋」名之，史稱北宋。

杯酒釋兵權

從西元七五五年的「安史之亂」到西元九六〇年宋太祖趙匡胤靠「陳橋兵變」奪得政權，二百多年間軍閥割據，藩鎮作亂，建立的王朝也一個比一個短命，皇帝竟相比賽昏瞶殘暴和無能。因此，生活在中國這片土地上的老百姓，也就變得麻木超脫起來，在他們的心目中，由趙匡胤創立的宋王朝也不會是一個長命王朝——至少在當時，有許多人持有這種觀點：趙宋王朝是因兵變建立的，同樣也可能會因兵變而覆滅。

西元九六一年秋季的一天，宋王朝新任宰相趙普向皇帝趙匡胤提出了「兵變」的問題，並暗示趙匡胤他最親信的將領如石守信等人所具有的潛在危險性。一向寬宏大度的趙匡胤不以為然，他說：「我待石守信他們恩重如山，他們絕不會有什麼問題。」一向耿直的趙普話說得很是不留情面，他辯駁道：「後周皇帝待陛下也恩重如山，但陛下最終仍舊『黃袍加身』。我的意思不是說石將軍等人會主動叛變，只是說擔心他們的部下貪圖富貴，也把龍袍披到他們身上，屆時，他們縱想不叛變也不可能。」

趙匡胤聽了沉吟不語。這一天晚上，他輾轉反側，久久不能入睡：朱溫、李存勖、石敬瑭、劉知遠、郭威……這些人連同他們的所作所為像走馬燈似的，一幕幕地浮現在他的腦際。趙普說得有道理，這些人最初可能並沒有當皇帝做天子的野心，但一旦兵權在握就難以自制了。「兵權，兵權，這該死的兵權，簡直是萬惡之源！」趙匡胤一邊踱著方步，一邊喃喃自語，「必須想個法子！」——這話其實趙普早就已經說了。趙普的原話是宜「制其錢糧，收其精兵」。問題是該怎樣「收其精兵」。

第二天晚朝過後，趙匡胤留下石守信等人，說要和他們一起吃頓便飯。

酒興正濃時，趙匡胤歎息著說：「如果不是諸位推戴，我不會有今日。但是，當了天子日子也實在並不好過，還不如從前做節度使時快活。如今我幾乎沒有一夜睡得安穩。」

眾將領一聽皇帝說他並不快樂，一個個都停杯不飲，有人忍不住問道：「陛下如今貴為天子，還有什麼可憂慮的？」

趙匡胤歎息著說：「我這個位置誰不想坐？」

此話說得太露也太重，石守信等人聽了，一個個爭表忠心。他們異口同聲地說：「如今天命已定，誰還敢這樣大膽懷非分之想？」

趙匡胤要的就是這句話！他話裡有話地說：「你們雖然不會有異心，但是，假如有朝一日部下將黃袍披到你們身上，你們即使不想做皇帝，恐怕也不行吧！」

直到此時，一向大大咧咧的將領們才忽然發現殺機四伏，一個個大驚失色，跪倒在地，請求趙匡胤為他們指示一條生路。

「人生有限，」趙匡胤此時也停杯不飲，用手撚著頷下鬍鬚說道：「轉眼就是百年。拼命上進，追求富貴，目的是什麼？不過升官發財，既可以自己享受，兒孫們也不至貧乏，如此而已。依我之見，各位不妨辭去軍職改任高級文官，多多購買肥沃田地，營建豪華住宅，搜羅天下歌童舞女，晝夜飲酒取樂，以終天年。我跟你們結為姻親。君臣之間兩無猜忌，上下相安，各位以為如何？」趙匡胤的這一番話恩威並施，戳中了人類低級情操上的全部弱點。與宴將領於感激涕零之餘，只得接受。次日，由石守信帶頭，大家紛紛呈上奏章，請求解除軍職。表章遞上，趙匡胤立馬批准。不久，趙匡胤又以同樣的手段解除了王彥超等其餘節度使的兵權。他把解除了兵權的將領們派到各地擔任地方首長，再由中央另派一位副首長或祕書長（時稱通判）對其牽制。將領們享受尊榮，通判們握有實權。從西元八世紀「安史之亂」開始炙手可熱的節度使們自此退出了歷史舞臺。

趙匡胤的「杯酒釋兵權」被譽為「最高的政治藝術的運用」，受到了人們的稱讚。

是「虎」是「猴」亦難分

趙匡胤是一個具有多重性格的人。

西元九五四年，後周太祖郭威病死，新主柴榮（郭威的養子）繼位。與後周互為敵國的北漢王朝與契丹貴族勾結，企圖把立國不過四年的北周扼殺在襁褓之中。周世宗柴榮力排眾議，領兵出征，與北漢軍隊戰於高平（今山西省高平縣）之南。

戰鬥剛剛開始，後周右軍主將樊愛能、何徽就領騎兵先退。右軍被擊潰，步兵千餘人解甲投降北漢，情況十分危急。

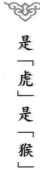

就在此時，在柴榮手下任宿衛將的趙匡胤挺身而出，他大聲對手下將士說：「情況危急，主上（指柴榮）有危險！主辱臣死，不就是一個死嗎？我們拚命殺敵吧！」就這樣，他「身先士卒，馳犯其鋒」。本已處於潰散邊緣的後周士兵見「香孩兒」（當時人們對趙匡胤的昵稱）如此神勇，一個個也都奮勇向前，無不以一當百，殺得北漢軍隊大敗虧輸。

此戰之後，趙匡胤威名遠播。人稱其「一條哨棒打遍四百座軍州」。

作為創業皇帝，趙匡胤身上有「虎」氣是不足為奇的，令人驚歎的是他身上的「猴」氣。

在趙匡胤稱帝之初，他手下的節度使們還是很驕橫的。這些節度使中有十個人特別難以駕馭，人稱「十兄弟」。這十兄弟仗恃手裡的兵權和過去曾與趙匡胤同殿稱臣的老關係，就連新任宰相趙普、御弟趙光義都不放在眼裡。

西元九六一年夏的一天，趙匡胤召來十兄弟，給他們每人一把佩劍、一副強弓、一匹駿馬。然後他也翻身上馬，自己不帶衛士，也不讓十兄弟帶衛士。一行十一人，策馬揚鞭馳出皇宮。到了一處名叫固子門的地方，趙匡胤看看四處無人就說了聲：「下馬，喝上幾杯！」

每人拿出自己隨身攜帶的鹿皮酒囊喝了幾口之後，趙匡胤說話了。他對被他一連串的舉動弄得有些不知所措的十兄弟說：「知道為什麼要帶你們到這裡來嗎？這裡僻靜，杳無人跡，我的衛士沒有帶，你們的衛士也不在。你們當中誰想當皇帝，這可是個千載難逢的好機會，殺了我，你們就可以黃袍加身了！」

那些鬥力不鬥智的節度使們做夢也沒想到皇帝陛下會跟他們來這一手。這種近似「兒戲」的舉動把他們全給鎮住了，一個個拜伏在地戰慄不止，連稱「不敢」。

得理不饒人，趙匡胤訓斥他們說：「你們既然要我做皇帝，就應當恪盡臣下的職守！今後不准你們再驕橫不法、目無天子！」

十兄弟聽了，一個個都高呼「萬歲」，表示順從。

靠自己身上魅力獨具的「猴」氣，趙匡胤降服了眾人。

胸襟氣度令人欽佩

胸襟是衡量一個人——即使他是帝王——的重要尺度。明王朝的太祖朱元璋因為自己做過「賊」（強盜）、當過和尚，因而，當浙江府學教授林元亮的奏章上出現「作則垂憲」、河南尉氏縣學教授許元的奏章上出現「體乾法坤，藻飾太平」時，就將林、許二人處斬。（「則」與「賊」音近；「法坤」與「髮髡」同音）人們由此認為朱元璋氣量狹小。

作為宋朝的開國皇帝，趙匡胤的胸襟、氣度如何呢？

西元九六五年，趙匡胤大宴群臣。喝著喝著，有一個名叫王著的翰林學士因係後周王朝舊臣，幾杯酒下肚後，看著眼前這些周王朝舊臣現在一下子變成趙宋文武，而他們的故主柴宗訓卻被謫往房州（今河北省房縣），忍不住當眾喧譁起來。群臣大驚，好心人都為他捏了一把汗。大家都停杯不飲，把目光一齊投向坐在首席的趙匡胤身上。只見趙匡胤面不改色——他當然知道王著為什麼哭泣，但他什麼也沒說，只是命人將王著扶出去休息，王著不肯，在屏風後面接著痛哭。左右一齊上前，費了好大的勁兒才將他扶出去。

第二天，有善於逢迎的人上奏說王著竟因思念周朝皇帝當眾大哭，應予嚴懲，以儆效尤。趙匡胤不以為然地說：「瞎扯！王著喝醉了，說點糊塗話有什麼要緊！世宗在時，我曾和他一殿稱臣，他的脾氣我很瞭解。一介書生哭哭故主，能出什麼大問題，不許為難他！」

西元九六六年七月，趙匡胤於月夜訪趙普之後起駕回宮。車駕經過大溪橋時，突然不知從何處飛來了一支冷箭，「嗖」地一聲射中作為皇帝標識的黃龍旗。左右侍衛見了，一個個嚇得魂飛魄散。是誰吃了熊心豹子膽，竟敢把罪惡的黑手伸向皇帝？於是眾侍衛紛紛下馬，要宣召當地的地方官戒嚴，進行大搜查。沒等侍衛頭領說完，趙匡胤就攔住了他的話頭，他以一種若無其事的口吻說：「算了，算了！千軍萬馬、槍林箭雨都闖過來了，這點小事何必大驚小怪！」

「但這箭……」侍衛頭領還想說點什麼。

「這箭很好嘛！」趙匡胤詼諧地說：「只可惜放冷箭的人箭法練得還不到家！」

西元九七六年十月，趙匡胤染上了時疾，臥床不起。病中的他想起了母親杜太后「汝百年之後，當傳位於光義，光義傳於光美，光美傳於德昭」的臨終遺言，下令傳晉王趙光義進宮。其時天降大雪，趙光義進宮後不久，趙匡胤即辭世而去。

關於他的死至少有兩種說法：

一是自然死亡。

一是為趙光義所害。

按常理推論似乎第一種說法可能性要大些。因為杜太后降下鈞旨以後，趙匡胤已命趙普擬好了傳位詔書，並「藏之金匱」，趙光義是鐵定要繼兄位登大寶的，根本沒必要搞什麼謀殺。可是近年來有人考證出太祖皇帝病重時，其愛妃費氏曾隨侍左右。當趙匡胤昏迷不醒時，剛進宮來的趙光義色膽包天，欲非禮費氏，恰好被剛醒過來的宋太祖發現，於是，第二種情況便出現了。

哪種說法有理，我們這裡暫且不必管它。不管怎麼說，一代雄主趙匡胤於西元九七六年十月壬子日去世了，這是確鑿無疑的。

誤盡蒼生的藝術大師

——北宋徽宗趙佶

◎寵六賊迷花石
不負輕佻之名

◎工書工畫唯不工國政
暢快了自己誤盡蒼生

◎迷道教以道治國
被俘命喪五國城

八百多年以前的塞外北國，當時中原人眼中的「化外蠻荒之地」——金朝五國城，一個年已半百的老人遙望南天，極目遠眺，發出了孤寂淒涼的一聲歎息。他是在慨歎自己的命運，還是在為以往的所作所為而懺悔？是怨艾，還是悲哀？沒有人清楚。歷史，並不是一部高傳真的攝影機，它往往是只記錄一點而捨棄其餘的。隨著歲月的流逝，人們只能從號稱信史的正史和為史官們所不屑的野史的斷簡殘編中去認識這位孤寂的老人。

他，就是北宋歷史上也是中國歷史上有名的昏君——宋徽宗趙佶（ㄐㄧˊ）。

趙佶，生於西元一〇八二年，係宋哲宗的弟弟、宋神宗的兒子。與歷史上的某些無道昏君相比，趙佶不像晉惠帝司馬衷那樣低能，也不像三國時吳末帝孫皓那樣殘暴，更不像隋煬帝楊廣那樣兇狠，但在他二十五年的皇帝任期中，卻埋下了北宋王朝傾覆的禍根。從某種意義上來說，由趙匡胤一手創立起來的北宋王朝實質上就亡在他的手裡。他的兒子，北宋最後一任皇帝宋欽宗趙桓不過是一個可憐的替罪羊而已。

往事越千年，我們不妨回首看一看這位北宋王朝的第八任皇帝究竟做了些什麼。

寵六賊迷花石 不負輕佻之名

在哲宗皇帝賓天，眾臣一時不知擇誰而立時，北宋王朝內部就皇帝的繼任人選展開了一場廷爭。名義上的最高統治者向太后哭著對大臣們說：「真是國家之大不幸啊！大行皇帝竟沒有留下一兒半女！你們看，誰可以繼登大寶？」首輔章惇亢聲答道：「按禮律當立大行皇帝同母弟簡王趙似，否則當立大行皇帝的長弟趙佖。」向太后不允。群臣問太后屬意誰，向太后答以端王趙佶。章惇亢聲反駁說：「端王輕佻！」向太后不聽，執意立端王。於是年近三十的趙佶登上了皇帝寶座。

趙佶是不是真的輕佻呢？當時有許多人持否定態度。因為下這個斷語的章惇是個大奸臣。但是，十分不幸，章惇這一次並沒有說謊，更沒有看錯。

繼位不久，趙佶就把曾一度被罷免的蔡京召回復用，接著又重用王黼（ㄈㄨˇ）、童貫、梁師成、李邦彥、朱勔，縱容他們大肆胡作非為。宋朝的老百姓對這六個人恨之入骨，私下裡稱他們為「六賊」。

趙佶，用現代的話來說，可能是個「藝術家」，他對奇花異石有一種特殊的「愛好」。對於趙佶的這種嗜好，「六賊」之一的朱勔看在眼裡，喜在心上。

在趙佶的授意之下，朱勔在江南設立了蘇杭應奉局，搜刮江南民間的奇花異石，將其經淮河、汴河運往京師。運輸過程中，往往十艘船稱「一綱」，所以這種運輸花石的船隊被稱之為「花石綱」。

這「花石綱」既害國家，又害百姓。

趙佶以前，北宋的幾位皇帝還都比較節儉。趙佶的高祖仁宗皇帝趙禎有一天晚上餓得很，睡不著想吃烤羊，但怕擾民就忍著沒有開口。與他相比，趙佶可闊綽多了。他用搜刮來的草木花石修築「豐亨豫大」園，名之為艮嶽，又大興土木，興建宮室，很快就將北宋政府歷年積蓄的財富揮霍一空。

「花石綱」不僅耗盡了北宋王朝的國庫，而且害得東南一帶的北宋百姓民不聊生。據史料記載：「士民家一石一木稍堪玩，（惡官）即領健卒直入其家，用黃封表識，未即取，使護視之。微不謹，即被以大不恭罪。及發行，必徹屋抉牆以出。人不幸有一物小異，共指為不祥，唯恐芟夷之不速。民預是役者，中家悉破產，或鬻賣子女以供其須！」這是一副多麼悲慘的景象啊！

據說有一次朱勔的爪牙曾經得到一塊太湖石，高達四丈，只能以巨船載之。為此服勞役的有好幾千人。所經之處，不時拆除水閘、橋梁（因石太高）。運到京城後，趙佶將這塊石頭命名為「神運昭功石」，一笑了之。

運送花石的途中，朱勔的手下經常攔截各地的糧船或商船，取出進貢物品放到那些船上晾曬，廣大百姓敢怒而不敢言。

工書工畫唯不工國政 暢快了自己誤盡蒼生

趙佶不是一個好皇帝，但這並不妨礙他成為一個好的書畫家。正如南唐後主李煜不善為政，但並不妨礙他成為一個有名的詞人一樣。

宋徽宗趙佶的書法和繪畫都是頗為有名的。提起趙佶的書畫，不能不提到另外兩個人。這兩個人一個是黃庭堅，一個是吳元瑜。黃庭堅是北宋著名的書法家。他除了工於詩以外，尤其工於書法。其書學顏真卿和懷素，並受楊凝式的影響，尤得力於《瘞（一）鶴銘》。他用筆縱橫奇崛，以側險取勢，自成一格，是有名的「蘇黃米蔡」四大家之一。吳元瑜，字公器，北宋開封人，官至合州團練使。他善畫人物、山水，尤精花鳥，師從崔白。其畫風和徐熙「野逸」相近，追求淡雅、荒寒、蕭疏。《宣和畫譜》上稱他「尤喜作敗草荒榛，野色淒涼之趣」。

趙佶之學書畫，頗得力於黃、吳二人。從傳世於今的《真書千字文》等作品來看，趙佶確於書法一道頗有所成。他用筆瘦勁挺拔，雖然遠不及右軍（王羲之），亦難與「四大家」比肩，但以帝王之尊而有此成就也就不錯了。更值得一提的是，趙佶師法黃庭堅等人而不拘泥，還自創了一種瘦勁鋒利、似「屈鐵斷金」的「瘦金體」書法。

繪畫一途，趙佶同樣學有所成。他不僅設「畫院」網羅繪畫人才，倡柔媚之畫風，且師法於吳元瑜專工花鳥。據說他所畫之鳥雀，常以生漆點睛，小豆般地凸於紙絹之上，十分生動。因用心頗專，趙佶的傳世畫作有很多，像《臘梅山禽圖》、《五色鸚鵡圖》、《芙蓉錦雞圖》、《紅蓼白鵝圖》等，後來匯總成冊，名《宣和睿覽冊》。

倘若趙佶是一介布衣，或雖不是布衣但卻沒有生長於帝王之家，抑或雖生於帝王之家而沒有繼承帝位，那他一定不會千古以後還遭到人們的蔑視，他的書畫才能足以為他贏得後人的尊敬。

迷道教以道治國 被俘命喪五國城

自從漢末張道陵、張魯等人創立「五斗米」教以來，中經寇謙之、陶弘景等人的改造，尤其是唐代尊李耳為皇帝先祖，使道教的地位不斷提高。道教到了北宋時代，已與儒教、釋教一樣，成為統治階級藉以維持其統治的工具。就宋朝而言，太宗趙光義、真宗趙恒都熱中於此道，而徽宗趙佶更是變本加厲地崇信道教。

也許是覺得僅當一個人間的君主顯得不夠威風吧！趙佶受膨脹的虛榮心驅使，自稱神霄帝君下凡，並對道教展示的誘人「世界」如醉如癡。他不但特命在皇宮旁邊修建上清寶籙宮，而且常在當時一個有名的道士林靈素的講道之所「設幄於其側」，聽其講道，「問者皆再拜以請」。道教徒們都美衣玉食，「有諸殿侍晨、校籍、授經」，其官可比朝廷的侍制、修撰、直閣。

趙佶為什麼會對道教、道士如此情有獨鍾呢？原來，這和他的迷信性格有關。

據說，繼位之初，趙佶並不怎麼熱中於道教。他那時熱中的是與王黼、蔡攸等人穿著窄褲短衫，塗脂抹粉夾雜在歌舞藝人和侏儒中間嬉戲。後來蔡攸為了固寵，想出了以道教迷惑徽宗的主意。他與溫州道士林靈素勾結，請其出面給趙佶大灌「迷湯」。林靈素對趙佶說：「天有九霄，而神霄為最高，其治曰府。神霄玉清王者，上帝之長子，主南方，號長生大帝君，陛下是也！」

怕趙佶對道教沒什麼印象，林靈素又為他講了一個故事：

傳說五代時後蜀皇帝孟昶偕妃張太華同遊四川青城山，一日雷雨大作，張太華被雷擊死，孟昶將之葬於青城山道觀內的白楊樹下。幾年以後，觀內道士李若冲於雨後傍晚繞觀散步，忽見楊樹下有一美人翠眉雪肌、仙姿窈窕，在樹下吟詩曰：「一別鑾輿今幾年，白楊風起不成眠。常思往日椒房寵，淚滴衣襟損翠鈿。」詩畢，縱聲大哭。若冲詢之，女子再拜，言及往事，並求李若冲為其薦拔。李若冲允諾在黃籙大齋上為其超度。當黃籙齋畢，若冲夜夢美人曰：「妾荷煉師薦悼之恩，已受生於人世，璧間特留一絕以謝。」次日，若冲視之，見黃土上果然有幾行詩。詩云：「符吏匆匆夜叩扃，便隨金簡出幽冥。蒙師薦拔恩非淺，領得生神九卷經。」

見林靈素把道教的神通說得活靈活現，趙佶已有七分信意。加上蔡攸在旁吹捧，他遂對道教沉迷起來。到了後來，趙佶對道教簡直可以說到了癡迷的程度。據史料記載，他的生日本是夏曆五月初五，但道教徒認為這個日子是賤日，福壽不足以壓天下，趙佶便下令擅自將其往後移了五個月零五天，改為十月初十日。有一個道教徒上言說皇帝陛下生肖屬狗，而現在京城汴梁卻有許多酒店有狗肉出售也不吉利。於是，趙佶又下令禁止在京城一帶屠狗。

為了表彰趙佶對道教的虔誠，當時的道教管理機構道錄院特授予趙佶「教主道君皇帝」的尊號。

西元一一二六年，金兵大舉南侵。由於趙佶的腐敗、昏庸，以宗望為首的金軍在北宋叛將郭藥師的配合下直取汴梁。迫於無奈，這位道君皇帝傳位於其子趙桓。一年以後，金兵再次南侵，趙佶與趙桓（欽宗）一起被俘，北宋滅亡。八年以後，西元一一三五年四月，趙佶不堪精神折磨，死於金朝五國城。

這一年，他五十四歲。

從亡國之帝到一代高僧

——南宋恭帝趙㬎

◎敵方主帥語蒼涼
誰憐寂寞身後名

◎一代高僧偉績在
留子千古史難明

宋朝時有一個名叫林和靖的，一生立志不入仕途，終日以梅花和仙鶴自娛，留下了「梅妻鶴子」的美名。在其故去以後，有許多人填詞賦詩吟詠過他。諸如「梅鶴因緣請入夢，蓴鱸滋味冷相陪」等，不一而足。

在眾多的詠林詩中，有一首五言：

寄語林和靖，梅花幾度開？
黃金臺下客，應是不歸來。

此詩寫得慨慷悲涼，內中蘊涵著喪國離鄉的辛酸。詩的作者係南宋恭帝趙㬎（ㄒㄧㄢˇ），詩是他國破家亡、身處敵國荒僻之地時的感懷之作。

趙㬎，南宋度宗皇帝趙禥（ㄑㄧˊ）之子，曾受封為嘉國公。他非度宗長子，按通例本無承繼大統的希望，只是由於奸臣、權臣賈似道為了在度宗死後便於控制國柄，在眾皇子中選擇了年方四歲的他，他才得以於西元一二七四年成為南宋王朝的第七任皇帝。

由於自己年幼，更由於內有太皇太后謝道清垂簾、外有權相賈似道秉政，趙㬎也不像大多數亡國之君那樣昏聵荒淫，所以在位期間，他本身無甚大事可言。

趙㬎的真正傳奇是從他的國家行將傾覆之際開始的。

敵方主帥語蒼涼　誰憐寂寞身後名

在漫長的封建社會中，王朝更替的方式多種多樣。其中，從孤兒寡母手中奪權，往往最為那些身居高位、手握兵權的野心家們所喜愛。

人們都知道宋太祖趙匡胤靠陳橋兵變從「小兒」皇帝——後周恭帝柴宗訓手裡奪得政權，卻不知後周王朝的創始人郭威也是從後漢「小兒」皇帝——湘陰公劉贇手中奪得的政權。也許是天道輪迴、疏而不漏吧，趙匡胤創立的宋王朝傳到南宋趙㬎的手中時，天下已三分，而宋只存其一了。饒是如此，那位在向敵國遞降表時自稱「臣妾謝道清」的太皇太后仍不許趙㬎親政。當時趙㬎的心情如何，我們不得而知。

不久，元兵圍揚州，李庭芝固守不下，元軍主帥伯顏揮兵渡江，破獨松關。從身邊的宮女口中，趙㬎隱隱得知國將不國，忍不住日夜悲啼。謝道清遣人問其故，他似有隱衷，不敢作答。

他怕什麼呢？原來這位可憐的皇帝深處宮中，對宮外誰執政都不清楚。他清楚地記得發生在一年前的一件往事：

那時，其父趙禥仍然在位。賈似道挾兵自重，屢屢以辭官要脅趙禥，自命「師臣」，自比周公，群臣有言邊事者，似道一概加以貶斥。有一天，趙禥閒來無事問賈似道：「聽說元兵圍攻襄陽差不多已近三年，我以前怎麼一點消息也不知道？」賈似道聽了一驚，忙問：「這話從何而來？」

「我也是剛從一個宮人那裡聽來的。」一見賈似道不悅，趙禥忙止住話頭不敢再往下深談。退朝以後，賈似道通過其安插在宮中的親信查出「告密者」，誣以他事，將其活活打死。此事成為當時一大新聞，在還是孩童的趙㬎心中留下了深刻的印象。是以無論太皇太后如何問他，他死也不肯道出哭的緣由。這位可憐的小皇帝，雖然號稱位尊九五，但卻連奸相賈似道已經被貶謫，並已於流放途中為監押官鄭虎臣殺死都不曉得，他該是多麼的可憐啊！

不久，謝太皇太后以趙㬎的名義向元兵請和。請和書中有這樣一段話：

> 宋國主臣㬎謹百拜奉表言：臣眇然幼沖，遭家多難。權奸似道背盟誤國，致勤興師問罪。臣非不能遷避以求苟全，今天命有歸，臣將焉往？謹奉太皇太后命，削去帝號，以兩浙、福建、江東西、湖南、二廣、四川、兩淮見存州郡，悉上聖朝，為宗社生靈祈哀請命。伏望聖慈垂念，不忍臣三百餘年宗社遽至隕絕，曲賜存全，則趙氏子孫世世有賴，不敢弭忘！

因為南宋王朝曾經不止一次地扣留或截殺過元朝的和平使者，因而元軍主帥伯顏對南宋恨之入骨。見趙㬎的求和文書，伯顏冷酷地對宋使說：

「汝國執戮我行人，故我興師。錢氏納土，李氏出降，皆汝國之法也。汝國得天下於小兒，亦失之於小兒，天道如此，尚何多言！」

伯顏的態度決定了南宋王朝及趙㬎的命運。

南宋亡後，趙㬎與母親全太后一起被元軍押離臨安北上，當年五月到達元大都。其時，元王朝的統治者（大汗）是忽必烈。與元王朝的其他統治者相比，忽必烈算是一個比較溫和的皇帝。在他的授意下，趙㬎被降封為瀛國公，後又被封為開府儀同三司、檢校大司徒（皆係虛銜）。

在不明真相的人看來，趙㬎的命運似乎比一般的亡國之君強一些，起碼他還保住了自己的性命。但是，有誰知道趙㬎心裡的悲哀呢？

被押北上的途中，與趙㬎朝夕相處的安康朱夫人、安定陳才人及兩個宮女不堪忍受元兵的凌辱自縊而死。死前，留下了「不免辱國，倖免辱身」的遺書。這件事對趙㬎的刺激較大。日居月諸，趙㬎由一個「小兒」長成一個大人。這時，他所客居的元王朝宮廷內部出了一件大事。

這事發生在西元一二八五年。執政已達二十五年之久的元世祖忽必烈，有一日退朝後批覽群臣的奏章，發現有個御史上表，以「陛下春秋已高，而太子年事漸長」為由請忽必烈禪位於皇太子真金。於六年前完成掃平南宋、統一天下大業的忽必烈此時雖已年近古稀，但仍志得意滿，精力充沛，根本沒有內禪的打算。覽此奏章，他怫然不悅。此時有人「恰到好處」地奏告，說不久以前發生的王著怒斬阿合滿（奸相，忽必烈的親信）事件的主謀也是皇太子。本來就已疑心重重的忽必烈聽了不辨真假遷怒於真金，一貫忠善孝順的真金聞知此事憂懼交加，不久，一病不起。

三年以後，忽必烈得知了太子蒙冤真相，不由傷心欲絕。這位古稀之年的老人受不了這個刺激，益發變得多疑起來。

這一年（一二八八年）十月的一天，上早朝時，忽必烈忽然傳下旨意：令瀛國公趙㬎自盡。一向謹小慎微的趙㬎國破家亡之後，從來也未惹過事、生過非，更沒有像南唐後主那樣以詩詞誹謗新朝，忽必烈為什麼要殺他呢？原來，這裡面又有一個真實的故事。

下旨的頭天晚上，忽必烈做了一個夢。他夢見有一條小金龍張牙舞爪纏住了金鑾寶殿的支柱，而且越纏越緊，眼看要將玉柱弄斷。夢可能是無意識的，但做夢的人卻留了心。第二天，時已為元臣、受封為瀛國公的趙㬎隨文武群臣早朝，恰好站在忽必烈夢中所見盤龍的龍柱下。「前朝天子」、「金龍」、「盤龍柱」這幾樣東西這般巧合，使一向相信因果報應的忽必烈心裡感到十分忌諱。《周易》中「潛龍勿用」一語又浮現心頭，是以有了前文所述的一幕。

為了求生，趙㬎「乞從釋，號合尊大師，往西天受佛法」。後人有詩詠其事云：

皇宋第十六飛龍，元朝降封瀛國公。元君詔公尚公主，時承賜宴明光宮。酒酣伸手扒金柱，化為龍爪驚天容。元君含笑語眾臣，風雛寧與凡禽同。侍臣獻謀將見除，公主泣淚沾酥胸。幸脫虎口走方外，易名合尊沙漠中……

得到忽必烈的「恩准」以後，趙㬎暫時保住了性命。

西元一二八八年十二月，在忽必烈派人「保護」下，趙㬎離開元大都，前往「天高雲淡，望斷南飛雁」的吐蕃習學佛法。

長途跋涉以後，趙㬎來到目的地薩迦寺。出家後他更名為合尊法師，又號木波講師，開始了漫長的僧侶生活。

一代高僧偉績在留子千古史難明

從景色秀麗的南方遷居到天似穹廬的北國，從瀚海闌干百丈冰的元朝大都、上都，輾轉來到「春風難渡」的青藏高原，趙㬎從此開始了他的僧侶生活。

在人們的印象中，僧侶的生活是閒而無事的，「因過竹院逢僧話，又得浮生半日閒」嘛。其實，這在很大程度上來說屬於一種誤解。因為，這只是一部分僧侶的生活。

至少有兩種僧侶因其特殊身分是與閒暇無緣的。其一為剛剛出家的小和尚。他們整日裡打柴擔水，習誦經書，恨不得變成千手如來、赤腳大仙，忙！另一種是學問僧。他們往往是天縱英明，雖然斬斷塵緣，但慧心未泯，或因情、或因罪而遁入空門，遂矢志以畢生聰明才智奉獻佛學，也忙！

趙㬎，做的就是後一種和尚——學問僧。

國破家亡的慘痛，個人命運的起伏多舛，使趙㬎恍恍惚惚地覺得冥冥中有一種看不見、摸不著的東西在主宰著人生，於是他潛心佛學。

經過十數年的不懈努力，趙㬎終於通曉了藏文，並且貫通了佛學，成為當地有名的學問僧。他甚至還擔任過他所在的薩迦寺的總住持。據說，他於佛學諸經均有研究，尤對因明一門浸淫頗深。因明係古印度佛教學者創立的一門研究論辯邏輯的學問，素以難懂難譯而著稱。

經過數年的努力，趙㬎將《因明入正理論》、《百法明門經》這兩部漢傳著名經典譯成藏文，受到了當時諸多學問僧的好評。

出家的生活是清苦的，山居又很孤寂。

趙㬎所居的寺院係喇嘛寺，寺內的喇嘛按元代習俗是不禁婚姻的。雖已年近五十，但卻已經嘗過「箇中滋味」的趙㬎自然也不能不為情慾所動。

西元一三一八年，元皇族趙王經過趙㬎所居住的薩迦寺，見趙㬎孑然一身，忽然動了惻隱之心，留下了一個姓罕祿魯、名叫邁來迪的回族女子與他作陪。隔了一年，這名回族女子為趙㬎產下了一子。按說，趙㬎的故事差不多就該結束了——倘若沒有新生下來這個兒子的話。

趙㬎新生的這個兒子後來的去向在之後相當長的一段時間裡，成了一個撲朔迷離的問題。有一種說法最為聳人聽聞。這種說法是這個嬰兒幾經周折，後來成了元王朝的最後一任皇帝——元順帝。

此種說法最早見於《庚申外史》，其後又見於《符臺外集》。據二書記載：趙㬎奉詔居於甘州山寺。有趙王者因嬉戲至其寺，憐㬎老而且孤，召一回族女子與之。延祐七年（一三二〇年）女子懷孕，四月十六日夜產下了一個男嬰。元王朝周王和世㻋剛好路過該寺。和世㻋這位未來的元朝皇帝（元明宗）見趙㬎一家所住之處上空有龍紋五彩氣，即按圖索驥，找到了趙㬎的住處。命侍從將趙㬎喚至近前之後，和世㻋開口問道：「子之所居，得無有重寶乎？」

趙㬎小心翼翼地答道：「沒有。」

和世㻋不信，一再追問，趙㬎不得已答曰：「今早五更後，舍下生一子。」

和世㻋一聽大喜過望，命人強行把這個新生兒連同罕祿魯邁來迪一起帶走。據說，此子後來成了元順帝。

後人有詩專詠其事云：

是時明宗在沙漠，締交合尊情頗濃。合尊之妻夜生子，明宗隔帳聞笙鏞。乞歸行宮為養子，

皇考崩時年甬童。

但此說往往為正統的史學家們所棄而不取。

據說，過了一百多年，靠「清君側」從侄兒手中奪得政權的明成祖朱棣，在觀看歷代帝王圖像時，也曾因元順帝妥懽帖睦爾與和世㻋長相迥異，而發出「元順帝不像元朝列帝而像宋朝列皇」的慨歎。

其中真假，一時難辨。

西元一三二三年，趙㬎因詩文獲罪，被賜死。

後人論曰：趙㬎其人，雖做過皇帝，但不以帝王之身顯；雖然出家為僧，卻娶妻生子，不以獨身終；雖有子嗣，但其後身世卻撲朔迷離，不知困惑了多少史家和非史家，誠為一空前絕後之皇帝也！

死後被做成木乃伊的皇帝

——遼太宗耶律德光

◎趁火打劫立兒皇帝
當爹成癖甚是荒唐

◎滅了後唐滅後晉
死後腹空成帝

西元九三〇年十二月，由大遼控制的東丹地區靠近渤海的海岸上，一個三十多歲的青年男子憤懣難忍，要背井離鄉，跨海遠行。他這一次遠行是要投奔異國，而且可能永難再回到故國家園，心情之複雜我們完全可以想像得到。

艄公又在催促他登船了，「唉！」青年男子長長歎了一口氣。此人名叫耶律倍，係遼太祖耶律阿保機的長子，官封大遼東丹王。猶豫再三，他一跺腳、一咬牙，舉步向船上走去。走了幾步，他突然又停住了，向左右的幾個侍從說道：「拿筆來！」

左右不敢怠慢，立即取海水研墨。耶律倍沉思片刻，刷刷點點在部下遞過來的一張木板上寫下了這樣幾行詩句：

小山壓大山，大山全無力。
羞見故鄉人，從此投外國。

然後，他把木板豎在海邊，登船揚帆而去。

以堂堂的王爺之尊，耶律倍為什麼會棄國南逃？詩中的「大山」顯然是他的自況，那麼，「小山」又是指誰？

詩言志，要解釋耶律倍南逃之謎，先要解釋「小山」和「大山」的含義。我們在前面已經說過，「大山」係耶律倍自況，「小山」呢？識者答曰：「小山者，耶律德光是也。」

耶律倍的南逃，顯然是和不堪忍受耶律德光的壓制有關。

那麼，耶律德光又是誰呢？

耶律德光是大遼的第二任皇帝。他是遼太祖之次子，生於西元九〇二年，於西元九二七年即皇帝位，當了二十一年皇帝。在他生命的最後二十一年中，他創造了中國帝王史上的好幾個第一。

趁火打劫立兒皇帝　當爹成癖甚是荒唐

契丹民族是一個很有趣的民族。按照通常的說法，他們屬少數民族，而按《資治通鑑》上的解釋，又說他們「本東奚種，神農氏之後」，儼然又是漢民族的一個分支了。大約是在唐王朝的後期，契丹民族出了一個精明強幹、能文善武的領袖人物耶律阿保機。他乘唐王朝內亂，「東征室韋女真，西取突厥故地」，使其所統民族成為一支可以左右中原的政治、軍事力量。

正因為如此，中原地區的一些野心家為實現自己的某種企圖時，往往都要借助於契丹，與之結盟。當然，這種結盟在耶律德光以前，往往是比較平等的，至少不像後來那樣以一方的屈辱為代價。

西元九三六年，與遼對峙的中原地區出了一件大事：後唐河東節度使石敬瑭疑心後唐廢帝李從珂有加害之意，起兵反叛，被後唐的平叛軍隊圍困於太原。

三千里以外的遼上京，遼太宗耶律德光忽然進宮朝見母后述律平。小心問過母后的平安之後，耶律德光開口說道：「稟母后，兒臣昨晚做了一個夢，夢到鎮守太原的南蠻石郎遣人前來進貢……」

「這孩子，淨做白日夢！」述律平不以為然地說：「『石郎』，『石郎』！據我所知那石郎石敬瑭可比你大十來歲啊！他幹嘛要拜你！」

「這有什麼，」耶律德光像是有點撒嬌似的說：「母后沒聽說過這樣一句話嗎：『剛會走路的爺爺，拄著柺棍的白鬍子孫子』，說不定有朝一日那個石郎不但會來拜我，而且還會來管我認爹！」

述律平不以為然而又無可奈何地笑了。一來，她知道自己這個兒子生性倔強；二來，從近侍最近一個時期的飛騎諜報中，她也確實瞭解到後唐國內正在發生一場大的內訌。

果不其然，就在耶律德光進宮講夢幾天後的一個下午，四面楚歌的石敬瑭遣使北來，許諾割盧龍一道及雁門關以北幽、薊等一十六州，以假兵滅後唐。

耶律德光不許。

石敬瑭加上「許輸歲絹三十萬匹」。

耶律德光仍然不許。

最後，石敬瑭的使節花重金從耶律德光的近侍口中瞭解到這位皇帝的心理，於是在所有的條款之前又加上了一條千古未聞的條款：石敬瑭尊耶律德光為父親——這一年石敬瑭四十四歲，而耶律德光才三十四歲。

這一次，耶律德光慨然應允。

對割地、賠款不怎麼在乎，而對別人尊之為父卻很滿意，這是不是說明耶律德光有一種給別人當「爹」的癖好呢？

我們不妨看看另外一件事：

就在石敬瑭遣使北來的同時，割據幽州的軍閥趙德鈞也派專人「厚幣甘言」，請求契丹皇帝資助他成大事。趙德鈞的條款就物質方面說不比石敬瑭的差，而且不須耶律德光為之解城下之圍，但他卻遭到了耶律德光的拒絕。

據史料記載，耶律德光對使者指帳前一石曰：「我已許石郎為父子之盟矣！」一語道破天機，這個「石爛方可改」的盟誓之最起碼的條件是能給別人當爹，且是當皇父立別人為「兒皇帝」！真是「前不見古人，後不見來者」之舉。

滅了後唐滅後晉 死後腹空成帝羓

西元九三六年閏十一月，那位渡海逃到後唐的耶律倍突然接到後唐廢帝李從珂的一道聖旨：賜李贊華即刻自盡。

李贊華是耶律倍南逃後的新名字，該名係當時後唐明宗皇帝李嗣源所賜。

這樣一個連故國尊爵都已經捨棄了的「叛逃者」，李從珂為什麼要賜他自盡呢？

原來，這是「小山」對「大山」的又一次施壓，或者確切一點說，是「大山」再一次受「小山」之害。不過，這一次「小山」的主要矛頭並不是直接對準「大山」的。

上文我們已經說過，「小山」耶律德光以讓石敬瑭尊其為父的條件，換得他出兵解救城下之圍。解圍之後，四十四歲的「兒子」對三十四歲的「老爹」請求移得勝之兵，直指後唐首都洛陽，耶律德光許之。

後唐皇帝李從珂聞聽此訊，心膽墜地，唯「日夕酣歌」，手下部將也都逃、降殆盡。臨死之前，李從珂想到了李贊華，「不能讓他活著，他的弟弟（即耶律德光）要來殺我，我也不能伸著脖子等死！」於是才有了上文中賜李贊華自盡之舉。

殺死李贊華以後，李從珂與曹太后、劉皇后、兒子雍王李重美及部將宋審虔一起，攜傳國玉璽登玄武樓自焚。

在石敬瑭「引狼入室」的賣國路線導引之下，耶律德光滅掉了後唐。

滅掉後唐以後，這位三十四歲的「父皇」沒有失言，果真立四十四歲的「兒子」為皇帝，助其建立後晉，但他「宰」起自己的「兒子」來也真夠狠的了：計割燕、薊、幽、雲等十六州，每年勒索歲絹三十萬匹。

這是有形的勒索，無形的欺詐更是數不勝數。

石敬瑭死了以後，其兄石敬儒之子石重貴得立，對遼稱孫不稱臣，耶律德光就立即派人前來責難。後晉大臣景延廣亢聲答辯，義正詞嚴地對遼使說：「大晉國軍民已磨好十萬口劍，誓與一切屈辱他們太甚的人周旋！」

聽得手下人的稟報之後，耶律德光大怒，再次領兵南下。他又以立後晉王朝的叛將為帝做誘餌，招降了後晉大將杜重威、李守貞、張彥澤等，滅掉了後晉。

這次滅後晉與上次滅後唐不同，耶律德光的手下人發現耶律德光臉上並沒有幾分喜色。

這不僅是因為沒有「神人托夢」，更重要的還在於缺少石敬瑭那樣的得力「兒臣」。

還是在耶律德光將要發兵南侵，但尚未動身之際，後晉的一位大將軍劉知遠就已經接受部下郭威「靜則勤稼穡，動則習軍旅」的建議，養兵備戰，準備對付契丹。

劉知遠，稱帝後改名劉暠，係沙陀族人。他曾當過別人的倒插門養老女婿，仕晉，以軍功封北平王，是一員能征善戰的大將。更為難能可貴的是他與他的夫人都頗有政治家的眼光。

有一件事頗能說明問題：

西元九四七年，耶律德光攻入後晉首都大梁以後，劉知遠受部將蘇逢吉、楊邠、史弘肇、郭威等人的推戴，於晉陽稱帝。

按五代時通例，每逢新主登基，常常大索天下以賞手下士兵，劉知遠一開始也準備這樣做。史書上說他「欲掠晉陽民財以賞軍士」，他的夫人李氏勸道：「您靠著晉陽一帶百姓的支持，登上了皇帝寶座，未有惠澤及民，反倒要奪其生民之資。這可不是新天子所應做的啊！」

「依你說該怎麼辦？」在戰場上「魯莽」，但平常卻較為謹慎的劉知遠問妻子。未待妻子作答，深知當時「行情」的他對妻子歎息著說：「我也知道這樣做是飲鴆止渴，可是不這樣做又怕士兵有怨言哪！」

「妾已為陛下想出了一個主意。」李氏夫人不慌不忙地說：「我們晉陽皇宮雖然比不上大梁的，但宮中多多少少還是有些東西的。陛下平素也有一些積蓄，我們可以傾其所有拿出來勞軍，這樣即使東西不多，也能使那些三軍兒郎心甘情願地為陛下所驅使了。我擔保，這樣做，陛下定會大得人心！」

劉知遠聽了覺得有理，遂採納了夫人的建議。胡三省注引《資治通鑑》時論及此事，用了八個字叫「福至心靈，禍來神昧」，對劉知遠夫婦讚不絕口。

得知劉知遠勒兵身後的消息，在政治上並不糊塗的耶律德光在心裡隱隱把劉知遠當成了平生未遇的大敵。雖然生長於朔北沙漠，但由於傾慕中原文化，因而於孔、孟之道頗有浸淫的耶律德光，不由想起孟老夫子的一句名言：

「得人心者得天下，失人心者失天下。」

偏偏手下的人又不爭氣，那些吃足了牛羊肉、三天不碰女人就憋得發慌的契丹騎兵，見了中原花枝招展的漢家女子，真好比餓壞了的狼突然見到又白又肥的小羊，一個個醜態百出。史書記載，當時「胡騎四出剽掠，姦淫婦女」。

這下子搞得中原一帶的老百姓內外怨憤，「始患苦契丹，皆思逐之矣」！外有劉知遠的大軍虎視眈眈，內有百姓打「麻雀戰」——不斷地殺死四處姦淫婦女的小股遼兵，耶律德光怎麼能夠不憂心忡忡。

西元九四七年四月的一天，耶律德光下令從中原撤退。臨行前，他歎息著對左右說：「我沒有想到中原人如此難制！」

一路上，不斷有壞消息傳來，耶律德光的氣越來越大。臨行之前，他染上了一種熱疾，加上縱慾過度，走到一處名叫殺胡林（又作殺虎嶺）的地方，耶律德光就再也支撐不住了，於是口吐鮮血，昏死過去。左右的人一看都慌了神，急忙七手八腳地把他救醒。醒過來之後的耶律德光神志仍然有些不清，左右的人見他嘴裡嘟嘟囔囔不知說些什麼，但見他咬牙切齒，不由湊上前去傾耳細聽。只聽這位曾領兵滅了兩個中原王朝的大遼皇帝口裡反覆叨念：「劉知遠滅！劉知遠滅！」

「又在那裡做白日夢了！」一個平素裡常受耶律德光責打的近侍心裡恨恨地想道。

就在這一天，耶律德光在恨恨自語中死去。

還是在幾天以前，隨行親信就派人前往上京，向太后述律平稟報耶律德光的病情，並請示方略。述律平太后下令：

生要見人，死要見屍！

這下子可難壞了隨行伴駕的眾文武：「活著見人」這容易，「死要見屍」這可就難了！要知道，殺胡林距上京近千里，而其時又正逢盛夏，死了的屍體怎能保存到上都？就地火化或埋葬又都有抗旨不遵的嫌疑，怎麼辦？

想來想去，隨軍太醫和御膳師不約而同地想出了一個主意：

做「羓（ㄅㄚ）」。

羓是什麼東西？

原來，遼國地處漠北，其民多以羊、牛肉為食。由於係分散遊牧，有時殺上一整頭羊或一整頭牛一頓吃不了，又趕上夏季，於是只好掏空了牛羊的內臟，用鹽巴鹵上，這樣即使在炎熱的夏天，也可以保持很長一段時間不致腐爛。

「對，就是它！」太醫與御膳師向耶律德光的部下講出了這個主意。因為別無選擇，這個本來是用以對付畜生的辦法，就空前絕後地用到了遼太宗耶律德光的身上了。

太醫和御膳師一齊動手，掏空了耶律德光的內臟，然後「實鹽數斗」，做成了頗具中國特色的「木乃伊」。

一開頭，耶律德光的親信們還對這樣處理皇帝屍體的辦法予以保密。但紙怎能包得住火！不久，中原百姓，甚至遼的下層人民都知道了這一消息，不知是誰靈機一動，給這位謚號太宗的遼帝來了個「私謚」：帝羓！

這真是：

浮生著甚苦奔忙，盛席華筵終散場。滅了後唐滅後晉，後晉滅後一命亡。死後還遭人唾罵，千古稱奇一帝羓！

靠擲骰子給群臣授官的皇帝

——遼道宗耶律洪基

◎視國家如賭場
擲骰子選官員

◎因一詩而殺皇后
千古無情罵名揚

不讀書有權，不識字有錢，不曉事倒有人誇薦。
老天只憑忒心偏，賢和愚無分辨。
折挫英雄，消磨良善，越聰明越運蹇。
志高如魯連，德過如閔騫，依本分只落得人輕賤。
……

這首出自元代無名氏之手的散曲道出了一個事實：在兩千多年漫長的封建社會中，儘管「學而優則仕」被視為士大夫步入仕途的唯一正路，但還是有許多人寧肯捨棄正路而去經營旁門左道。因為後者雖不是正路，但卻是捷徑，可以早得實惠、快得實惠。走捷徑者常為人們所不齒，鼓勵和宣導別人走捷徑的人，如皇帝呢？我們是否也應當將其放在歷史的廣角鏡頭之下，做一番透視呢？

西元一〇五五年八月己丑日，大遼第七任皇帝、遼興宗耶律宗真在巡遊秋山，駐宿北峪時病死。同日，他的長子燕趙王耶律洪基繼位，是為遼道宗。道宗皇帝，字涅鄰，小字查剌，在興宗一朝曾先後擔任過北南院樞密使事、尚書令、天下兵馬大元帥等職。像那位比他稍前的南宋道君皇帝一樣，耶律洪基可一點「正道」都沒有。

視國家如賭場
擲骰子選官員

梁羽生筆下的張丹楓，靠擲骰子贏下一座快活林，羨煞了讀者諸君。生活中倘若真有張丹楓，那他讀了《遼史》之後，會不會感到愧煞呢？因為與遼代的耶律儼比起來，他只不過是一個「小巫」而已，後者得遼道宗的恩准，竟靠擲骰子來贏「一人之下，萬人之上」的宰相高位。耶律儼奇，遼道宗更奇……

耶律洪基是三十四歲即位的。即位之初，他正當而立之年，有過文武方面的種種歷練，還是很想有一番作為的。比如，當時皇宮內有一些隸屬於鷹坊的人，藉口要為皇帝獵鷹而乘機危害鄉民。像南宋的「花石綱」一樣，使京城周圍的百姓無法忍受。有一個臣子把這件事報告給耶律洪基，他馬上就下令禁止鷹坊使胡作非為。還有一次，耶律洪基來到春水縣，當地官員按慣例要從州裡要錢，時任長春州錢帛都提點的名臣大公鼎嚴詞拒絕，並向耶律洪基奏報了這件事，他也支持大公鼎拒付錢財，而且不久還把大公鼎提拔為大理卿。

但是，隨著年事日高，到了當政的晚年，道宗皇帝漸漸地把他的主要興趣轉向釣魚、游水。真個是：

一葉舟輕，雙槳鴻驚。水天清、影湛波平。魚翻藻鑒，鷺點煙汀。過沙溪急，霜溪冷，月溪明。
重重似畫，曲曲如屏。算當年、虛老嚴陵。君臣一夢，今古空名。但遠山長，雲山亂，曉山青。

在《遼史．度宗本紀》中，耶律洪基「如混同江、鴨子河、鴛鴦溝」的記載明顯地多了起來，而處理國政的有關記載卻日見其少。

到了西元一〇九〇年，每三年一度的科舉取士的殿試之期又已臨近。那些鑿壁偷光、囊螢映雪的讀書人受盡十年寒窗苦，個個希望一舉成名天下聞。負責科舉之事的禮部主事和負責殿試之後銓選工作的吏部官員一起，前往皇帝所住宮殿，請示此次殿試的準備工作及殿試之後銓選細則。

正一心撲在釣魚上的耶律洪基懶洋洋地說：「殿試？什麼殿試？殿什麼試？」

「啟稟萬歲，就是請您當面測試那些舉子，以便為我大遼銓選一批幹練人才啊！」

「噢，這個事啊！你們去辦不就得了，幹嗎老來煩我？」

「陛下，這殿試豈能由臣子主持？祖宗之法上……」

「祖宗之法？祖宗之法豈是為我而立？」耶律洪基不耐煩地揮了揮手，像是覺得自己的自尊心受了什麼傷害似的吼道。

「不管怎樣，務必請陛下出席。」

「好吧！好吧！既然你們非摽著我不可，那我就去殿試那班舉子。不過話可得說明白了，『殿』我可以去，但『試』什麼可得由我定。」

禮、吏二部的官員心想，只要你去就不算出大格，再不把祖宗之法放在眼裡，諒你也不會出什麼「新」點子，於是三呼「萬歲」後退了出來。

次日，五更鼓剛剛打過，耶律洪基就已穿戴整齊。近年來，一向懶起的他，今日卻一反常態，惹得外面服侍他的兩個宮女悄悄咬耳朵：

「姊姊，今天主子爺這是怎麼了？莫不是日頭要打西邊出來，怎麼起得這麼早？而且還這樣興致勃勃？」

「聽說是要去前邊殿試各地來的舉子。」

「但聽裡邊的公公們說，主子爺近些時候可是對什麼早朝、晚朝、殿試之類的事不感什麼興趣啊，而今天……？」

「噓，禁聲！等著瞧吧，今天主子爺說不定會有什麼『新點子』呢！」

兩個宮女的話一點也沒說錯，耶律洪基之所以顯得這樣興致勃勃，的確是因為他想出了殿試的「新點子」。

原來，隋、唐以來，尤其是與遼並峙而文化程度上遠勝於遼的宋朝，科舉取士的最後一關殿試（又稱廷試），通常都是要由皇帝親自出題、親自批卷、親自圈點、親自銓選的，這就是通俗小說中經常提到的「御筆點狀元」。殿試時，皇帝所出的題目大多與國計民生有關，像什麼「一史」、「三史」、「開元禮」啦，什麼「明書」、「明法」、「明算」啦，不一而足。中心目的無非是為封建王朝選拔「志行修謹、清平干濟」的馴服人才。殿試以後，中選者一甲三名，賜進士及第。其中第一名通稱為狀元，第二名通稱榜眼，第三名稱探花。二甲均賜進士出身，其第一名稱傳臚。三甲均賜同進士出身。

這些做法和通例，耶律洪基都完全清楚。在他執政的前期，他也確實是這樣做的，但今天他卻不想再弄那些老套子了。

不久以前的一次微服出玩，他曾到過一家勾欄瓦舍。那裡邊的三教九流擲骰子賭博給他留下了深刻的印象，只不過賭起來以籌碼計輸贏、以金銀論得失，令他感到並不過癮。他想，我何不把我的國家、我的朝廷看作是一個大賭場，把那些一心想做官的士子文人看成是賭徒，讓他們用擲骰子的方式，為了功名富貴放手一搏呢？這樣輸贏得失全取決於命運，我自己豈不也免去了出題、圈點、銓選之苦，何樂而不為呢？據說唐太宗李世民見天下舉子進入考場時，曾有「天下英雄入吾轂中矣」的慨歎，他可不如我。他視天下舉子為英雄，我視他們如賭徒，孰優孰劣，明眼人自會明白的。因此，從禮、吏二部官員堅請他前往那一瞬間，他就萌生了「耍戲」這班人的念頭，看他們以後還來不來打擾我釣魚、玩水的興致了！

見天色已經微明，耶律洪基斷喝一聲：「起駕！」一應太監及禮、吏二部的官員陪同皇帝來到了文華殿。

坐下之後，耶律洪基環視了一下已經準備好了筆墨硯臺的莘莘學子，以一種漫不經心的口吻說道：「你們都是才高八斗、學富五車的才子，因此，考你們文章、經濟、詩詞歌賦之類，恐怕也算不了什麼。今天的殿試，什麼文章策問我全都不考了。」

「不考了？」端立於皇帝身後的禮、吏二部官員及跪在丹墀之下的莘莘學子聽了不禁一愣：「不考文章策問，怎麼殿試？」

環顧了一下四周，耶律洪基見大家似乎全對他的話感到困惑，不禁得意地乾咳一聲，說道：「對！今天我要你們用一種新法子決出高低！」

「新法子？什麼新法子？」

「說新也不新，就是讓你們四個人一組擲骰子。誰的點數多，誰就是該組第一。依此類推，勝了所有人者，朕就御筆親點他為一甲頭名。」

「陛下！」端立於側的禮、吏二部官員聽了，不由得暗暗叫苦。他們想說：這殿試之法起自唐代則天大聖皇太后垂簾聽政之時。自我大遼開國以來，一直為我大遼列祖列宗所沿襲，已成為法度，豈可用擲骰子的方式代之？但還沒容他們說出來，耶律洪基就已經顯得有些不耐煩了。他把手一揮說：「不要說了！我不來主持殿試時，你們非請我不可，我應了。算起來，我已經遷就你們一次了。當時，我已有言在先，『殿』我可以來，『試』由我做主，我記得你們已經答應了，對吧？」

見皇帝說到這個份兒上了，禮、吏二部官員誰還敢再說什麼——皇帝畢竟是皇帝啊！

「來啊！」耶律洪基一揮手，「把骰子盒給我搬上來！」

一場擲骰子比賽開始了。

經過一番激烈的角逐，析津（今北京）人李若思技壓群雄，奪得總分第一。

殿頭官報上殿來，並將骰子的花色、點數以及搭配的名目報給耶律洪基，他聽了之後拍案叫好（賭博方面他也是個大行家），連連說道：「此上相之徵也！此上相之徵也！」

當場賜李若思以國姓——「耶律」，並為之更名為「儼」。自茲以後李若思就以耶律儼的名字出現在《遼史》中了。接著，耶律洪基御筆親點李若思——耶律儼為一甲第一，實封大理寺卿，以後累遷景州刺史、御史中丞、山西路都轉運使，後來更被晉封為漆水郡王。

因一詩而殺皇后 千古無情罵名揚

「一枝紅豔露凝香，雲雨巫山枉斷腸。借問漢宮誰得似？可憐飛燕倚新妝。」李太白興之所至，醉草謫仙書，被人誣以有辱貴妃而遭賜金放還。後人論及此事時，常責唐玄宗有識才之能而無用人之量。但若與遼道宗皇后蕭觀音相比，李白的遭際就算不了什麼了。因為後者竟因一首詩——也是借寫趙飛燕姐妹詠史的，而慘遭殺身之禍。比較起來，唐玄宗與遼道宗哪一個更好一些呢？

在中國文學發展的漫長歷史中，遼代不是一個值得一提的時期。有些比較苛刻的人，甚至把遼代稱為中國文學發展史上的「沙漠地帶」。這種說法可能有一定道理，但倘若就此推論，認為有遼一代文學創作一無可觀，那就有些失之偏頗了。俗語云「沙漠之中往往有綠洲」。在沉寂的遼代文學創作者行列中，有一個女詩人的經歷、創作及遭遇，分外惹人注目，這個人就是遼道宗的皇后蕭觀音。

蕭觀音，出身遼國的名門望族。其家世代與皇室通婚，她的姑姑蕭耨斤乃是道宗皇帝的祖父遼聖宗耶律隆緒的皇后。因此，細論起來，她與她的寶貝丈夫耶律洪基還是姑侄呢！史書上說她「姿容冠絕，工詩，善談論。自製歌詞，尤善琵琶」。她是遼道宗還沒有登上皇帝寶座以前迎娶的。

婚後的最初一段生活，蕭觀音過得十分美滿：本人多才多藝，丈夫不久就登上皇帝寶座，加之又為大遼生下了一個太子，因而，差不多獨占了皇帝的寵幸。真個是「後宮佳麗三千人，三千寵愛在一身」。

但是幸福、平靜的生活背後卻潛伏著難以擺脫的危機，因為她有一個並不賢明的丈夫。說這是物極必反也好，說這是靜水下面有深潭也好，總而言之，這是一個令人扼腕歎息的歷史悲劇。

事情是由一首詞和一首詩引起的。

原來，在蕭觀音所處的時代，詞既是一種文學創作的形式，也是一種音樂吟誦的譜本。換言之，詞是可以吟誦，也可以引吭高歌的。蕭觀音曾作有〈回心院〉詞一組十首。由於她的詞文理皆具、辭藻紛呈，在當時所有的宮廷伶官中，只有趙惟一能夠將之演唱得傳神而且動聽。因此，當時有人把皇后的詞、趙惟一的演技並稱為「雙絕」。

蕭觀音的死對頭、大奸臣耶律乙辛深知這一點。他收買了一名叫單登的宮女，如此這般地面授了一條毒計，叫她去陷害皇后。

一天，單登帶著耶律乙辛交給她的〈十香詞〉去見蕭觀音，鼓吹道：「這是南朝宋國忒里蹇〈皇后〉所作。倘能得到您的親筆書寫，就可以稱得上是詞、書二絕了。」

胸無城府的蕭觀音其時正有閒暇，禁不住單登的攛掇，提起筆來刷刷點點，不一會兒就把〈十香詞〉抄在了一幅宣紙之上。寫完之後，意猶未盡，她又口占一首〈懷古詩〉，書寫於後。詩云：

宮中只數趙家妝，敗雨殘雲誤漢王。

惟有知情一片月，曾窺飛燕入昭陽。

這首詩詠的是中國歷史上人人皆知的漢成帝與其皇后趙飛燕的故事。主題無非是說身為皇后，不能治容誤國。

但詩到了單登和耶律乙辛手裡卻變成了一件害人的至寶。耶律乙辛拿著抄有這首詩的那張宣紙去見道宗皇帝，聲稱接得密報，宮婢單登與教坊司朱頂鶴狀告皇后與伶官趙惟一關係曖昧。

「何以見得？」耶律洪基顯得有些聰明似的問道。

「有詩為證。」

「什麼詩？讀來我聽。」

耶律乙辛一字一句地為耶律洪基讀完了那首〈懷古詩〉。在「趙家妝」與「惟有知情一片月」等處刻意加重了語氣，又如此這般地解釋了一番。耶律洪基聽了大怒，命令耶律乙辛與張孝傑審理此案。審理的結果是將趙惟一處死，株連他的九族；皇后也被勒令自盡。

當時有名的賢臣、大理卿大公鼎就此事專門上書替皇后和趙惟一鳴冤。耶律洪基把大公鼎找來訓斥道：「你不要以為自己平反了一些冤獄就想連這個案也要翻。告訴你，這個案是誰也翻不了的！」

「陛下，臣愚，不知皇后犯有何罪？」

「你是真的不知，還是故意和我裝糊塗？告訴你，那個賤人親手寫下的那首詩就載有她的自供狀。」

「何以見得？」

「那是一首藏頭詩。」

「藏頭詩？」

「對！你看，『宮中只數趙家妝』一句含一『趙』字，『惟有知情一片月』中含『惟一』，反轉回來與第二句『敗雨殘雲誤漢王』合起來，說的豈不是『趙惟一誤漢王』嗎？必是那個賤人與趙賊做下了什麼傷風敗俗之事，後又生懺悔之情，是以才有〈懷古詩〉之作。」

「陛下，臣不敢苟同。依臣愚見，皇后的這首〈懷古詩〉係見到南朝皇后所作的〈十香詞〉有感而發。『趙』者係趙宋王朝之『趙』，與什麼趙惟一、趙飛燕都搭不上邊。它的主旨是自戒，告誡自己不要像南朝宋國皇后那樣冶容誤國，根本不是什麼藏頭詩。因為據臣所知，藏頭詩者，藏頭一字之詩也，決不會頭上藏一字，中間藏兩字。」

「你懂什麼？你是皇帝？還是我是皇帝？我說〈懷古詩〉是藏頭詩，它就是藏頭詩！」說完，耶律洪基衣袖一拂，轉身就走，把大公鼎晾在了那裡。

耶律洪基，作為皇帝可以「一言九鼎」，處死皇后，駁回大公鼎的申訴。但他本人卻無法隨心所欲地自創一種新的藏頭詩。因為在人們的心目中，藏頭詩確如大公鼎所說，係一種「藏所言之事於詩句之首」的雜體詩。像大家所熟知的《水滸傳》中智多星吳用題在盧俊義家裡牆壁上的那首「蘆花叢裡一扁舟，俊傑俄從此地遊。義士若能知此理，反躬逃難可無憂」（暗含「盧俊義反」四個字）就是標準的藏頭詩。耶律洪基一口咬定他的妻子所作的詩是一首藏頭詩，除了顯示出他的專橫以外，還在一定程度上暴露了他的無知。

西元一一〇〇年十二月，這位屢次鬧出「靠擲骰子給群臣授官、自創藏頭詩新解」的大遼皇帝一病不起。次年正月甲戌日，在交代了後事之後耶律洪基病逝。死後，他被安葬在慶陵。

為子所弒的三姓君王

——西夏景宗李元昊

◎隨時勢三姓更替
平叛亂稱帝立國

◎尚武而不武道
創文字輕文化

西元十一世紀初的一〇〇四年，宋、遼兩國簽訂了《澶淵之盟》。自唐末安史之亂以來，一直戰亂頻仍的中國北部邊疆，開始出現一片祥和之氣。占據中原的北宋王朝一片歌舞昇平，一切似乎都那樣完美，彷彿從此就不會再有什麼災變發生。

誰知好景不長，三十六年以後，一向平靜的北宋王朝西北部地區突然不再平靜——原北宋定難軍節度使、西平王李元昊突然領兵南犯。直到此時，一向只以遼為勁敵，而根本不把西涼等處放在眼裡的北宋王朝的君臣們，才把迷惘的目光投向遙遠的西北：李元昊（ㄏㄠˋ），究竟是個什麼樣的人呢？人人都暗暗在心裡問自己。

隨時勢三姓更替 平叛亂稱帝立國

在研讀《宋史》、《西夏書事》、《遼史》、《金史》等史籍中的西夏部分時，人們會發現西夏國的開國皇帝一會兒姓李，一會兒姓趙，一會兒又姓一個很怪的姓「嵬名」。他的名字也是多變的，一會兒叫李元昊，一會兒叫趙曩霄，一會兒又叫一個很怪的名字「嵬名嵬理烏珠」。把人搞得眼花繚亂，不知道這位皇帝大人有什麼病。

什麼病呢？什麼病也沒有。

西元七世紀時，有一個複姓拓跋名赤辭的黨項貴族，帶領他的部眾離開祁連山南的柴達木盆地，投靠當時的唐王朝。「天可汗」李世民賜拓跋赤辭以國姓「李」——這就是「李元昊」的「李」姓之由來。李赤辭即拓跋赤辭，乃是李元昊有案可查的遠祖。

北宋定鼎於汴梁，威服了當時中原各處的割據勢力。僻處西北一隅的李赤辭的後代、原唐定難軍節度使李繼捧「以諸父、昆弟多相懟」舉家降宋。宋太宗趙光義親改其姓為「趙」，賜名「保忠」。趙保忠與其弟趙保吉一邊接受宋王朝的賞賜，一邊向與宋對峙的遼暗送秋波。不久，趙保吉病死，子趙德明繼位，史稱「德明於本國則稱帝，奉表於宋、契丹，則去帝號而稱臣」。

李元昊是趙德明的兒子。他從父祖那裡除了承襲下來一筆數目可觀的「遺產」以外，還繼承了趙、李兩個姓氏，加上他「又名曩霄，小字嵬理」，這樣，在浩如煙海的史籍中就出現了一人而三姓、三姓復三名的「咄咄怪事」。

一人而三姓，很容易使人想起三國時代那位有名的「三姓家奴」呂布。其實，這樣的聯想是錯誤的。呂布一人而三姓（丁、董、呂）是無恥的行為，而西夏帝國這位開國皇帝先姓李，後姓趙，繼而改嵬名，卻是一種團結族人的策略。

西元一〇二八年，李元昊（為稱呼上的方便，我們在本文中一律從俗，對這位西夏開國皇帝以「李元昊」稱之）因領兵攻克西涼府有功，而被其父趙德明立為太子。三年後，趙德明病死，野心勃勃的李元昊嗣位，改年號為「顯道」，開始不奉北宋正朔，準備自己立國。李元昊此舉遭到了一班守舊貴族的反對。在以果斷措施平息了舊貴族的叛亂以後，李元昊索性大幹起來，建國號為大夏，定都興慶府，改年號為「天授禮法延祚」，自稱「始文本武興法建禮仁孝皇帝」。

為了團結族人，使黨項能與他在稱謂上有一種主觀認同感，李元昊改用黨項族姓嵬名，又廢去北宋給他的「西平王」封號，而以黨項語「烏珠」（又作「兀卒」，意為「青天子」，猶如漢語「天子」之意）自稱。

在位期間，李元昊從便利於其統治的角度出發，不僅更改了自己的姓名、稱謂，而且還親自釐定了西夏帝國的軍制、官制、法制，創造了西夏文字，刻印了書籍。一時之間，使這個方圓萬里的少數民族政權成為西北一強。

尚武而不武道 創文字輕文化

有一位史學家在論及李元昊時說他「武藝高強，精通漢文，熟讀宋朝法律、兵書，還能畫畫，是個文武全才」，這種評價實在有點太過，筆者不敢完全苟同。

不錯，李元昊確實比較擅長用兵，先後把陷落在回紇部落中達一百餘年之久的河西走廊，包括涼州、瓜州、沙州、蘭州全部收復，而且還於西元一〇四一年大敗任福統率的宋朝大軍。但那些戰役或因對手是比他落後的回紇部落，或因對手大意輕敵，他方才得手。倘若遇到一個比他更強的敵手時，他的武就只能變成較力不較智的「武」了。

西元一〇四〇年，李元昊領兵進攻北宋西北軍事要塞延州，給了宋軍重重一擊。北宋派遣名相兼名將范仲淹、韓琦到西北邊境主持軍事。北宋、西夏處於相持狀態。李元昊的手下有兩員大將，一名野利剛浪棱，一名野利遇乞。這兄弟二人皆有萬夫不當之勇。野利剛浪棱手使一杆長槍，曾於一〇四一年好水川口戰役時，連挑北宋十三員大將於馬下，人送外號「萬人敵」；野利遇乞的兵器是兩柄日月雙刀，據說其刀出手迅捷如風，人送外號「鬼見愁」。李元昊之所以在收復西涼故地之時攻必克、戰必得，大半都得力於此兄弟二人。

西元一〇四二年，李元昊卻突然命人將野利剛浪棱宣來賜死。

李元昊是不是發瘋了，怎麼會幹起自傷左膀右臂的蠢事來？

原來，李元昊剛剛從與北宋軍隊對峙的延州前線返回興慶府。在延州前線，他遇見了一件令他十分惱火的事：有一個名叫王嵩的北宋軍官親攜蠟丸書信，前往他的臨時行軍帳篷，說是有一封信要交給野利將軍。看這個名叫王嵩的宋朝軍官呆頭笨腦的樣子，李元昊自作聰明地與他開了個「玩笑」，對他說：「我就是野利，你有什麼事就快說吧！」

「你就是野利將軍？」王嵩似乎帶有幾分不信任似的問。

「一點沒錯。你有什麼好消息要帶給我啊？」

「野利大人，不，野利大將軍，可找到你了。」王嵩很「激動」地說：「我們种世衡种將軍（時任延州前線宋軍主將）有封密信要在下帶給你。」

「噢？」李元昊簡直有點不敢相信自己的耳朵了。他強抑心中憤怒，問道：「信在何處？」

「信嘛，」王嵩說到這裡，故意遲疑了一下，「你真是野利大將軍？那你的那杆槍我怎麼沒看到？」

「真是亂彈琴！」李元昊忍不住罵了一句。自覺失口，他強裝出一副笑臉哄王嵩說：「槍嘛，自然是打仗的時候用的了。那又不是腰帶，怎麼會老帶在身邊？」

「也是！也是！」王嵩似有所悟地說。

「那你快把書信給我，好不好？」

「行啊！」王嵩一邊應著，一邊從身上破棉襖的一塊「補丁」裡拿出一個小小的蠟丸。

李元昊一把奪過蠟丸，捏碎了之後，裡面果然是一封密信。密信中除了幾句寒暄之語以外，還有這樣幾句話：「元昊悖逆天朝，早晚就戮。唯將軍能順天應人，效忠我大宋王室。聞逆賊元昊將於近日前來，請將軍屆時將其扣押，朝廷必有重賞，連同以往傳遞情報之功，萬戶侯不難致也！」

「反了！反了！」還沒等看完，李元昊就已氣得暴跳如雷，「我叫你將我扣押！我看誰扣押誰！」

由於自詡是個喜怒不形於色的英主，李元昊故意不露聲色，在前線待了幾天之後，才返回首府興慶府。回到興慶以後，他以商量軍情為名，將野利剛浪棱從前線召回處死。

不久，李元昊又接到手下人送來的「木板條文」——據說是宋軍主帥祭祀野利剛浪棱的祭文。由於煙薰火燎，板上的字已模糊不清，只依稀可辨這樣一句話：「爾與天都將軍（野利遇乞被封天都將軍）矢志同歸本朝，而未克成功……」

「啊！連野利遇乞這廝也不是好東西。我說我殺野利剛浪棱的時候，他玩命似地諫阻，給我一塊殺了！」李元昊恨恨地說。

就這樣，野利遇乞也死於李元昊的刀下。

李元昊難道真有這麼大的福氣，一連破獲兩樁「叛國案」嗎？根本不是！上述一切都是宋朝名將种世衡所施的反間計。按理說，這樣的反間計，本來很容易識破，但李元昊卻不能悟出。由此可見，他對武道的研究根本不夠。

尚武使得李元昊對文，尤其是文化有一種天生的厭惡感。也許會有人舉出他創制了西夏文字作例證，證明他並不輕文，這樣舉證同樣是錯誤的。

李元昊稱帝後有一天，在西夏帝國的首府興慶府，他與自己的長子李寧明有一段很有意思的談話。

李寧明是李元昊的長子，也是李元昊的太子。李寧明不喜武而喜文，尤其崇尚中原一帶流行的儒學。見李寧明整日捧著儒家經典不放，李元昊問他道：「總讀漢人的書有什麼用？」

「回父皇，書中有養生之道。」

「養生之道？」雖然不喜文，但卻對長生、養生有特殊嗜好的李元昊問道，「什麼養生之道？」

「這養生之道就是不嗜殺人！」

李元昊不屑地說，「那麼我再問你，什麼是治國之道？」

「莫善於寡欲！」李寧明言簡意賅地回答道。

這一下子又觸到了李元昊的痛處。

原來，李元昊這時正在鬧「離婚」——李元昊原本娶妻野利氏。這野利氏年輕時也是頗有姿色，雖說不上有閉月羞花之容、沉魚落雁之貌，但也確實使李元昊為之癡迷過。

但長江後浪推前浪，野利氏近日來遇到了一個強大的敵手——她的兒媳沒移氏。這沒移氏本係李元昊的兒子寧令哥的妻子。李元昊見其天生麗質，強行霸占為妃。當時的西夏朝野以此為一大醜聞；中原一帶的北宋人士，更是送一頂「爬灰」的桂冠給李元昊。深深以此為憾的李寧明大概尚存一些禮義廉恥之心，是以冒死以諫。

李元昊氣得暴跳如雷，將李寧明責罵了一通，繼續從事他的「爬灰」事業。

西元一〇四八年正月的一天，在外出行獵之時，李元昊被恨他入骨的李寧令哥刺死。這一年，他四十六歲。

迷戀天魔舞的「魯班天子」

——元順帝妥帖睦爾

◎萬里遷徙緣底事
只因身世道不明

◎初繼大統頗勤政
後期腐化寵奸佞

◎耽於玩樂迷天魔
匠心獨具造龍舟

元王朝是中國歷史上第一個由生活在當時中國境內的少數民族建立起來的全國性封建政權。「其興也勃焉，其終也忽焉」，前後經歷了十八個皇帝（包括稱制的乃馬真皇后和海迷失皇后），卻只存在了一百六十三年。其疆域之廣，簡直可以說是前無古人，後無來者。但管理這個龐大帝國的最高統治者——元王朝的歷任皇帝卻與他日見其廣的疆域相反，一個不如一個。他們或崇尚武力，下令變漢人良田為蒙古鐵騎的圍場；或寵信西番和尚，任其姦淫婦女。到了最末一任皇帝——元順帝妥懽帖睦爾執政之時，這個橫跨歐亞的封建王朝已處於風雨飄搖之中了。

元順帝，本名妥懽帖睦爾，生於西元一三二〇年，死於西元一三七〇年。他於一三七〇年故去的時候，本有一個廟號「惠宗」。因明太祖朱元璋覺得他「知順天命，退避而去」，因而又下令以「順帝」尊之。在並不很長的一生中，他幾度沉浮，又幾度崛起。

萬里遷徙緣底事
只因身世道不明

西元一三三〇年八月，鴨綠江中的大青島上，突然來了一行不速之客。這大青島本屬高麗管轄，歷來偏僻，少有人煙，乃是當時統治者用來流放犯人的地方。上島之人大都是窮凶極惡之輩。但這次來的人卻有些例外，為首的人還是個孩子，但見他頭戴交角襆頭巾，身著青緋控鶴襖。由這身打扮看，來者可能係一個學子。但他的腰間卻又繫著一塊很大的玉佩。這玉佩按當時元朝統治者的規定，只有親王或皇太子才可以佩戴，所以他又不像個學子。這個似親王非親王，似讀書人又不是讀書人的人是誰呢？他就是我們這篇文章的主人公、未來的元朝皇帝妥懽帖睦爾。

緊隨其後的一隊兵丁上島之後如臨大敵，立即沿島靠近水面布防。

是什麼原因使得這位未來的小天子去國離鄉來到這鴨綠江中的不毛之地呢？

要解開這個謎，還得從頭說起。

原來一三二九年、一三三〇年這兩年，元朝最高統治中樞接二連三地出了幾件大事。先是遠在漠北的國王和世㻋，受其弟圖帖睦爾禪位得登大寶，廟號明宗。但不久，圖帖睦爾又將和世㻋毒死，自己又繼帝位，是為文宗。文宗當國後，為了清除明宗的影響，首先向他的嫂子，明宗的皇后八不沙下手。

《元史．帝紀》上寫道：明宗崩，文宗復正大位。至順元年四月辛丑，明宗后八不沙被譖遇害。遂徙帝（即妥懽帖睦爾）於高麗，使居大青島中，不與人接。

為什麼要流放妥懽帖睦爾呢？

這裡不能不提到另外一個人——南宋恭帝趙㬎。據說這位南宋小皇帝於亡國之後被俘北上，後又被元世祖忽必烈遠徙吐蕃。在那裡他與一個名叫邁來迪的回族女子同居，並生有一子。他的這個兒子是誰？有許多史學家斷言，就是後來的元順帝。

這裡面有兩種史證：

其一，據說明成祖朱棣在定鼎北京之後，有一天閒來無事，與群臣一起觀看歷代帝王畫像，見到元順帝面貌清臒，因而驚異地說：「他怎麼不像元朝列帝，而像宋朝皇帝！」

其二，係妥懽帖睦爾乳母的一份證詞。在這份寫於元文宗至順元年的證詞中，妥懽帖睦爾的乳母向當時權傾一時的太師燕帖木兒作證說，妥懽帖睦爾並非明宗皇帝的嫡親骨血。

由於有了這份證詞，年僅十歲的妥懽帖睦爾只好離開大都，前往高麗。

千里跋涉被押解到大青島上之後，他對一切似乎都看透了。「難道還有什麼比目前這種樣子更壞的事情嗎？」閒來無事的時候，這個顯得過分早熟的孩子暗暗問自己。

其實，他根本沒有想到新的迫害還在那裡等著他呢！

又過了差不多一年的時間，元文宗圖帖睦爾病重，眼看不起，打算召回妥懽帖睦爾做個姿態，卻遭到了一部分權臣的堅決反對。為了杜絕後患，權臣、當朝太師燕帖木兒矯詔，將妥懽帖睦爾由高麗大青島再遠謫到廣西。

也算是妥懽帖睦爾運不該絕，他被謫廣西不久，接替文宗皇帝之位的元寧宗懿璘質班（妥懽帖睦爾之弟）突得暴病身亡，時年七歲。

在文宗皇后、當朝皇太后卜答失里的力主之下，妥懽帖睦爾又被莫名其妙地洗清了「血統嫌疑」，被以明宗長子的身分迎回大都。

孰料命途多舛，就在將至大都的良鄉，妥懽帖睦爾遇上了前來迎接他的太師、答剌罕、大都督，領龍翊親軍都指揮使事燕帖木兒。行過見面禮之後，二人並馬而行。燕帖木兒揚鞭指畫，開口說道：

「公子此來大不易！」

沉默。

「國家不幸，連喪三主，寧宗皇帝駕崩之時，朝臣中曾有人主張為文宗皇帝立嗣，是老夫『舌戰群儒』，太后作主，才說服了那些人，好險哪！」

沉默。

本擬想「人後使壞、人前討好」的燕帖木兒期望在妥懽帖睦爾這裡討得一番感謝，但無論他說什麼換來的總是妥懽帖睦爾的沉默。這可把他氣了個半死。

要知道，這燕帖木兒可不是一個等閒人物。他是蒙古欽察貴族，六朝元老。武宗時，任同知宣徽院事；仁宗時，任左衛親軍都指揮使；泰定帝時，任同僉書樞密院事；文宗時以功封太平王、中書右丞相，行樞密院事；明宗、寧宗二朝先後任太師、答剌罕，以大都督領龍翊親軍都指揮使事等要職。史書上說他「自秉大權以來，挾震主之威，肆意無忌。一宴或宰十三馬，取泰定帝后為夫人，前後尚宗室之女四十人，或有交禮三日遽遣歸者，而後房充斥不能盡識」。

有一個真實的故事可以說明他的荒淫無恥和專橫霸道：有一天，燕帖木兒應平章政事趙世延之邀，到趙府去赴男女雜處的「鴛鴦會」。酒會之間，見坐在角落裡的一位婦女非常美麗，燕帖木兒頓起歹意，驚問左右：「這是誰？」身邊的人提醒說：「太師忘了嗎？她是您的第五十六位妻子啊！不久以前入的洞房……」

如此權高位顯、說一不二，讓燕帖木兒碰了個軟釘子，他豈能善罷甘休。到了大都之後，妥懽帖睦爾就被幽禁於深宮，直到這一年的六月，燕帖木兒因患病不治身亡之後，妥懽帖睦爾才得以登基即位，成為元王朝的皇帝。

初繼大統頗勤政 後期腐化寵奸佞

即位之初，元順帝妥懽帖睦爾還是想有些作為的，儘管當時有伯顏、撒敦、唐其勢等奸臣把持朝政，他還是對元王朝的政治、經濟、文教等做了一些改革。

據《元史》記載，他「禁濫予儒人名爵」，「以地震赦天下」，不斷「發國庫銀以賑災民」。尤其是在至元四年（一三三八年），他駁回了當時的太師、右丞相、秦王、權勢炙手可熱的伯顏一項「殺盡天下張、王、劉、李、趙五姓漢人」的動議，更為人們所稱道。

這件事的經過是這樣的：

自從排除唐其勢、撒敦的影響，推戴妥懽帖睦爾登皇帝位以後，伯顏的權勢日漸顯赫，他「擅爵人，赦死罪，任邪佞，殺無辜」，把諸衛精兵收為己用，府庫錢帛更是隨便支取，搞得天下之人只知有他，而不知有朝廷、有元順帝。說來好笑，這位權傾一時的太師爺本身是一個極其迷信的人，他別人的話都可不信，唯有對女巫和算命人的話深信不疑。

有一次，他到一個名叫昪昪的女巫那裡去算命。昪昪來自西番，極端仇視漢人，尤其是仇視漢人中張、王、劉、李、趙五大姓的人。見伯顏前來，就想借伯顏之手殺盡天下這五姓漢人。於是，她裝模作樣地掐弄了半天手指，然後煞有介事地說：「太師爺，您的命本來富貴至極，只是因為有漢人作祟，將來恐會大起大落，弄不好您還要死在漢人手裡。」

伯顏一聽，信以為真，忙驚問禳解之法。

昪昪又搖頭晃腦地搗了一會兒鬼，然後說道：「要想禳解，除非殺光張、王、趙、劉、李五大姓的漢人。」

伯顏聽了竟深信不疑。回去之後，他立即草擬了一道奏章，以漢人太多、蒙古人的居處日見其仄為由，要求殺掉一部分漢人。他在奏章中說：「漢人中以張、王、劉、趙、李五大姓為最多，因此，欲除漢人請先從這五姓起！」

這道表章上去，中書省、樞密院都照准，自然是一路綠燈。到了妥懽帖睦爾的手裡時，差不多已經決定了天下漢人的悲慘命運了。

也許是覺得伯顏此舉太過荒唐殘忍吧！元順帝第一次行使了他的否決權，將伯顏的奏章斷然駁回。《元史·順帝紀》談及此事時寫道：「伯顏請殺張、王、劉、李、趙五姓漢人，帝不從。」由於妥懽帖睦爾的堅持，成千上萬的漢人得以倖免於一場浩劫。這無論如何也應該算得上是元順帝的一樁德政吧！

像任何一個重要歷史人物往往都具有人格上的兩重性一樣，元順帝在施善政的同時也不忘胡鬧，不忘放縱自己。就在他下詔駁回伯顏「殺人」奏章的同時，又親自下令「徵西域僧伽喇嘛至京師」。不遠萬里，召西番僧人進京幹什麼呢？這不能不從元順帝所寵信的哈麻、雪雪談起。

原來，自打入主皇宮以後，妥懽帖睦爾外受制於權臣，內又沒有得到他的嬸母、太皇太后卜答失里的信任，因而心裡仍很苦悶。這時，一直擔任皇宮宿衛的哈麻、雪雪成了他的玩伴。哈麻與雪雪係兄弟，二人乃妥懽帖睦爾的弟弟元寧宗懿璘質班的乳母所生。與元順帝可以說有較深的淵源。加之哈麻本人又能說善道，因而深得妥懽帖睦爾的喜愛。

有一件事頗能說明他們當時的親密程度。有一天，哈麻穿了一件新衣服。衣服很窄小，元順帝覺得很滑稽，含著的一口茶全噴到了哈麻的衣服上，哈麻躲閃不及，也如法炮製地回敬了元順帝一下，說：「您是皇帝，皇帝難道也可以這樣為上不尊嗎？」旁邊站著的人都為哈麻捏了一把汗，可是元順帝並不以哈麻為不敬。

哈麻、雪雪二人為了固寵，就想千方設百計地引誘妥懽帖睦爾耽於淫樂。於是，他們就屢薦西番僧人給皇帝，讓他們用自己的「獨門法術」迷住元順帝。嘗到一些甜頭之後，妥懽帖睦爾乾脆自己下詔徵召西番僧人入京，請他們來傳授祕密法。

他在一份祕密手詔上說：「朕嘗聞人言，天子雖尊居萬乘、富有四海，不過保有見世而已。近聞西番高僧專攻喜樂禪定及祕密法，於朕心有戚戚焉。想百年一瞬耳，人生能幾何！為人臣者，當思朕之良苦用心！」詔書末尾附錄曹孟德〈短歌行〉數句：「對酒當歌，人生幾何？譬如朝露，去日苦多。」

在「君為臣綱，父為子綱，夫為妻綱」的封建社會中，皇帝一身兼有君、父、夫三種權威，為人臣者只能以他之所喜為喜，既然皇帝覺得「人生自古歡娛少，不惜千金買一笑」，那當臣子的還有什麼說的？於是，「廣取女婦，惟淫戲是樂……君臣宣淫，而群僧出入禁中，無所禁止，醜聲穢行，著聞於外，雖市井之人，亦惡聞之。」

耽於玩樂迷天魔 匠心獨具造龍舟

祕密法和大喜樂禪定在皇宮裡流行了一陣以後，元順帝又迷上了天魔舞。天魔舞，全稱十六天魔舞，是元代最富魔力的舞蹈之一。跳舞時，十六名舞者頭垂髮辮，戴象牙佛冠，披纓絡衣，內著大紅鑲金絲長短裙，嵌金五彩短衫，配以披肩，以及絲帶鞋襪等。每人手裡拿著法器、曇花，其中一人執鈴杵敲奏音樂節拍，另有宮女十一人用白絹紮束起槌狀髮髻，用絲帕束腰，穿平時服飾，或者戴唐時人戴的帽子，著窄小的上衣。伴奏用的樂器有龍笛、頭管、小鼓、箏、琵琶、笙、胡琴、響板、柏板等。每逢宮中舉行贊佛儀式時就奏樂起舞。舞時，十六天魔幻化成美女，勾魂攝魄，迷惑世人。舞者以其嬌媚的體態、婀娜的舞姿、美妙的技藝，渲染出超脫塵世、浪漫神祕的氛圍。由於天魔舞以天魔被神佛降服告終，因而，迎合了以神佛自居的統治者的心理，是以深得元順帝的喜愛。

當時詩人張昱有詩記之曰：

西方舞女即天人，玉手曇花滿地青。
舞唱天魔供奉曲，君王常在月宮聽。

天魔舞獨有的魔力使它風采獨具，很快就流傳到民間。元順帝得知這一情況後，居然親下禁令不准民間表演觀看，只有宮官中受過祕密戒者才能觀看。

真是「天魔只許天子賞，民間百姓禁演觀」啊！

其實，妥懽帖睦爾所下禁止民間上演十六天魔舞的禁令可以說是多餘的。因為當時天下大饑，赤地千里，人民流離失所。「山東、河東、河南、關中等處，飛蝗蔽天，壅塞人馬不能行，民大饑相食。」連命都顧不上的人哪有閒心再去舞天魔呢？

當然，這些情況元順帝是不知道的，事實上他也不想知道。因為除了迷天魔舞，性情不定的元順帝當時又迷上了另一件事——機械設計。

至正十六年二月的一天，妥懽帖睦爾叫來內官供奉少監塔思不花，命他監製一批龍舟以備御用急需。

「可否請將作監派人根據上意繪出圖紙？」塔思不花問道。

「不必，朕已有安排。」元順帝一面說著話，一面回頭叫道：「來啊，把朕弄好的那個東西拿來。」

不一會兒，小太監恭恭敬敬地雙手捧著一個錦盒走了上來，跪下後將一卷東西雙手呈給元順帝。元順帝接過後略略看了看，就順手交給了塔思不花：「愛卿，這是朕畫給你的！」

「謝陛下！」

散朝以後，塔思不花回到家裡焚香更衣之後，將那卷東西打開來細細觀看。但見他一會兒似有得於心，一會兒又似惑然不解，最後忍不住連連慨歎：「端的巧奪天工！端的巧奪天工！」

據史書上記載，元順帝妥懽帖睦爾設計的龍舟，船身長一百二十尺，寬二十尺，前有竹瓦細簾的涼棚，穿過走廊到暖閣，後面是高層樓殿。龍身和殿宇用五彩繪飾，金玉鑲嵌，前面還有兩副龍爪。

龍舟全圖中還包括附設設備——宮漏（一種計時工具）。宮漏高約六七尺，寬是高的一半。需先用木頭製成一個大櫃，然後將漏壺暗藏在櫃內。以水作動力，水自上而下流動。櫃頂有三聖殿模型。櫃中央設計了捧時刻籌的玉雕仙女。每當一個時辰到來，仙女便會浮出水面。仙女左右有二尊金甲神人，神人兩側設計有鐘、鉦。入夜，神人逢更敲鐘、打鉦分秒不差。鐘、鉦旁邊設計了獅子、鳳凰，每逢鐘、鉦敲響時，獅子與鳳凰就會翩翩起舞應和。三聖殿兩側分別設計了日宮、月宮。各宮前站著三個仙女，每逢子時、午時，兩邊仙女會自動合為一隊，度過仙橋，到達三聖殿前舞拜，隨即又退立到原處……

看著皇帝御筆所繪的圖紙，一些往事湧上了塔思不花的心頭。他自言自語道：「怪不得常聽人說聖上喜歡為臣子設計房屋住宅，甚至有時還親手做木匠活，敢情陛下真有這份才能啊！」

按照妥懽帖睦爾的設計，塔思不花果然造出了別致的龍舟和精緻的宮漏。中國科技史上由於第一次有了皇帝身體力行的參與而添上了頗為奇特的一筆。妥懽帖睦爾也因之被史學家戲稱為「魯班天子」。

西元一三七〇年，妥懽帖睦爾在應昌病逝。

勞動鄭和七下西洋的人

——明建文帝朱允炆

◎性至孝而不通權變
為名所累害人害己

◎少壯被迫出家避難
花甲歸來物是人非

明成祖永樂三年（一四〇五年）六月，蘇州城外的劉家港碼頭上人山人海，一支船隊就要起程遠航。以當時人的眼光來看，這支船隊的規模真是大極了：有士兵二萬七千八百多名，長四十四丈、寬十八丈的大型海船六十二艘。船上還載有大量產自中華大地的金幣、禮物、玉石寶器。

這樣的一支巨型船隊將駛向何方？已經習慣了太祖高皇帝朱元璋「片帆不得出海」禁令的大明朝蘇州城的士農工商們，一個個大惑不解。他們把頭探得老高，張望著、私語著，到了最後，都一片茫然地極目注視著船隊駛向煙波浩渺的遠方。

兩年後，這支船隊返回中國。

其後近三十年，這支由人稱「三保太監」鄭和率領的大型特遣艦隊先後七次不知疲倦地奔波航行於東起臺灣，南至爪哇，西達赤道之南的非洲東海岸，北抵波斯灣、紅海的十餘萬海里的浩浩大海上，歷盡了艱難險阻，備嘗了海上的艱辛。在時間上，他們比狄亞士發現非洲好望角（一四八八年）、哥倫布發現美洲新大陸（一四九二年）都要早上七八十年，比麥哲倫一五二一年環行世界到達菲律賓要早上一百一十多年。

耗時如此之長，耗資想必亦然甚巨的航海遠行，其目的何在呢？是像哥倫布等探險家那樣為了攫取巨額黃金嗎？答案明顯是否定的。從現有的史料上看恰恰相反，因為每次遠航明王朝都要支出無數的金帛財物作為對沿途各小國君主的賞賜。是為了擴展疆域嗎？更不是，大明王朝與它的前任元帝國不同，從來沒有對海外存有領土野心。那究竟是為了什麼呢？

《明史．鄭和傳》上有十二個字的解釋：「成祖疑惠帝亡海外，欲蹤跡之。」

這十二個字誠為撥開這段若隱若現歷史迷霧的千古不刊之論。說白了，那個派遣鄭和下海遠行的明成祖朱棣之所以不惜工本，完全是為了捕捉據云漂泊海外的他的前任，也是他的侄子與政敵的明朝第二任皇帝明惠帝（亦稱建文帝）朱允炆。

這個已經失去了一切的朱允炆為什麼竟會使擁有一切的成祖皇帝朱棣感到如骨在喉呢？他，是個什麼樣的人？

性至孝而不通權變
為名所累害人害己

人常說「龍生九種，各有不同」，同樣在戰亂中長大的朱元璋的各個兒子亦稟性各異。燕王朱棣善戰，寧王朱權善謀，只有長子（也是太子）朱標善文而且喜文厭武。朱標曾經不止一次地勸諫朱元璋可以馬上得天下但絕不可以馬上治天下。作為朱標的次子，朱允炆酷肖其父，恪守古制而不知變通。

洪武三十一年（一三九八年）閏五月初十，明太祖病死，朱允炆於同月辛卯日即位。即位後，他做的第一件事就是「詔行三年之喪」，說這是遵行孔孟周公之禮。同時，他又遵朱元璋的遺命不准各藩王（均係太祖之子，他本人的叔父）赴南京弔孝以盡天倫之情。這是一件很失策的事。固然，從表面上看，不准諸王進京可以暫時解除這些人和他搶龍椅的危險，可是細細想來，這個舉動又等於明擺著向諸王宣告：你們已不被信任，此其一。同時，此舉又很容易為急於找碴兒的藩王們提供一個很不錯的反叛藉口：新任皇帝悖逆天倫，此其二。

朱允炆呢？不知是年幼無知，還是太過於恪守古禮，竟根本沒有想到這較深刻的一層，反倒聽信剛剛被他提拔起來的兵部尚書齊泰和太常寺卿黃子澄的建議，在本已人心不穩的局勢下火上澆油——下令削藩。

這更是在條件很不成熟的情況下，所犯急功冒進的錯誤。

開始時，朱允炆並沒有意識到這一點，因為當時的形勢還算比較樂觀。削藩令下，周王朱橚、齊王朱榑、岷王朱楩等先後束手就「廢」，被廢去王爵。湘王朱柏不服，焚其宮室美人，自己乘馬執弓躍入火中而死。不久，朱允炆又把削藩的矛頭對準了遠在北方的燕王朱棣。這回，他可大大地錯了，因為他遇上的是一個老謀深算的對手。

這朱棣，係朱元璋的第四個兒子。史書上說他「文武全才，寬嚴並濟。知人善任，讒間不行，用兵應變，機智神勇」。據說，他的才能與智慧絕不僅僅表現在軍事上。有這樣一件事頗能說明朱棣與朱允炆在權謀通變上的差異。

那還是在朱元璋健在的時候，朱元璋、朱棣、朱允炆祖孫三人一起飲酒對句。朱元璋先出一上句「風吹馬尾千條線」，讓朱允炆接著對下句。朱允炆想也沒想就張口對道：「雨打羊毛一片膻。」

把朱元璋氣了個半死，連聲說道：「枯對！枯對！」

「什麼叫哭對啊？」遠遠地站在殿上的一個小太監忍不住偷偷地向另一個太監發問。

「枯對！不是哭對，是一種對子，對這種對子時只看每個字的意思而不管整句話的意思，陛下這是在責備皇太孫不知變通。」那個被問及的中年太監賣弄似地說了一大通。

「父皇，且請息怒。兒臣有一對不知當講不當講。」見朱允炆因對句被責而心中大喜的朱棣不失時機地開了口。

「對來！」

「這『風吹馬尾千條線』據兒臣看來，可對以『日照龍鱗萬點金』！」

「好對！好對！有氣魄！這才像是龍子龍孫的口吻呢！」朱元璋轉怒為喜道。

這次雅集之後，朱元璋曾想以朱棣取代朱允炆，只是由於一些老臣們的死命諫阻，才沒有付諸實施。但廢侄立叔的太祖本意，叔叔明白，侄兒也明白。

因而，當建文帝削藩令下來時，朱棣早已成竹在胸。他先是以司馬懿欺曹爽發動「高平陵政變」的方式，以迅雷不及掩耳的手段將建文帝朱允炆派去削藩的張昺、謝貴等人捕獲處死，然後，又以所謂「內有奸臣，許藩王起兵，以清君側之惡」的太祖遺訓作由頭，起兵與建文帝作對，發起「靖難之役」。

這場戰爭耗時頗久，進行了差不多四年（一三九九年八月——一四〇二年六月）。戰爭初期，建文帝朱允炆根本沒有把他這個叔叔放在眼裡。史書上說他「方銳意文治，日與方孝孺等討論《周官》法度，以北兵為不足憂」。直到曉事大臣以西漢「七國之亂」相警時，朱允炆方才派兵三十六萬，號稱百萬去討伐燕王。

按說，當時朱棣雖然跟隨明太祖久經戎場，以知兵善戰著稱，但無論從軍隊數量上，還是天下人心的歸屬上，朱棣都不占上風。此時，倘若朱允炆能夠洞達世情，不拘泥於孔孟之禮，天下大事仍有可為的。可是人們怎麼也沒有想到，這個十八歲的小皇帝竟在大軍出征之時，親口給三軍將士下了一道死命令：

一門之內，自極兵威，乃不仁之極。爾將士務體此意，無（勿）使朕負殺叔父之名。

正是由於有了這道不通權變的死命令，到了後來，才出了一件令人哭笑不得的事。

那是在朱棣率軍攻打濟南之時，濟南守將盛庸、鐵鉉使用火器和毒弩守城，大大地折損了朱棣的軍威。朱棣本人以精騎衝擊南軍的左翼，反被南軍包圍。「靖難」軍潰軍之後，南軍將士窮追不捨，眼看就要趕上，弓箭已能射及。一個號稱「小李廣」的弓箭手彎弓搭箭對準赤手空拳的朱棣後心。

只聽「啪」的一聲，弓箭手連人帶箭和弓一起被隨後趕來的領兵主將鐵鉉從馬上打掉。

那個被打掉了弓箭、人也掉下馬去的弓箭手驚問：「鐵將軍，您……？」

只見鐵鉉隱忍再三，然後，一字一頓地說道：「聖上有令，不得傷害皇叔！」

「將在外，君命有所不受，再說，焉知皇帝非有難言之隱，所言非所思！」

「不！你們不理解，今上，他，是個志誠君子！」

「這不是縱虎歸山嗎？」

「唉！盡人事而聽天命吧！」

鐵鉉凝重地歎了一口氣。

就這樣，由於朱允炆想當君子，而朱棣不在乎當小人，由後者率領的叛軍便由數千而數萬，由數萬而十萬、二十萬，如滾雪球一般不斷壯大。「靖難」軍一路上斬關奪隘，勢如破竹，很快就打到了南京城下。

朝廷公卿大臣多為自全求出守城，都城空虛。建文帝朱允炆直到這時，方才曉得拘泥於孔孟之禮、不知權變害人害己。然而，這一切都顯得太晚了！

少壯被迫出家避難
花甲歸來物是人非

還是朱元璋在時，有一次太子朱標（朱允炆之父）就朱元璋濫殺功臣一事勸諫他說：「陛下殺人過濫，恐傷和氣。」朱元璋沒有言語，把一條布滿芒刺的棘杖扔在地上，命朱標把它撿起來。養尊處優慣了的朱標哪裡幹過這個，畏畏縮縮地不願去拿。朱元璋歎息著說：「癡兒，杖有刺爾不敢拿，國有刺當何為？我為爾除刺，爾無刺而行豈不更佳！」朱標對父親的話不以為然。

不久，朱標病故，朱元璋很是傷感。說實話，朱元璋大殺功臣多半是為了使子孫能夠在沒有敵手的情況下世代做皇帝，因為他深知自己「可以馬上得天下」，但子孫卻不應「馬上治天下」。正是基於這種希冀，在皇太孫出生之時，他才親自為其取名允炆。允者，能也；炆，用《康熙字典》

上的解釋來說是「熅也」，亦即「欣可安」，用今天的話來說就是「平安無事」，這裡面蘊涵著的深意著實令人感動。

可是人算不如天算。皇太孫當了皇帝之後確是允文偃武了，而且連年號都深體祖父之意而改成建文。但遠在北京的朱棣可不這樣想。對於他來說，刀槍入庫、馬放南山，只有在他本人奪得帝位之後才是一條可行之路。因而才有以「清君側」為名的「靖難」之師，才有一路上的斬將奪關、直逼南京。

一四〇二年，當朱棣率領的北軍兵臨南京城下時，城中已經亂成了一團。

六月乙丑日，南京城中接二連三地出了幾件大事。

一是一向被朱允炆視為左右臂的谷王朱橞和兵部尚書李景隆，自行打開金川門放朱棣的北軍入城。

另一件事是一向並不被建文帝重用的御史連楹，於朱棣揮師入城之際企圖行刺朱棣而未果，最後慘死於朱棣之手。

這兩件事完全出乎建文帝的意料，他連連歎息著說：「疾風知勁草，板蕩識忠臣！忠而不早賞，奸而不早黜，皆孤之過也！」

正歎息著，左右來報：馬皇后（朱允炆嫡妻）自殺殉國。朱允炆一聽大叫一聲：「皇祖、皇父不遠，讓孩兒也隨你們一起去吧！」說著就要撞牆自盡。

一直站在不遠處的老臣、翰林院編修程濟上前一把抱住了朱允炆：「陛下，萬萬不可出此下策！天下事尚有可為，請為蒼生社稷惜。國有難，君主可以出亡，此亦歷朝故例。」

「可是，普天之大，何處可以安身啊？依朕觀之，叛軍已入內城，恐怕我們現在就是想逃也難以逃走了啊！」

朱允炆說的確也是實情。俗話說「貧居鬧市無人問，富在深山有遠親」，遍觀朝中重臣，有幾個肯捨命保護這個即將不是皇帝的皇帝呢？程濟不禁也啞然了。

此時，一向不怎麼起眼的老太監王鉞突然跪下：「陛下，臣有一事相啟。昔高皇帝（即朱元璋）升遐時，留有遺篋，並囑云有大難之時開啟，內有救急之法。」

「此篋安在？」

「現藏於奉先殿之左。」

「快拿出來！」

過了大約小半炷香的工夫，王鉞和另外一個小太監抬著一個很大很高的紅色箱子來到了眾人面前。

這個箱子很堅固，簡直是堅固極了。四周包著一層厚厚的鐵皮，箱子上了兩把鎖，連鎖眼裡都灌了生鐵。

睹物思人，建文帝朱允炆忍不住又哭了起來。此時什麼也顧不得了，一向溫文儒雅的翰林院編修程濟也不知從哪裡來了這麼大的勁，接過小太監遞過的錘子幾下就把箱子砸開了。

箱子裡面並沒有什麼錦囊，倒是有一些人們一點也沒有想到的東西：僧帽、僧鞋、袈裟、剃刀、白銀十錠。在這些東西上面放有三張度牒，一張名頭上寫著「應文」，一張寫著「應能」，一張寫著「應賢」。箱子的裡蓋上有兩行朱書大字：「應文從鬼門出，餘從水關御溝而行，薄暮，會於神樂觀之西房。」

赫然是太祖皇帝朱元璋的御筆。

見了這些，朱允炆歎了一口氣說道：「這都是天數啊！」

事情緊急，不容猶豫，程濟拿起剃刀為建文帝祝髮。吳王的老師楊應能願意祝髮隨行，充作度牒上所說的應能和尚。監察御史葉希賢奏道：「臣願隨駕出亡，臣名希賢，想必是度牒所說的應賢無疑。」遂號為應賢，也祝髮著僧衣。

聚集在朱允炆周圍的五六十人全都是血性男兒，他們都願隨帝出亡。朱允炆見了大受感動，他說：「卿等美意，朕心領了，但人多不能無生得失，宜各從便。」

於是，朱允炆從這些人中簡選了九個人作第一撥，另選十三個人由楊應能、葉希賢率領作第二撥。

第一撥九人由王鉞帶路，從皇宮的西門（鬼門）出亡。出了鬼門，朱允炆等人不由得暗叫一聲：「苦也！」原來，外面是一道深三丈、寬十丈的護城河。群臣們正惶惑呢，忽見從對面的道觀裡吱呀呀駛出一條船來。船不大而體輕，不一會兒就靠上了這邊的堤岸。

從船上走下一個鶴髮童顏的老道士，見了朱允炆納頭便拜，口稱「萬歲」，說道：「臣乃神樂觀道士王升。昨天夜裡夢見太祖高皇帝下凡，命老道來此恭候聖駕！」

正說話間，楊應能、葉希賢等十三個人組成的第二撥也到了。時間急迫，容不得多說君臣一行上了小船。在船上，建文帝抹了抹眼淚說：「事急從權。從今以後，我們就不要君臣相稱了！」見大家似乎仍然有所顧忌，他擺了擺手說：「不要說了！以後我們就以師兄弟相稱吧！」

下船後，朱允炆與隨行的二十三個人約定：楊應能（應能）、葉希賢（應賢）以及程濟（化裝成道士）等三個人不離其左右。楊、葉二人俱稱比丘，程濟稱道人。另外，又確定馮漼、郭節、宋和、趙天泰、王之臣、牛景先六人負責朱允炆的衣食供給。餘下的人則遙為應援。商量畢，君臣——師兄弟一行取道溧陽而去。

天光大亮，朱棣揮得勝之兵進了皇宮。進宮之後，第一件事就是尋找建文帝的下落。左右推來宮中小太監，朱棣問道：「你們的舊主子跑到哪裡去了？」

「回大王，小的不知。」

朱棣聽了大怒，喝令把這名小太監拖出去打死。另外一個年事稍長的中年太監上前跪倒奏道：「請大王息怒，原諒他年幼無知！大王您問的奴才曉得。」

「你曉得，那好，你說說看。」

「就在那兒！」中年太監用手指了指一具已被火燒得面目全非、肢體殘斷的遺骸說。

朱棣聞訊，立即搶步上前端詳了半晌，忽然放聲大哭說：「小子無知，乃至如此！」

他這一哭，他手下的文武及歸降他的建文一朝大臣也都信以為真，以為朱允炆已經葬身火海了。其實，正如我們前面已經敘述過的那樣，建文帝並沒有死，死的是他的皇后馬氏。這一點，那個中年太監心裡清楚，揮「靖難」之師南下的燕王朱棣心裡似乎也明白。不然的話，他就不會在成為皇帝之後「大索國內」，然後傾全國之力遣鄭和七下西洋了。

不管怎麼說，建文帝已不在皇宮，明王朝江山無主，這已是不爭的事實。順理成章地，朱棣就取朱允炆而代之，成為明王朝第三任君主。

三十九年過去了。其間，大明江山先後有三個皇帝（成祖、仁宗、宣宗）謝世。到了第六任皇帝英宗朱祁鎮執政的正統五年時，大明王朝所屬的廣西思恩州慈恩寺內，突然來了一個老和尚。他自稱是「天一大師」，言談舉止頗為不俗。話裡話外地露出一些口風，說他就是失蹤了三十多年的建文帝朱允炆。寺院方丈一聽，覺得其事非同小可，不由得吃了一驚，忙把此事報告給了思恩州的知州，州官也作不了主，於是又轉呈藩司。這樣一級一級轉呈，最後連呈文帶那位「天一大師」都被送到了京師。

當朝皇帝朱祁鎮，論起輩分來，已經和朱允炆隔了好幾輩，不用說，他是沒有見過朱允炆的。因而，他也就自然不知道這個自稱「天一大師」的人是否真的是建文帝。

想來想去，他手下的人替他出了個主意：找一個見過朱允炆的太監去當場辨認，若是，則迎進宮中；如不是，則祕密處置。

朱祁鎮一聽，覺得這個辦法不錯，但具體執行起來就不那麼容易了。因為成祖朱棣進南京時，曾大殺那些不肯馬上歸降他的建文帝的宮人、太監，加上年長日久，還健在的且又見過朱允炆的宮人恐怕已經沒有幾個了。

找來找去，找到一個名叫吳亮的。

那個自稱「天一大師」的老和尚見了這個當年的小太監，開口就叫出了他的名字：「汝非吳亮耶？」

吳亮一時不敢確認這個面目蒼老的老和尚是否就是當年溫文爾雅的少年天子，因此，他否認道：「你認錯人了，我不是吳亮。」

「你不是吳亮？這就怪了！記得那一年在宮中，我吃子鵝，吃不完把剩下的給你，你當時手裡拿著酒壺，騰不出手來。我和你鬧著玩就把鵝肉扔在地上，你當時年紀還小，見了肉顧頭不顧腚，竟像小狗似的趴在地上把肉叼起來吞下。你說，有沒有這件事？」

吳亮一聽，絲毫不差，的確是當年宮內發生的事。於是，他回宮覆命說老和尚確係建文帝。

聽了吳亮的奏報後，英宗朱祁鎮派人前來悄悄探問「天一大師」：「此來欲何為？」言下之意，大有緊張之感。

但見那個老和尚淡然一笑，用一種飽經滄桑的語調緩緩說道：「四十年家國，三百萬河山，劫波歷經關山外，幸未馬革裹屍還。古稀之人，但求見大明江山永固，此外又有何求？請轉告今上，老僧此行目的已達到，就要告辭了！」

使者回去轉述了老和尚的這番話，朱祁鎮聽了不禁為之動容。在他的堅請之下，年已六十四歲的朱允炆又回到了宮中。撫今思昔，感物傷懷，朱允炆真有「行宮見月傷心色，夜雨聞鈴腸斷聲」之感。

三年後，他死於紫禁城中的永安宮內。據說死後他被葬於北京市郊金山口外八里處的龍潭，墓名「天一大師之墓」。

自封為大將軍的皇帝
——明武宗朱厚照

◎寵任宦官致使江山二主
　輕賤縉紳竟令諸臣長跪
◎造豹房歌舞嬉戲
　擄婦女尋歡作樂
◎自封將軍北上禦敵
　隱匿捷報南巡患疾

西元一五〇五年五月，人稱「中興之主」的明孝宗朱祐樘一病不起。臨終前，他宣召內閣大學士劉健、李東陽、謝遷等人入宮，在病榻上託孤。

這個在位十八年，年僅三十六歲的中年皇帝喘息著說：「我這次恐怕是就要去了。張皇后生東宮，年十五矣，性雖聰明，但好逸樂。我真有些放心不下啊！先生們須勤請他讀些書，輔他做個好人！」言畢，喘息不止。常常在心裡將皇帝比作漢文帝、宋仁宗的大臣們見了，無不深深為之感動。

他們覺得，有大行皇帝十八年夙興夜寐治國的經驗和基礎、二三老臣輔佐那個「年十五矣」的未來皇帝，並將他導上正路，讓他「做個好人」，估計不會有什麼問題。於是，大家一齊叩頭道：「臣等敢不盡力！」

這些滿腹經綸、自視甚高的大臣們做夢也沒有想到，他們將要輔佐的竟是一個除了在姓氏上與其父相同之外，在其他方面沒有一點「肖父」之處的昏君。

寵任宦官致使江山二主
輕賤縉紳竟令諸臣長跪

還是在東宮當太子時，朱厚照就寵上了一個名叫劉瑾的宦官。劉瑾，在中國歷史上可是個大大有名的人物。他本姓談，乃是陝西興平人氏。在明代宗（朱祁鈺）景泰年間自閹進宮。因投奔同鄉劉姓太監，故而改姓劉。後世往往以劉瑾稱之。這劉瑾性乖巧，專能投小太子的喜好，天天變著法兒為朱厚照提供飛鷹、獵犬、歌舞、雜技之類的娛樂，因而也深得小太子的歡心。當了皇帝之後，朱厚照對他的大玩伴劉瑾更是寵愛無比。

我們知道，明王朝的宦官機構主要有：

十二監，即：司禮監、御用監、內官監、御馬監、司設監、尚寶監、神官監、尚膳監、尚任監、印綬監、直殿監、都知監。

四司，即：惜薪司、寶鈔司、鐘鼓司、混堂司。

八局，即：兵仗局、巾帽局、針工局、內織染局、酒醋麵局、司苑局、浣衣局、銀作局。

一登上皇帝的寶座，朱厚照就把原來只任長隨的劉瑾提升為內官監太監，總督駐守京師的軍隊。由於劉瑾素有惡名，因而朱厚照對他的這一提拔自然而然地遭到了一班言官們的激烈反對。大學士劉健、謝遷等人上書說：「閹宦誤國，自古而然。昔太祖高皇帝鑑前朝之弊端，曾有『內官不得干政，違者死』之禁令。聞現內官監太監劉瑾，在東宮任長隨時即以王振自詡，今復與馬永成、高鳳、羅祥、魏彬、丘聚、谷大用、張永等朋比為奸。不思以親幸之身致君堯舜，反變本加厲，胡作非為。」請求皇帝「忍痛割愛」，誅劉瑾以謝天下。

奏章屢上，卻皆被朱厚照留中不發。

劉健、謝遷在宮內主持正義，在不肯與劉瑾同流合污的太監王岳、范亨、徐智等人的配合之下，準備「詰朝伏闕面爭」。

從前來告密的吏部尚書焦芳那裡得知這一消息，劉瑾大懼，連夜找朱厚照哭訴。朱厚照下令立即將劉健、謝遷免職，把王岳、范亨貶殺於流放途中，並打斷了徐智的胳膊。

經過這場風波以後，朱厚照對劉瑾等奸佞宦官的寵信簡直到了無以復加的地步。

據說當時連王公貴族、皇親國戚也沒人敢對劉瑾有絲毫不敬。每當給皇帝上奏章時，大臣們都一式兩份，將其中紅色封面的一份先呈遞劉瑾，得到其首肯之後，才敢將另外一個用白皮封面的奏章呈給皇帝。

有一次，負責刑名法律事務的都察院在一份辦案報告中，不留神寫上了劉瑾的名字，觸犯了禁忌。劉瑾大怒，竟令都御史屠滽率領手下全體官員給他磕頭賠罪。

有許多史書都提到過這樣一件事：

有一次，有人在宮中便道上拾到一封匿名信。信中對朱厚照沒有絲毫的不敬之處，只是列舉了劉瑾的二十幾條罪狀，而且用當時小太監黃偉的話說，還「皆言利國為民之事」。但因係打「狗」，自然而然就惹惱了「狗」的主人，朱厚照見信後竟令全體五品以下的官員長跪於奉天門下思過。時值盛夏，烈日炎炎如火，暑氣騰騰逼人，有許多年高體弱的官員禁不起長跪的懲罰而暈倒。朱厚照聽了竟毫不為之所動，照舊向這些人逼問是誰寫信攻擊劉公公。好不容易挨到傍晚，飽嘗了一天烈日「烤」驗之苦的官員們剛剛喘過一口氣來，朱厚照又下令將他們全部投入監獄。這場逼供鬧騰了好幾天，直到內閣大學士、首輔李東陽以顧命老臣的身分親自磕頭求情，劉瑾也獲悉匿名信出自宮中太監之手時，朱厚照才下令將這些大臣們釋放回家。

由於劉瑾權力如此之大，朱厚照對他的寵愛如此長盛不衰，當時一班好事之人在背後往往稱朱厚照為「坐皇帝」，劉瑾為「立皇帝」。

到了正德五年（一五一〇年）四月，由於宦官內部「狗咬狗」，劉瑾的罪行被一樁樁、一件件地揭露出來之後，朱厚照才如大夢初醒，下令將劉瑾逮捕，但仍捨不得將其處死。直到查抄劉府，從中查獲了大量的黃金、白銀、寶石、金甲、金鉤、玉帶，以及私製的玉璽、龍袍、盔甲等物，尤其是發現了劉瑾平日所用的扇子裡藏有匕首之後，朱厚照才相信劉瑾謀反，下定決心將劉瑾凌遲處死。

據說，劉瑾行刑之日，許多曾經深受其害的百姓爭著用一文錢換他一片肉吃。而明武宗朱厚照呢？他可沒有從劉瑾之死中悟出點什麼。劉瑾在日有劉瑾在日的玩法，劉瑾不在了，他也照樣可以胡鬧。

造豹房歌舞嬉戲 擄婦女尋歡作樂

明武宗正德二年（一五〇七年），明王朝皇宮紫禁城內的西華門外，突然大興土木。

一向閒來無事愛私下裡瞎嘀咕的小太監們議論紛紛，搞不清楚皇帝大人忽然間為什麼要新起院落蓋房子。

的確，不用說小太監，就連一班執事太監也沒有多少人知道朱厚照所為何意。的確，打死這些人他們也不會相信，這些總投資達幾十萬兩白銀的建築，竟起因於朱厚照的「南柯一夢」。據史料記載，正德二年二月的一天早晨，朱厚照起床之後叫來執事太監，說他昨天晚上做了一個夢。在夢中，他來到了一個他從沒有到過的地方。這個地方，宮連宮、殿連殿，有數不清的珍禽異獸、看不完的舞榭歌臺。信步所至，他來到一處裝飾得別別致致的宮宇前，導引他遊玩的仙女輕啟朱唇，緩張玉口，向他解釋說這是密室，專供「楚王會巫山雲女」之用……

把個朱厚照看得如醉如癡，如夢似幻。真個是「簾幕低垂，重門深閉。曲欄邊，雕簷外，畫樓西」，不由使人「心也癡迷，意也癡迷」。

於是，他於夢醒後宣來司苑局太監，命他根據自己夢中所見建造一處宮中之宮、殿中之殿。太監領命下去操辦，前後共花五年時間，耗費白銀二十四萬兩，方才照葫蘆畫瓢地造出了一座別宮。

殿成之日，朱厚照御駕親臨，但見「歌臺舞榭，似圖畫，如屏圍，三三兩兩點綴著依依村市、簇簇人家。憑欄處，可邀賓玩賞，對芳樽淺酌低唱，一舞一歌到天涯」。在太監的導引下，朱厚照又來到了密室，但見密室中「燈火明滅，人影浮動，如置身仙境之中。紅袖添香，俊童侍酒，歌扇縈風，端的是樂無窮」。

據說，有一位風趣的現代建築大師，在看了明武宗朱厚照所建別宮的詳細記載之後，曾經開玩笑地戲稱其為中國古代的卡拉ＯＫ多功能廳。言雖詼諧，但亦頗能道出其中的幾分神韻。的確，這座專為朱厚照而建的別宮，除了沒有現代的電子設備以外，今天的卡拉ＯＫ廳的功能，它差不多都有——唱歌、跳舞、喝酒……

走著，走著，朱厚照在一處標有「動物苑」的建築前停下了腳步。顯然，苑中的虎、豹、雄獅惹起了他極大興趣。

「既然這座新建築還沒有名稱，那麼就把它叫作豹房吧！」朱厚照回過頭來吩咐道。

看來，這座建築中他最喜愛的是動物苑，而動物苑中他最喜愛的是豹子。

其實，朱厚照本人就像一頭豹子，精力旺盛而又常常傷人。

他喜歡玩猛獸，更喜歡看猛獸爭鬥。在位期間，他多次下令，命邊塞將士丟下防務為他捕捉虎豹。有一次，他「狎虎被傷」，竟弄得一個多月不能上朝理政。

當然，說他喜愛玩猛獸，並不是說他不喜女色。

當時，邊塞重鎮延綏有個總兵官名叫馬昂，因奸貪驕橫而丟了官。他從別人那裡打聽到武宗皇帝朱厚照的「個人愛好」以後，就把他的一個已經出嫁的妹妹硬接回來送進宮去，獻給皇帝。由於馬昂的妹妹「貌極媚」，朱厚照見了立即為之傾倒。因此，不但赦免了馬昂的罪名，而且還將他提升為右都督。後來，朱厚照微服出訪，到馬昂家裡去飲酒，見到馬昂的愛妾生得貌極美，又見色起意。馬昂是何等的乖覺，見皇帝喜歡立即毫不猶豫地把愛妾連同四個美女一起獻給了聖上。結果，不但馬昂本人，就連他的兩個弟弟也都因此而連獲升遷。

劉瑾倒臺以後，朱厚照寵上了一個名叫江彬的佞臣。這個家住河北宣化的江彬屢次三番引誘武宗皇帝說：「豹房再好，所玩也有限。臣家宣府一帶多樂工、美女，陛下您為什麼不去巡幸一番呢？」好人尚且禁不住三讓，何況是朱厚照這種貨色。

正德十三年（一五一八年），明武宗巡幸宣府。巡幸時，他不僅帶著豹房的美女、珍玩，而且常常晝伏夜出，「見高屋大房即馳入，或索飲，或搜其婦女」，弄得雞犬不寧，家家自危。由於人多嘴多，柴米供應不濟，隨行官軍竟拆毀民房來燒飯。朱厚照天性好色，見美貌女子必欲淫之，因而僅在太原一地就強搶了數百個民間婦女。其中有一個姓劉的婦女，本係晉王府樂工楊騰之妻。她「色姣而善謳」，因而，深得朱厚照的喜愛，「寵冠諸女，稱美人，飲食起居與之諧」。如果有人不小心觸怒了朱厚照，只有求她說情才能得救。

巡幸宣府、太原以後，朱厚照又三番五次下揚州。在揚州，他胡鬧的行為更是花樣翻新。

明人馮夢龍在其話本小說中屢屢提到朝廷選秀，造成民間有待字閨中的家庭搶奪男子強行婚嫁，和將「幼女適人」以及寡婦再嫁等奇怪現象。後世有人據之寫成諷刺劇《拉郎配》。不知情者以為這純屬文學虛構，其實不然。馮文及戲劇《拉郎配》都是有史實做依據的，這個史實的創造者就是明武宗朱厚照。

據史載，朱厚照巡幸揚州時，派遣太監吳經大掠處女寡婦，鬧得民間人心惶惶，民情浮動。當時的江南曾流傳著一首民謠，其中有兩句是這樣說的：「已寡不留家，十歲就出門。」這兩句話曲折地道出了明武宗的荒淫。

在老百姓的一片哭聲中，朱厚照蹂躪了一個又一個無辜女子。

自封將軍北上禦敵
隱匿捷報南巡患疾

一般來說，朱厚照每次微服出遊都是隨心所欲，沒有遇到什麼麻煩的。當然，也有例外的時候。西元一五一八年，河北永平，朱厚照其時正在該地胡鬧。

許多人圍著一張告示議論紛紛。這張告示是由永平府知府毛思義簽署的。告示在列舉了最近永平地界老百姓所受的種種困擾以後，赫然寫道：

自茲以後，凡無官府文書，敢妄稱聖上駕到者，斬！借聖上之名以擾民者，斬！

「咱們這位知府大人，膽子可不小啊！」一位頭戴儒巾、舉止斯文的中年人小聲嘀咕道。

「就是！我們鄰居李家的春紅前天晚上被人給搶走了。搶她的人啊，可是明火執仗，持著燈籠火把來的，而且確有皇帝旨意，你敢把他們怎麼樣？」一位長髯老者歎息著說。

「不管怎麼說，發個安民告示對老百姓總沒有什麼壞處！」不知誰大聲說了一句。

這些人說的都不錯，毛知府發的告示確實對民有利。但是，對民有利，就會不利於皇帝。知府比民大，皇帝可比知府大。不久，朱厚照找了個碴兒，把毛思義給關進了詔獄。

抓了毛思義之後，朱厚照不得不有所收斂。但「出宮去玩」這四個字像一塊磁石，吸引著他這塊「廢鐵」滴溜溜亂轉。

「總得想個辦法啊！」他對自己說。琢磨了好幾天之後，他有了一個主意。

這天，他召來內閣大學士梁儲、毛紀，以邊關常有警報為由，決定由他本人化名朱壽，以「總督軍務、威武大將軍、總兵官」的身分統率六軍前往邊塞。還沒等他說完，閣臣們就蒙了：天子要御駕親征這聽說過，但改名字而且由臣子任命皇帝去「總督軍務」，去做「威武大將軍、總兵官」這種事情恐怕是開天闢地頭一遭。先王之例、祖宗之法，豈能容得下這一大不韙之舉！

其時，首輔楊廷和、大學士蔣冕均在休假期間。以梁儲、毛紀為首的眾文武流淚苦諫，費了不知多少口舌、花了不知多少時間，朱厚照仍然是「壯志不酬誓不休」。不等群臣認可，他就束裝起程了。

當時，明王朝的北疆的確有警。新近崛起的韃靼族騎兵在其小王子的帶領下南下騷擾，明王朝的邊兵將其擊退。聞聽此訊以後，朱厚照立即揮師窮追，以傷亡數倍於對方的代價換取了殺死對方十六個小卒的「大勝利」。

在回朝的路上，朱厚照得意揚揚，對左右親信說道：「我在前線打了一個大勝仗。朝廷裡那班文武不知聽說了沒有？我就不明白，皇帝為什麼就不能自封大將軍！皇帝為什麼就不能換換名字！」

「就是！就是！本來挺簡單的事，讓那班人給弄複雜了！」左右的人附和著說。

按下朱厚照這頭暫且不表，且說明王朝的滿朝文武們，卻在為歡迎皇帝撰寫的歡迎詞的稱呼一事傷腦筋。

按照慣例，皇帝出巡歸來自然應稱他為「陛下」，文武自稱「臣子」。但這一次，皇帝卻是用「總兵官朱壽」的名義出朝的。以內閣大學士為首的文武百官們怎麼會對一個總兵稱臣呢？可是不稱臣又稱什麼呢？對方畢竟是皇帝，而且是貨真價實的皇帝啊！思來想去，最後還是稱朱厚照為「威武大將軍」，文武百官列名於下，但「亦不敢稱臣」。

朱厚照見了，覺得新鮮極了。腦袋一熱，他又頒發了一道命令：讓吏部起草，內閣大學士們簽署一道命令，封他為鎮國公。聞聽此訊，閣臣們可不幹了。上一次，皇帝擅自冠以「總督軍務、威武大將軍、總兵官」的身分出征韃靼，言官們就已交相上疏切責閣臣尸位素餐，不能匡君扶主，鬧得滿朝風雨、沸沸揚揚。這次倘若讓皇帝的這一要求變成現實，那些言官們還不把他們囫圇吞下去啊！

毛紀、楊廷和、蔣冕等紛紛上書，對朱厚照要自封為鎮國公一事強加諫阻。奏摺屢上而皆被留中不發。

實在沒有別的辦法了，首輔、吏部尚書兼文淵閣大學士梁儲冒死上疏，說了許多難聽的話。他在奏章中列舉了種種反對理由之後，筆鋒陡地一沉，以一種「大不敬」的口吻說道：「倘堅命吏部封陛下為鎮國公，臣亦不敢多言，唯以死抗命而已。以慣例，封國公者須上封三代，不知我大明列祖列宗在天之靈，是否亦肯接受國公封爵！」

這一軍「將」得朱厚照不知說什麼好，但他仍然不想就此甘休。最後，由張太后出面，否決了朱厚照這一荒唐旨意，此事才算不了了之。

西元一五一九年，寧王朱宸濠在南昌起兵反叛朝廷。不久，叛軍即為提督南贛軍務的都御史王守仁率兵討平。消息傳到北京，朱厚照大喜。他喜的不是別的，喜的是這一下到外面去玩又有新的由頭了。基於這樣的想法，他下令將王守仁的報捷文書隱匿起來，甚至派其親信宦官張忠、朱泰私下前往南昌傳口諭給王守仁，命他把寧王放回老巢鄱陽湖，再給他一些兵馬讓他再造一次反，好讓皇帝和他玩一次「官兵捉強盜」的遊戲。這一荒唐的要求雖因王守仁的竭力反對而沒有付諸實施，但朱厚照畢竟借這個由頭遊了一次南昌。

在南昌，朱厚照迷上了駕船。

有一次，他親自駕著漁船去湖中撈魚，一不小心失足跌入水中，差一點被淹死。自此，他的身體日漸發虛。他信任太醫，卻誤服江彬等人進呈的淫藥，最後虛脫而死。

那一年，正好是他執政的第十六年。

二十五年不見群臣的宅男

——明神宗朱翊鈞

◎二十五年居深宮
不見群臣不上朝

◎設礦監稅使掠奪財富
縱閹宦黨羽為非作歹

西元一五七二年閏三月五日，明朝第十三任皇帝明穆宗朱載垕於在位七年以後病逝。明王朝的權力出現了一個「真空」階段。明王朝的首輔華蓋殿大學士高拱與次輔中極殿大學士張居正爭權，雙方你傾我軋。張居正跟當時的宦官頭領、司禮太監馮保合謀，造高拱的謠言，說其在一次朝會上向群臣說未來皇帝的壞話：「一個十歲的孩童，怎能擔起皇帝的重任？」將高拱「扳倒」。

張居正升為首輔（首席宰相）。

而那個「怎能擔起皇帝的重任」的「十歲孩童」，也就自然而然地成了明王朝的第十四任皇帝。

他的名字叫朱翊鈞。

朱翊鈞在位四十八年，在明王朝的諸皇帝中，他是在位時間最長的。

四十八年的執政生涯中，朱翊鈞創下了許多「特立獨行之最」。

二十五年居深宮 不見群臣不上朝

明王朝的皇帝都是一些讓人說不清、道不明的「活寶」——英宗朱祁鎮、武宗朱厚照把皇宮當作最不快樂的地方，總喜歡到外面尋找樂趣。而我們本文的主角神宗朱翊鈞則剛好與之相反，連片刻也不願意離開皇宮。

也許有人要問：躲在深宮中，一待幾十年，人，總是那麼多的人；房子，也總是那麼多的房子。這，可能嗎？

史實是確實如此，根本不存在什麼可能不可能的問題。

從西元一五八九年的元旦慶典開始，直到西元一六一五年，在這二十五年的時間中，朱翊鈞就像是被皇宮吞沒了似的，一直沒有露面。用今天的話說，朱翊鈞絕對是宅男一個。

對於他的不露面宅在深宮，官方的解釋是：

「上有足疾」——腳有毛病。

而民間的傳說是：

因為他吸毒。

一位海外華人寫道：張居正所輔佐的明朝第十四任皇帝朱翊鈞，完全繼承了他祖先朱元璋和祖父朱厚熜的劣根性，而更加愚暴。據說他又染有從海外初傳入中國的鴉片煙癮，所以他更多了一個「吸毒者的特質」。

哪種說法更為可信我們暫且不必去管它，但朱翊鈞二十五年之後才難得一見地露了一面，這卻是板上釘釘的事實。

這一次露面，既凶狠又滑稽。

有許多人通過影視傳播媒介知道明朝後期有三大疑案，即「紅丸案」、「梃擊案」和「移宮案」。朱翊鈞二十五年後驚若翩龍似的露的這次面，與三大案中的「梃擊案」有關。

這一年的五月，有一個名叫張差的男子，手裡拿著一根木棍（即梃）闖入太子朱常洛所住的慈慶宮，在擊倒守門內侍一人之後被捕。

案發後，政府官員對該案的看法勢同水火——因為此案牽涉到了「奪嫡」這一最敏感的問題。朱常洛雖然貴為太子，但根基不穩，因為其生母恭妃出身宮女不得寵。朱翊鈞最寵愛的妃子——鄭貴妃生有一子，即後來的福王朱常洵。子以母貴，當時有一部分人以為朱常洵必將取朱常洛而代之。因此有一些官員堅持認為，這件看似簡單的「梃擊案」其實並不簡單，裡面極有可能隱藏著動搖國本的陰謀。

為了向人心惶惶的政府官員們保證絕不更換太子，更為了使鄭貴妃免受攻訐，朱翊鈞在龜縮了二十五年以後，終於走出他的寢宮。

這一次朝會的情形非常之有趣。

朱翊鈞出現時，從未見過其面的內閣大學士方從哲和吳道南（本處提到了內閣大學士從未見過皇帝，這在不明真相的人看來可能會視為怪論奇談，但神宗皇帝時確實如此）率領文武百官擺隊相迎。

屁股還沒坐穩，朱翊鈞就開了口。他拉著太子朱常洛的手向大家說：「這孩子非常孝順，我怎麼會有更換他的意思！」見群臣似有不信的神情，朱翊鈞又拉過朱常洛的幾個兒子對群臣說：「孫兒輩也都已經長大成人了，你們更不應該有什麼閒話！」

像是事先演習好了似的，朱常洛接著老爹的話說：「你們看，我們父子如此親愛，群臣卻借一件小事議論紛紛、造謠生事，這像話嗎？你們目無君上，使我也成了不孝的兒子。」

太子說完以後，朱翊鈞問大家：「太子的話你們都聽見了吧？還有什麼意見嗎？」

靜場！還是靜場！

方從哲除了叩頭以外，不敢再說什麼，吳道南更是如此。監察御史劉光復大概想打破這種沉默的僵局，開口說話了。可是，沒等他把一句話說完，朱翊鈞就大喝一聲：「拿下！」

幾個宦官應聲上前把劉光復抓住，拉到丹墀之下一頓痛打。在鮮血、號叫聲中，明王朝的袞袞諸公們一個個「花容」失色。

方從哲似乎還可以撐住，而吳道南卻在過度的恐懼中栽倒在地，小便失禁。事後，大家七手八腳把吳道南扶起。此時，他已嚇成了一個木偶：兩耳變聾，雙目全盲。

經過好些天的休養，吳道南的耳、目才逐漸恢復正常。

——這是隔絕了二十五年之後唯一的一次朝會，君臣相對竟沒有一句話說到國家大事。作為皇帝，朱翊鈞留給群臣印象最深的就是那聲斷喝。

設礦監稅使掠奪財富
縱閹宦黨羽為非作歹

西元一六一九年，明王朝遼東經略使楊鎬，四路進攻新近崛起的後金汗國（即後來的大清帝國），在薩爾滸大敗，死四萬五千餘人，開原、鐵嶺相繼失陷，距瀋陽六十公里以外之地非復明朝所有。消息傳來，北京為之震動，全體大臣跪在故宮文華門前，苦苦哀求皇帝批發軍事奏章，增派援軍、急發軍餉，但朱翊鈞毫不理會。無奈，大家又轉到思善門跪求，朱翊鈞同樣不予理會。

也許有人要問，如此緊急的軍情都置若罔聞，朱翊鈞算幹什麼吃的呢？是不是那剛由西洋傳入的鴉片煙把他給弄傻了？

這樣說是不對的，至少不完全正確。

朱翊鈞確實對邊關警訊不感興趣，但這並不意味著他對所有的事情都不感興趣。

事實上，朱翊鈞對某些事情和某些人的反應之靈敏，簡直和跳蚤一樣。

朱翊鈞感興趣的是開礦和收稅，他「待見」的那些人是礦監和稅監。

所謂開礦，在十七世紀的當時，主要是指對金、銀、朱砂等礦物的挖掘。那時候通常都是這樣：當某一地方奏報發現礦苗以後，皇帝即指派一個宦官前去主持，官銜是「某地某礦提督太監」。

所謂收稅呢，則是指皇帝在戶部主管的稅務系統以外另設一個徵稅系統，由他委派的宦官負責。負責其事的太監稱為「某地某稅提督太監」。

依今天的眼光觀之，開礦、收稅均係國家行使其職權的正當行為，但在十七世紀的明王朝，這兩項工作卻往往是暴政的代名詞。

據史料記載，萬曆二十四年冬，張位以為天地自然之利可益國，無病民，采之便。於是遣太監張忠往山西，曹金往兩浙，趙欽往陝西，魯坤往河南，一時各遣內官四出開礦。編富民為礦頭，而礦實無銀，勒民間納銀以代稅，違者即破其家。

稅監跟礦監相同，但更普遍。像天津的店鋪稅，浙江、廣東、福建等省的海外貿易稅，成都的茶稅、葦草稅，可以說幾乎是處處有稅、無處無捐。時人有詩嘲之云：「自古未聞屎有稅，而今只有屁無捐。」

普通的稅吏本來就已經夠貪的了，但他們若和稅監及其爪牙們比起來，簡直純潔得像嬰兒。稅監只要用手向某商店一指，說店主人漏稅，這個店鋪縱是破產都不能清償。

朱翊鈞對這些狐假虎威的稅監、礦監們，簡直比對親生兒子都親。

西元一六〇六年，楊榮——朱翊鈞派到云南的一位稅監，因縱容部下闖入民宅姦淫婦女而激起民憤，當地群眾起來攻殺了他的隨從。楊榮就一口氣逮捕了數千百姓，並將他們全部拷打致死。當地駐軍首領、指揮使樊高明拒絕動用軍隊與楊榮共同行動，便被認為不夠合作，而被榜掠（杖擊或鞭打）。樊高明的同事、指揮使賀世勳和韓光大「倡眾殺楊榮，焚其署」。

事情傳到朱翊鈞的耳朵裡，這個對國事可以二十五年不問、對邊疆軍情可以置若罔聞的寶貝皇帝卻大為光火。為了加強震怒的效果，這位皇帝大人竟以拒絕吃飯表示他對楊榮等人的痛悼。

當時的境況已很明顯：朱翊鈞已決意與全體國人誓不共存。

是不是所有的明王朝官員都像朱翊鈞這樣短視呢？答案是否定的。

自決意開礦以來，就先後有御史況上進、王立賢，給事中楊應文、包見捷、田大益，刑部侍郎呂坤，禮部侍郎馮琦、郭正域，戶部尚書趙世卿等上書力諫。地方實力派、鳳陽巡撫李三才更是屢屢犯顏。他在一份表章中說道：殺人父母，使人成為孤兒；殺人丈夫，使人成為寡婦；掘人墳墓，破人家庭，縱然對方是仇人、是敵人，我們都於心不忍，陛下怎麼能對被你一向呼為赤子的百姓如此不仁不義呢？

表章上去，如石沉大海。

讀到此處，可能許多人在心裡會有一個疑問：在那個時代，整個國家都是皇帝的私產，所謂「普天之下，莫非王土；率土之濱，莫非王臣」，朱翊鈞這樣拼命地撈錢是想幹什麼？

西元一六一四年，這個「謎底」終被解開。這一年，鄭貴妃所生的寶貝兒子朱常洵前往他的封國洛陽去做福王。臨行前，除了從國庫裡提走一筆數目可觀的款項之外，皇帝老爹、貴妃老娘又把從礦、稅勒索來的錢全部交給了他，希望他可以永生永世長保富貴。

真是天道輪迴，疏而不漏。西元一六四一年，闖王李自成攻陷洛陽，福王不僅沒福保住他的富貴，而且連腦袋也被人搬了家。他老爹「辛辛苦苦」為他搜刮來的那些財富也因之又回到了民間。

朱翊鈞的努力又一次落了空。

明王朝的帝王都是很講「良心」的。亡國之君朱由檢是如此，作為祖父，朱翊鈞比起朱由檢來也毫不遜色。但他們的「良心」太不值錢，而且像蜀地的太陽一樣難得一露。

在執政的晚期，朱翊鈞突染重病，眼看待死。他連夜徵召首輔沈一貫，斷斷續續地對他說：「開礦收稅的事，大家都反對。我因為宮殿沒有築成，所以採取過一些權宜措施，現在可以停止了。請先生（對首輔的尊稱）傳我的諭旨，將散處全國各地的內監們全部召回！」為了增強這件事的客觀效果，朱翊鈞還親筆寫了一道諭旨交給沈一貫。

當時，沈一貫感動得熱淚盈眶。

可惜的是朱翊鈞後來竟奇蹟般地痊癒。此時，他對自己病中所做的事情，唯一感到懊悔的就是撤銷礦、稅太監，並且給閣臣們留下了書面證據。

於是，他一連派出二十多個宦官到首輔所在的內閣索回諭旨。最初，沈一貫還敢鼓起勇氣拒絕，以致平常根本不把首輔放在眼裡的那些宦官恐懼萬狀，向沈一貫叩頭求饒。一位名叫田義的宦官，對朱翊鈞說：「諭旨已經頒發，恐怕無法收回。」朱翊鈞聽了怒不可遏，親自揮刀要殺田義。

這樣一鬧，礦、稅太監沒有被召回。

西元一六二〇年八月，整整被皇宮吞沒了二十五年的明朝神宗皇帝朱翊鈞再次被吞沒——這次吞沒他的不是皇宮，而是死亡和墳墓。

「再世的老僧」 出世的皇帝

——清世祖愛新覺羅·福臨

◎不戰而屈人之兵　未攻竟下山海關

◎不喜太宗喜明祖　不愛皇后愛董妃

◎剃去三千煩惱絲　留下十四罪己詔

西元一六四三年八月庚午日，後金帝國的第二任皇帝皇太極在盛京（瀋陽）皇宮崇政殿駕崩。關於皇太極的死因有許多種說法。官方的文書，如《清史稿》中的說法是「無疾崩」——沒有患什麼病而死。

有一本講帝王的書則說皇太極是中風而死。

還有一種說法更為離奇，說他是因為發現妻子與多爾袞（皇太極之弟）通姦，被這兩人合謀害死的。

究竟哪一種說法更為準確，因為年代久遠，而且宮闈事祕，我們也無從考證。但不管怎麼說，有一點是肯定的，那就是戎馬一生的皇太極終於死了。

誰來繼承皇太極所留下的皇位？

當時大家普遍看好的人選乃是皇太極的九弟、手握重兵的和碩睿親王多爾袞，但最終坐上皇帝寶座的卻是一個年方六歲的小孩子。

這個小孩子是誰？他為什麼能戰勝多爾袞而一舉登基？

熟悉後金以及清朝歷史的人會告訴你，這個小孩名叫愛新覺羅·福臨，他是大清帝國的第三任皇帝，同時又是清王朝入關後的第一任皇帝。

福臨能夠戰勝多爾袞，這裡邊有著很複雜的原因。

不戰而屈人之兵 未攻竟下山海關

有一個研究名稱學的老先生，在研究了中國歷史上幾百位皇帝的名字以後得出一個頗為有趣的結論。據他說，皇帝的名字有的名不副實，如唐高宗李治，在他當政時，天下已呈亂象；有的則名至實歸，如清世祖福臨。

福臨其人的確十分有福——至少在政治事業上是如此。不僅他治下的萬里江山是從朱由檢、李自成之手撿來的，而且他的皇帝寶座也是半空中飛來的一隻「熟鴨子」——本輪不上他，而最終卻又是他。

《清史稿．世祖本紀》中有一段這樣的話：「（八月）丙子（日），阿濟格、尼堪等率師防錦州。丁丑，多羅郡王阿達禮、固山貝子碩托謀立和碩睿親王多爾袞。禮親王代善與多爾袞發其謀，阿達禮、碩托伏誅。」

這段冠冕堂皇的正史背後，隱藏著看不見政治鬥爭的血影刀光。

據當時的知情人在其遺著中透露，皇太極死後，多爾袞不是沒有動過自己做皇帝的念頭。甚至連皇上專用的袞龍袍他都預備了一套，因此，所謂由「阿達禮、碩托謀立多爾袞」云，只是一種曲筆。

皇帝寶座誰不想坐，多爾袞豈是高風亮節之輩？那為什麼多爾袞最終沒有坐上去呢？

一種說法是多爾袞穿上手下人為他裁好的袞龍袍準備登基時，攬鏡自照，竟然發現鏡中的自己五官不全，以為天意難測，自己當皇上可能不合適。

這種說法因為充滿迷信色彩而為人們所不取。

另外一種說法是，福臨的生母孝莊皇太后為了兒子能夠榮登大寶，不惜對小叔子多爾袞「以身相許」，並做了種種政治上的許諾，福臨才撿回了那頂桂冠。

這後一種說法，初聽也頗似離奇，但細一分析卻也不無道理。而且，據最近發現的清朝祕史中的有關文獻，特別是那道據說是由多爾袞授意、清初文章巨擘范文程草擬，以福臨名義下發的詔書，更堪玩味。那道詔書是這樣寫的：

> 太后（孝莊皇太后，福臨之母）盛年寡居，春花秋月，悄然不怡。朕貴為天子，以天下養，乃獨能養口體而不能養志，使聖母以喪偶之故，日在愁煩抑鬱之中，其何以教天下之孝？皇叔攝政王現方鰥居，其身分容貌，皆為中國第一人，太后頗願紓尊下嫁。朕仰體慈懷，敬謹遵行，一應典禮，著所司預辦！

其中「太后頗願紓尊下嫁」一句，作為皇帝詔書想必不會是無稽之談。

而且，還有《清史稿》中福臨的親筆詔書可以佐證。

那道詔書是多爾袞於順治七年（一六五〇年）十二月戊戌日逝世後，福臨發的明詔。詔曰：

> 太宗文皇帝升遐，諸王大臣籲戴攝政王。王固懷撝讓，扶立朕躬，平定中原，至德豐功，千古無二。不幸薨逝，朕心摧痛。中外喪儀，合依帝禮。

幾天以後，福臨又親自下令，「尊故攝政王為懋德修道廣業定功安民立政誠敬義皇帝，廟號成宗」。

次年春正月，福臨又下令「追尊故攝政王多爾袞為成宗義皇帝，祔於太廟」。因此，透過《清史稿》和清朝祕史的字裡行間，我們完全可以想像出當時的情景。「不戰而屈人之兵」，福臨靠的是老娘之力，多爾袞當然也從中得到過不少好處。除了娶回皇太后以外，還在政治上享有諸如攝政王之類的種種特權，而且把與他對立的政治異己一個接一個地剷除。這是一筆雙方都有利可圖的交易。當然，最大的獲利者當屬福臨。

西元一六四四年三月，一向與福臨治下的大清對立的大明王朝被一個名叫李自成的人推翻。李自成是大家都比較熟悉的人物，他本名李鴻基，是陝西米脂縣李繼遷寨人，出身貧苦農家，當過放羊娃和士兵。一六二九年，他追隨當時的闖王高迎祥揭竿造反，參加過有名的滎陽大會、燒過明太祖朱元璋家的祖墳，其後十八騎敗走商洛，五十騎突圍巴西魚腹山。一六四三年，他在襄陽稱新順王。至此，經過十五年的浴血奮戰，李自成終於攻破了明王朝的首都北京，迫使明思宗崇禎皇帝在景山上吊身亡。

這一消息傳到了盛京，一開始時，包括福臨在內的統治者們沒有什麼特別的反應。攝政王多爾袞雖然號稱「攝政」，也並無覬覦中原的雄心。

這個時候，他正忙於對付他的政敵。《清史稿．世祖本紀》中寫道：四月，固山額真何洛會等訐告肅親王豪格悖妄罪，廢豪格為庶人，其黨俄莫克圖等皆論死。

這豪格本係皇太極的長子，曾經為其父及後金立下過赫赫戰功。一六四二年松山（今遼寧錦州）之役，豪格曾經大破明軍，俘獲了明王朝的經略使洪承疇。

要與這樣的人物鬥法多爾袞自然不敢掉以輕心，對南方傳來的任何消息也都只能暫放一邊了。鬥敗豪格以後，很早就效力大清的漢族大臣范文程向多爾袞獻計南下中原，多爾袞雖然答應了，但一直心存疑慮。

這也難怪，起於白山黑水之間的女真族後裔，他們的祖先雖然曾經跨過古長城，占領過中原的大片土地，但那已是遙遠的過去了。對於現在這些女真後裔來說，長城以南一直是個神祕的國度，他們的鐵騎可以叩擊長城的關隘，卻始終不能叩破對南方的恐懼。

然而，有人幫了他們的忙。

這人是誰呀？

吳三桂。

吳三桂祖籍遼東，字長白，以父蔭襲封武職，明末任遼東總兵，封平西伯，是當時駐防在山海關的明軍最高將領。

當李自成率軍襲破北京時，吳三桂懾於起義軍的聲威，一時曾動過歸順李自成的念頭。可是後來當他看到農民起義軍「所過州縣不留軍兵」，聽說老父吳襄及一大批明朝大臣被「榜掠追贓」，尤其是聽說他留在京師的愛妾陳圓圓竟被義軍將領劉宗敏奪走時，他才「衝冠一怒為紅顏」，決定向清兵靠攏，而且接連兩次派人懇請清兵入關。

其書曰：

三桂初蒙先帝拔擢，以蛟負之身，荷遼東總兵重任，王之威望，素所深慕。但春秋之義，交不越境，是以未敢通名，人臣之誼，諒王亦知之。今我國以寧遠右偏孤立之故，令三桂棄寧遠而鎮山海，思欲堅守東陲，而鞏固京師也。不意流寇逆天犯闕，以彼狗偷烏合之眾，何能成事？但京城人心不固，奸黨開門納款，先帝不幸，九廟灰燼。今賊首僭稱尊號，掠擄婦女財帛，罪惡已極，誠赤眉、綠林、黃巢、祿山之流，天人共憤，眾志已離，其敗可立而待也。我國積德累仁，謳思未泯，各省宗室如晉文公、漢光武之中興者容或有之，遠近已起義兵，羽檄交馳，山左江北，密如星布。

三桂受恩深厚，憫斯民之罹難，拒守邊門，欲興師以慰人心。奈京東地小，兵力未集，特泣血求助。我國與北朝通好二百餘年，今無故而遭國難，北朝應惻然念之，而亂臣賊子，亦非北朝所宜容也。夫除暴翦惡，大順也；拯危扶顛，大義也；出民水火，大仁也；興滅繼絕，大名也；取威定霸，大功也。況流賊所聚金帛子女不可勝數，義兵一至，皆為王有，此又大利也。王以蓋世英雄，值此摧枯拉朽之會，誠難再得之時也。乞念亡國孤臣忠義之言，速選精兵，直入中協西協，三桂自率所部，合兵以抵都門，滅流寇於宮廷，示大義於中國，則我朝之報北朝者豈惟財帛？將裂地以酬，不敢食言！

真是應了那句老話，「想睡覺，就有人送上來一個枕頭！」福臨真是福分不淺，吳三桂這封初看起來冠冕堂皇的書信，實際上等於給福臨的軍民們開了一張南下的通行證。

不待讀完吳三桂的來信，多爾袞就命他所統率八旗兵中的漢軍帶著紅衣大砲往山海關進發。南下途中，在一個名叫拉搭拉的地方，多爾袞命人作書一封給吳三桂。書云：

向欲與明修好，屢行致書，若今日，則不復出此，惟有底定國家，與民休息而已。余聞流寇攻陷京師，明主慘亡，不勝髮指，用是率仁義之師，期滅此賊，出民水火，及伯（代指吳三桂，吳曾被封為平西伯——著者）遣使致書，深為喜悅，遂統兵前進。夫伯思報主恩，不共流賊戴天，誠忠臣之義也。伯雖向與我為敵，令勿因前故為疑。昔管仲射桓公中鉤，後用為仲父，伯若率眾來歸，必封以故土，進爵藩王，一則國仇得報，二則身家可保，世享富貴，如山河之永也。

這封連威脅帶利誘的書信一發出，吳三桂決定降清。

連老天爺也似乎要給福臨降福，李自成派遣的先鋒官唐通在山海關附近的一片石（地名）與清軍先頭部隊相遇，雙方互有勝負（以往較為流行的說法是說清兵於一片石大敗李自成，這種說法是不確切的，在一片石附近迎戰清兵的是唐通）。接著，李自成又率大軍二十萬，「自北山橫亙於海」，本來雙方是勢均力敵，鹿死誰手亦難以預料的。誰知「是日大風，塵沙蔽天」，而且風是由北向南颳，李自成所率義軍人數雖多、將士也肯用命，豈奈風沙陣陣瞇了雙眼，不能很好地投入戰鬥，結果大敗虧輸，連退四十餘里。接著一連串的「骨牌」效應出現：李自成退出北京，吳三桂窮追不捨，多爾袞的八旗部隊不費吹灰之力就越過山海關占領了北京。

其正便宜了福臨。

不喜太宗喜明祖 不愛皇后愛董妃

清世祖順治十年（一六五三年）春正月丙申日，登基已經十年有餘的清世祖福臨皇帝在處理公務、國事之餘，駕臨皇宮內苑，讀起了《資治通鑑》。

《資治通鑑》是宋代大文豪司馬光主編，窮當時許多史學家十九年之力方告完成的一部大型史學著作。它上起周威烈王二十三年（前四〇三年），下迄後周世宗顯德六年（九五九年），內容以政治、軍事為主，兼及經濟、文化。取名「資治」的原因，是據說該書可供封建統治者從歷代治亂興亡中取得鑑戒。

福臨是早就讀過《資治通鑑》的。他雖然年紀不大，但由於出身皇家，很小的時候就受到良好的教育，《資治通鑑》之類的「治國必讀之書」倒也真的涉獵過，所以此次內苑巡幸，不過是對昔時課業的一種溫習而已。

這位清世祖略略看了一會兒，然後頭也不抬地向左右提出了一個問題：「前代諸王，如漢高祖、漢文帝、漢光武帝、唐太宗、宋太祖、明太祖，孰優孰劣？」——這些皇帝中哪一個更好一些？

恭立一旁的陳名夏前後左右看了看，知道皇上是在問他，於是，略一沉吟，脫口答曰：「以臣觀之，似以唐太宗最為賢明。」——的確，唐太宗雖非開國皇帝，但其佐父定鼎、開土拓疆、賓服四夷，創下了「貞觀之治」之盛世，還有納諫用賢、起用諍臣等一系列美名，更被當時的少數民族尊為「天可汗」。憑著這些，他確可以超然卓立於另外幾位帝王之上。

「朕以為不然。」誰料福臨卻一口否定了陳名夏的看法。

「依陛下之見？」

「朕以為明太祖立法可垂永久，歷代之君皆不及也！」

這位堂堂的清世祖皇帝為什麼這樣推崇明太祖呢？

有人說，這極有可能與福臨當時的心境有關。

我們知道，明太祖朱元璋一生除了推翻元代統治者建立大明王朝以外，乏善可陳。他最大的「成就」是大殺開國功臣——僅「胡惟庸案」和「藍玉案」兩次就殺了近十萬人，幾乎將那些隨他一起南征北戰的人殺伐殆盡。

福臨此時雖未對入關諸臣大開殺戒，但卻於不久以前的順治八年做出一連串令人震驚的舉動：「追罪多爾袞，削其尊號及其母妻追封，撤廟享」，「定阿附多爾袞諸臣罪」。

也許有人要問，福臨不是剛剛才下詔尊封多爾袞為成宗義皇帝嗎？怎麼又會突然撤封追罪呢？

這個中緣由，《清史稿》在講到多爾袞時說得還是比較清楚的：

原來是濟爾哈朗、尼堪等素來與多爾袞不和的大臣聯名上書狀告多爾袞。書曰：「昔太宗文皇帝龍馭上賓，諸王大臣共矢忠誠，翊戴皇上，方在沖年，令臣濟爾哈朗與睿親王多爾袞同輔政。逮後多爾袞獨擅威權，不令濟爾哈朗預政，遂以母弟多鐸為輔政叔王。背誓肆行，妄自尊大，自稱皇父攝政王。凡批票本章，一以皇父攝政王行之。儀仗、音樂、侍從、府第，僭擬至尊。擅稱太宗文皇帝序不當立，以挾制皇上……」

用一句話概括，即是多爾袞這廝權勢煊赫，過於高調了。

多爾袞生前動不得，他死後羽翼尚在，福臨還是無可奈何。等到年滿十八歲正式親政，福臨就要算這筆帳了。

算這筆帳時並非所有人都支持，也並非所有人都理解，所以，福臨要從歷代明君賢主的事跡中尋找「理論根據」，找來找去就找到了明太祖。

順便說一句，明太祖朱元璋登基之初曾經頒下過一道詔書，不准太監干政，不知是巧合還是有意模仿？福臨親政後不久也曾下過一道詔書，對「十三衙門」（清代皇宮中太監機構的總稱）的許可權作了十分嚴格的限制。

這道以手諭形式發出的詔書中有這樣的話：「中宮之設，雖自古不廢，然任使失宜，遂貽禍亂。近如明朝王振、汪直、曹吉祥、劉瑾、魏忠賢等，專擅威權，干預朝政，開廠緝事，枉殺無辜，出鎮典兵，流毒邊境，甚至謀為不軌，陷害忠良，煽引黨類，稱頌功德，以至國事日非。覆敗相尋，足可鑑戒！朕今裁定內官衙門及員數職掌，法制甚明。以後但有犯法干政，竊權納賄，囑託內外衙門，交結滿漢官員，越分擅權外事，上言官吏賢否者，即行凌遲處死，定不姑貸。特立鐵牌，世世遵守！」

有清一代，雖有李蓮英、小安子、小德張等幾個閹宦弄權，但始終沒有釀成明代太監弄國那樣的局面，不能不說福臨的這道手諭是起了一定作用的。

順治八年（一六五一年）八月丁未日，內蒙古科爾沁部卓禮克圖親王吳克善從其封地來北京朝拜皇太后和皇帝。

這不是一次簡單的朝覲。

幾天以後，八月戊午日，由孝莊皇太后博爾濟吉特氏作主，冊立吳克善之女博爾濟吉特氏為福臨的皇后。

福臨就要大婚了。

但福臨卻沒有一絲喜氣。俗話說，人生四大喜：洞房花燭夜、久旱逢甘雨、他鄉遇故知、金榜題名時。

作為皇上，其他三喜他無法也無緣體驗，但按常理這大婚之夜，他應該感到高興才對啊！為什麼他並不感到欣喜呢？

難道他另有所愛？也是，也不是。

說也是，乃是因為終順治皇帝福臨一生，他愛過的女人只有一個，此人卻並非吳克善的女兒。說也不是，是因為福臨在與皇后結婚時，他所深愛的女子尚未入宮。

福臨娶親時無喜色實在是恨烏及屋的緣故。

原來，吳克善之女乃是多爾袞在世時為福臨聘下的，他覺得多爾袞替他選下的親事一定不會好，存了這先入為主的成見，「故合巹之夕，意志即不協」——新婚之夜，連洞房都沒有入。由此可見這是一樁什麼樣的婚姻了。

順治十年（一六五三年），佟鄂氏的出現，更使福臨與吳克善女兒之間的夫妻感情雪上加霜。

佟鄂氏，通稱董鄂氏，這是官方的稱呼，在民間和野史中她又被人和董小宛混淆，並附會出一大段曲折浪漫的愛情故事。

福臨愛董鄂氏、不待見正宮皇后是出了名的，而且也有案可稽。這位與福臨相親相愛的女子生前雖然只有妃號，死後卻被福臨追贈為孝獻莊和至德宣仁溫惠端敬皇后。

剃去三千煩惱絲 留下十四罪己詔

順治十八年（一六六一年）春正月丁巳日，在位十八年的福臨突然「辭世」。皇帝正是青春鼎盛的年華，而且事先又無任何預兆，怎麼說「沒」就沒了呢？各種各樣的說法傳遍了京城。

其中有一種說法屢屢見諸當時人的隨筆、作品中。

據一則逸聞說，在明朝末年，四川蛾眉山金頂有一個老和尚結廬而居，常常一年也不下山一次，且不吃不喝，只是終日在蒲團上打坐。他身邊只收了一個小徒弟，這小徒弟當時不過七八歲的年紀，因從小在山裡長大，倒也能走些山路，平時經常下山化緣。幾年以後，有一天，天氣晴好，當日薄西山時，金頂上出現了萬道佛光（峨眉山金頂確實常有些奇異的自然景現出現）。老和尚突然把小徒兒叫到身邊，對他說：「你好好在這裡待一段時間，我要下山走一遭了！」

這小徒兒自幼無父無母，是老和尚把他養大的，所以，與師父的感情如同父子，「不忍師去，牽衣大哭。」

哭得四大皆空的老和尚也有些惻然。想了想，那老僧用手撫摸著小徒兒的光頭，說：「快別這樣！快別這樣！」

小徒兒仍然哭個不停。

老僧長歎了一聲，伸手從衣袖中拿出一幅畫，展開一看，原來是一張老僧畫像。

這幅畫像有點怪，「口鼻眼耳悉具，唯無眉」——有口、有眼、有鼻、有耳，卻沒畫眉毛。

老僧意味深長地對徒兒說：「我下山後的第十二年，你可以離開此地到山下尋我。」

「怎麼才能尋到師父呢？」小徒兒問。

「你拿著這幅畫，遇見什麼人你都讓他看。倘若有人說要給你這畫中的人物添上眉毛，那個人就是我的化身啊！」

言畢，老僧飄然而去。

其時為清順治六年（一六四九年）。不久，張獻忠的殘部與入關南下的清軍戰於四川，將川地居民殺戮殆盡，那小徒兒潛藏在樹木草叢中才得以倖免。

十一年以後，小徒兒在山上實在不想再待下去了，於是，就提前下了峨眉山，一路北行，於順治十七年（一六六〇年）十月到了北京城北的昌平。

昌平，今名昌平縣，明清之際名昌平州，立於明正德元年（一五〇六年），轄境相當於今天昌平、懷柔、密雲、順義等地，自明成祖以下十三代明朝皇陵均在其地。

趕得早不如趕得巧，這一年的十月丙寅日，清世祖福臨從北京城裡出發「觀故明諸陵」——參觀十三陵。

那小徒兒雖然年紀不小了，但卻仍是渾渾噩噩，於世事並不洞達。見了人多的地方，他就讓人看他拿的那幅畫。正趕上這天福臨的興致極好，聽身邊的侍衛說有這樣一個小和尚拿著一幅畫總想讓別人看，覺得很有趣，於是，命人把他帶到御駕前。

「把畫拿來讓朕一觀！」福臨很和氣地對小和尚說。

那小和尚小心翼翼地把那幅畫拿了出來，展開給福臨看。

「這畫畫得還算不錯，」福臨略略地打量了一下說道。突然，他雙眉一挑，詫異地問那小和尚：「你這畫中的老和尚口鼻眼耳悉具，為什麼單單沒有畫眉毛呢？」

那小和尚跪在地上不敢說話，他委屈地想：「為什麼沒有眉毛我怎麼知道？師父當年下山的時候只告訴我去尋肯替他添上眉毛的人，他可沒告訴我為什麼沒畫眉毛！」

他這裡正走神呢，只聽福臨在那裡發號施令道：「取筆墨來侍候！」

左右的人一聽，知道這位多才天子又技癢難忍了，一個個不由得會心地一笑。

熟悉福臨的人都知道，這位世祖皇帝素愛繪畫。他畫的小幅山水「寫林巒向背，水石明晦之狀」，頗為時人推許，當然難免夾有一些馬屁成分。據說，他的手指螺紋墨畫、人物速寫都是一絕。有一次，他在出外巡行途中遇見一個大臣，他竟命那人跪於身前，然後取過紙筆，刷刷幾筆就勾勒出那人的一幅小像。

這次見這小和尚拿著的這幅未完工的老僧像，福臨自然如象棋國手遇見了一盤「仙人指路」的殘局一樣，不弄出個結果來他是絕不肯善罷甘休的。

片刻，一管狼毫軟筆、一硯研好的上等徽墨放在了順治皇帝的面前。好個福臨，抬腕運筆，幾下就替那老僧加上了兩道眉毛，然後，帶有幾分和藹、幾分自得地對那小和尚說：「你把這畫拿回去吧！」

小和尚接過畫一看，立即伏地痛哭。他這一哭，把福臨給哭愣了，忙問是怎麼回事。那小徒兒不敢怠慢，立即把師傅下山前的話一五一十娓娓道出，末了「伏地稱師」，竟趴在地上認起師傅來了。「世祖恍然大悟，尋與徒遁之普陀深岩中。」

這則逸聞的可靠性究竟能有多大，年深日久，已經很難考證。不過順治皇帝生前曾經想出家這倒是千真萬確、載諸史籍的。

據《清史稿》載，順治十七年（一六六〇年）八月壬寅日，皇貴妃董鄂氏病死，福臨哀慟欲絕，不能自拔。十月辛卯日，由吳興報恩寺首座僧人為主持剃度法事。孝莊皇太后、議政王、六部九卿，甚至當時的「洋鬼子」傳教士湯若望都曾趕來勸阻，均未能使福臨回心轉意。最後，常進宮為福臨講佛法的報恩寺住持禪師玉林琇苦口婆心，「生公說法，頑石點頭」，才暫時把福臨勸住。

關於順治的落髮地點，目前一般有四種說法：一是景山壽椿殿董鄂妃靈堂；一是憫忠寺（今法源寺）；一是承乾宮；一是西苑萬善殿。這四個地點中，可能性最大的是西苑萬善殿。《清史稿》在提到此段歷史時，含糊其辭地說了一句「十月辛卯幸近郊」。但不管怎麼說，順治皇帝福臨確曾剃去過三千煩惱絲，這一點可是千真萬確的。

順治皇帝「死」了之後，曾留下一道罪己詔。在這份罪己詔中，列舉了十四項「己罪」。我們不妨移錄於下。詔云：

朕以涼德，承嗣丕基十八年於茲矣。自親政以來，紀綱法度、用人行政不能仰法太祖、太宗謨烈，因循悠忽，苟且目前，且漸習漢俗，於淳樸舊制日有更張，以致國治未臻，民生未遂，是朕之罪一也；朕自弱齡，即遇皇考太宗皇帝上賓，教訓撫養，惟聖母皇太后慈育是依，隆恩罔極，高厚莫酬，朝夕趨承，冀盡孝養。今不幸子道不終，誠悃未遂，是朕之罪一也；皇考賓天，朕止六歲，不能服衰經行三年喪，終天抱憾，惟侍奉皇太后順志承顏，且冀萬年之後，庶盡子職，少抒前憾。今永違膝下，反上廑聖母哀痛，是朕之罪一也；宗室諸王貝勒等皆太祖、太宗子孫，為國藩翰，理宜優遇，以示展親，朕於諸王貝勒晉接既疏，恩惠複鮮，情誼睽隔，友愛之道未周，是朕之罪一也；滿洲諸臣，或曆世竭忠，或累年效力，宜加倚托，盡厥猷為，朕不能信任，有才莫展，且明季失國，多由偏用文臣，朕不以為戒，委任漢官，即部院印信，間亦令漢官掌管，致滿臣無心任事，精力懈弛，是朕之罪一也；朕夙性好高，不能虛己延納，於用人之際，務求其德與己侔，未能隨才器使，致每歎乏人。若舍短錄長，則人有微技，亦獲見用，豈遂至於舉世無才？是朕之罪一也；設官分職，惟德是用，進退黜陟，不可忽視，朕於廷臣，明知其不肖，不即罷斥，仍複優容姑息。如劉正宗者，偏私躁忌，朕已洞悉於心，乃容其久任政地，可謂見賢而不能舉，見不肖而不能退，是朕之罪一也；國用浩繁，兵餉不足，而金花錢糧盡給，宮中之費未嘗節省發施，及度支告匱，每令諸王大臣會議，未能別有奇策，止議裁減俸祿以贍軍餉，厚己薄人，益上損下，是朕之罪一也；經營殿宇，造作器具，務極精工，無益之地，靡費甚多，乃不自省察，罔體民艱，是朕之罪一也；端敬皇后於皇太后恪盡孝道，輔佐朕躬，內政聿修，朕仰奉慈綸，追念賢淑，喪祭典禮過從優厚，不能以禮止情，諸事太過，逾濫不經，是朕之罪一也：祖宗創業未嘗任用中官，且明朝亡國亦因委用宦侍，朕明知其弊，不以為戒，設立內十三衙門，委用任使，與明無異，致營私作弊更逾往時，是朕之罪一也；朕性耽閒靜，常圖安逸，燕處深宮，禦朝絕少，致與廷臣接見稀疏，上下情誼丕塞，是朕之罪一也；人之行事，孰能無過，在朕日理萬機，豈能一無違錯？惟聽言納諫，則有過必知，朕每自恃聰明，不能聽納。古云：「良賈深藏若虛，君子盛德，容貌若愚。」朕於斯言大相違背，以致臣工緘默，不肯進言，是朕之罪一也；朕既知有過，每自克責生悔，乃徒尚虛文，未能省改，過端日積，愆戾愈多，是朕之罪一也。

這份詔書中所列的十四條罪狀，有的確是福臨的過錯，有的則其他人也有份。這一點尚且不論，以福臨的性格，至少這十四條罪己詔中，有幾條是他至死並不認為是錯的，如「不能虛己延納賢才」、「端敬皇后喪祭典禮過從優厚，不能以禮止情」。

理由很簡單，「夙性好高」的福臨是個牛脾氣，否定了別的東西還沒什麼，否定了自己的脾氣那豈不就等於說自己不只做皇帝不行，連做人都有問題。至於說「皇后葬禮過優，不能以禮止情」，一看更是出於孝莊皇太后之口，因為「端敬皇后」不是別人，正是我們前面提到的那位董鄂妃。皇上與董鄂氏誓同生死，甚於不惜拋下江山，相隨於紅塵之外，怎會在她死後吃後悔藥？而孝莊皇太后既恨董鄂氏成為她親生侄女（吳克善之女，福臨第一個皇后）的情敵，又恨兒子有了這個董鄂氏之後，就「娶了媳婦忘了娘」，所以，當兒子要「走」時，她才要出這口惡氣。

倘若上述推斷成立的話，那麼，福臨的「走」就大有文章了。

記得金庸先生在其巨著《射雕英雄傳》中談到「南帝」大理國皇帝段皇爺出家時，用的是「不在人世」四字，福臨的突然「不在人世」是否也和段皇爺一樣呢？

我們不可能知道，因為知道的人早已不在人世。

我們只知道作為清朝世祖皇帝的福臨，在清順治十八年（一六六一年）正月丁巳日不再當皇帝了。二十七天過後，一個名叫愛新覺羅．玄燁（康熙）的小皇子成了清朝的第四任皇帝。

「大頭症」患者　「十全老人」
——清高宗愛新覺羅．弘曆

◎誰為父誰為母
六下江南尋根

◎此君患有「大頭症」
「十全」美名任其吹

◎外強中乾諱辭忌文
集古代文字獄大成

◎重用和珅
滋養貪犯

一位著名的史學家在談到清朝早期歷史時說：「任何政權都是一個有機體。清政府的青春期一過，大黑暗四面八方反撲而至，只剎那間，中國社會又陷於明王朝時代那種伸手不見五指之境。」

大黑暗時代按電鈕的人，就是我們這篇文章中的主角——清高宗愛新覺羅‧弘曆。

愛新覺羅‧弘曆，係雍正皇帝的第四個兒子。

他在位六十年，在中國古代歷朝歷代稱君道寡的帝王中，是在位較長的一位。

六十年的時間，八十九年的人生經歷，愛新覺羅‧弘曆——亦即人們通常所稱的乾隆皇帝都做了些什麼呢？

誰為父誰為母　六下江南尋根

在中國歷史上，有三個因下江南而聞名於世的酒肉帝王，他們是隋煬帝楊廣、明武宗朱厚照和本文的主人公弘曆。

弘曆下江南組成的南巡集團聲勢之大，不亞於他的兩位「老前輩」——楊廣、朱厚照。他的隨行人員每次都有萬人之多。這群人像一群初登岸的饑餓海盜一樣，所至之處，每每將當地洗劫一空。

當時的江蘇學政（官名，主管一省教育）尹會一曾上表章諫阻，奏章有「民間疾苦，怨聲載道」的話，乾隆見了大為光火，將尹會一叫來質問說：「民間疾苦，你指出什麼地方疾苦？怨聲載道，你告訴我什麼人載道！」尹會一瞠目結舌——秀才遇見了「兵」常常是有理也說不清的。

其實，諫阻乾隆下江南，尹會一實在有點「自不量力」，因為就連大名鼎鼎的紀曉嵐當時在這件事上也大大地丟過面子。

紀曉嵐曾因主編《四庫全書》而被人尊重。有一次，他曾趁便透露江南人民的財產已經枯竭，請乾隆不要再南巡了。乾隆聽了大怒說：「我看你文學上還有一點根基，才給你一個官做，其實不過是把你當作娼妓一樣豢養罷了，你怎麼配議論國家大事！」

乾隆皇帝為什麼如此不顧臣下勸阻，一意孤行地巡幸江南呢？

原來，這裡邊有著一段鮮為人知而又「不足為外人道也」的祕密。

這牽涉到乾隆皇帝的身世。

事情要從西元一七一一年弘曆出生時說起。

清康熙五十年九月三日，當時的雍親王愛新覺羅．胤禛府邸熱鬧非凡。府邸門前冠蓋如云，原來，今天是雍親王的小孩過滿月。

前來吃滿月酒的客人中有一位宰相級官員——文淵閣大學士。此人姓陳，名世倌，字秉之，係浙江海寧人氏。

雍親王胤禛這天難得屈尊與陳世倌等人共坐一席。席間，有人湊趣說，在給雍親王賀喜的同時，也應捎帶著給陳閣老道喜，因為陳世倌的小妾也得了一個兒子，且也是這一天滿月。

胤禛一聽，心裡一動，表面上卻不露聲色。酒席結束之前，雍親王留住了陳世倌，請他次日偕夫人及小公子過府，「王妃很想見見他們」。

當時正是康熙末年，胤禛的權勢如日中天，陳世倌巴結尚恐不及，哪敢說個「不」字。

次日，陳世倌的小妾抱著剛剛滿月的男嬰進了王府。賜宴已畢，雍親王妃命婢女將陳家小孩抱進，說要「一觀」。

這一觀可不要緊，抱進去的時候是個男嬰，出來的時候卻換成了一個女孩。

陳氏夫婦見了，如雷擊身，驚得說不出話來。還是閣老大人心思轉得快：「雍親王昨天只說給小孩做滿月，可沒有言明這個小孩是男還是女。」陳世倌腦子飛快地轉著，想法一個接著一個：「莫非這又是一出『狸貓換太子』？」想到這裡，他嚇得酒全醒了，一把拉起想要說點什麼的小妾，匆匆告辭而去。

不久，陳世倌以年老多病為由，上表辭去了本兼各職，回到浙江海寧老家鹽官鎮。

陳家的兒子哪裡去了呢？明眼人一看就清楚。據一些史料記載，此子即後來的乾隆皇帝。

也許有人要問，雍正當時並非皇帝，他公然用個女嬰來換個男孩想幹什麼呢？一言以蔽之：為適應奪嫡的需要——固寵。當時的皇帝康熙望孫心切，難得陳元龍之子與雍親王的小孩同年同月同日生，這天賜良機，豈有不予利用之理？

弘曆長大以後，不知怎的得知了自己的身世內幕，這才於稱帝后萌發下江南之意。

當然，這是只可意會不可言傳的。

因此，乾隆每次下江南都有一個冠冕堂皇的藉口。

我們不妨把他六次下江南的時間和目的地，列舉如下：

第一次，一七五一年，到杭州、蘇州。

第二次，一七五七年，到杭州。

第三次，一七六二年，到杭州、海寧。

第四次，一七六五年，到海寧、杭州。

第五次，一七八〇年，到杭州、海寧。

第六次，一七八四年，到杭州、海寧。

由此我們不難看出，乾隆後四次南巡都去了海寧。

去海寧做什麼呢？官方的解釋是觀潮。

的確，海寧有潮，人稱海寧潮，又稱錢塘潮，該潮係因錢塘江入海處江口大而江心小所致。起潮時海水從寬達一百公里的灣口湧入，形成湧潮。湧潮又受江口攔門沙坎的阻攔，波濤後推前阻，漲成壁立江面的一道水嶺。潮頭最高時達三點五米，潮差可達八九米。奔騰澎湃，世無所匹。後因地理變遷，海寧縣鹽官鎮東南的一段海塘遂成為近現代觀潮勝地。這裡江面寬僅二三公里，潮勢至此，不僅最盛，而且潮頭齊列一線，素有「海寧寶塔一線潮」的美稱。海潮漲入江口後，因南北岸勢不同，漸成兩段。南段進速快，北段較慢。潮水在南段蕩回，重與北段匯合時，潮頭相撞，滿江洶湧，聲如山崩地裂。鹽官鎮東八公里處的八堡，最宜觀賞此景。海潮西進，撞上伸入江中的丁字壩時，怒濤立豎，碎作潑天之雨，潮頭返竄塘岸。鹽官鎮西十二公里的老鹽倉是觀賞此景的佳點。

既然是來觀潮就應駐蹕這兩處，但乾隆皇帝卻每次都住在陳世倌家，並且還將陳家的花園「遂初園」親筆改題為「安瀾園」，其與陳家的親密程度就可想而知了。「醉翁之意不在酒，乾隆南來非為潮」，其是之謂乎？

此君患有「大頭症」「十全」美名任其吹

和楊廣、朱厚照一樣，乾隆是一個喜歡大肆渲染皇家特有氣質的貪慕虛榮之人。

他本來沒有什麼高深的文學修養，也沒有什麼豐富的生活閱歷，卻偏要做「震古鑠今」的大詩人，聲稱要超過陸游——結果確實也超過了。陸游一生留有詩詞九千多首，乾隆在數量上超過了他，達五萬多首。當然，其中有許多是別人代作的。

他的詩是一些什麼樣的詩呢？我們不妨引一首「拜讀」一下：

署處更伏盡，燅熱理合然。

蒸雲為夜雨，欹枕聽簷泉。
紗帷涼頓生，自藏有神仙。
快晴閱四日，欣此潤山田。

這種被某一海外文論家指為「言談話語分行，每隔五個字標點一次」的「帝王體打油詩」，無怪乎其「多產」了。

除了「文治」以外，乾隆皇帝更愛炫耀他的「武功」。

在他執政的後期，他大言惶惶地宣稱自己是「十全老人」，因為他建立了十大武功。

哪十大武功呢？

一七四九年，平大小金川之亂。
一七五五年，平準噶爾部。
一七五七年，再平準噶爾部。
一七五九年，平回部叛亂。
一七六九年，平緬甸。
一七七六年，再平大小金川之亂。
一七八八年，平臺灣林爽文起義。
一七八九年，平越南。
一七九一年，平尼泊爾。

一七九二年，再平尼泊爾。

弘曆的這十大「武功」和他那五萬多首詩一樣，經不起仔細推敲。

據熟悉這段歷史的人研究的結果，弘曆的武功只不過一個，即征服準噶爾汗國。但他卻把這一個分為三——平準噶爾部、再平準噶爾部、平回部。其實，倘若不是虛榮心作祟，那麼，憑著平定準噶爾汗國所獲得的一百九十多萬平方公里疆土這一項，就可以在歷史上留下不可磨滅的一頁了。但害死人的虛榮心卻驅使弘曆非要湊足十項不可，結果反倒時而露「怯」。

我們知道，大金川（今四川靖化）、小金川（今四川懋功）的糾紛乃是西藏民族部落之間的紛爭，而清政府卻加以干涉。臺灣之役乃是對林爽文抗暴革命的屠殺，這都是血腥的對內鎮壓。平緬甸是一場敗仗，平越南也是一場敗仗。

平尼泊爾更是一場丟醜的鬧劇，根本無所謂武功。「十全」九虛。

為了能夠說明什麼是乾隆皇帝的「武功」，我們不妨看一看大清與尼泊爾之戰。

西元一七八八年，遙遠的喜馬拉雅山南麓的小國尼泊爾，突然向比他大一百倍的清帝國進攻——侵入西藏。乾隆皇帝得訊後，一面派四川駐軍入藏應戰，一面派他親信的理藩院侍郎巴忠代表他本人充任監軍。也許是和皇帝一樣患有一種「大頭症」吧！巴忠竟做出一件使人連做夢也想不到的荒唐怪事：不等四川軍隊到達即先行與尼泊爾達成協議，以每年付給其一萬五千兩白銀贈款為代價換得尼泊爾撤軍。對乾隆，巴忠卻隻字不提贈款一事，而只通知西藏達賴喇嘛付款。誰知達賴一口回絕，此時，四川軍隊尚未到達，尼泊爾軍遂攻陷日喀則。拖了將近一年的時間，中國遠征軍才將尼泊爾軍趕出國境，並進而圍攻尼泊爾的首都加德滿都。在該城旦夕可下之際，福康安——乾隆的另一個親信，又由於大意疏忽而被尼軍偷襲，他所統率的遠征軍全軍覆滅。主帥如此，皇帝本人呢？

——這就是乾隆的「十全武功」！

外強中乾諱辭忌文 集古代文字獄大成

清王朝作為中國歷史上最後一個封建王朝，有其光榮的過去，那就是它曾為中國開疆拓土，但它更有極不光彩的一面，那就是它的文字獄。

乾隆皇帝，這位「十全老人」應該在其名不副其實的「十全」上再加上一「全」——「文字獄大全」，無論從哪個角度來說，弘曆都是中國古代文字獄「集大成」的製造者。

整個有清一朝，大的文字獄共有二十二起，而乾隆一朝就獨占十二起。

這十二起文字獄是：

一七三五年的曾靜、張熙一案。

一七五三年的盧魯生一案。

一七五四年的世臣一案。

一七五五年的胡中藻、鄂昌一案。

一七五七年的彭家屏一案。
一七五七年的段昌緒一案。
一七六四年的賴宏典一案。
一七六七年的齊周華一案。
一七七七年的王錫侯一案。
一七七八年的徐述夔一案。
一七七八年的沈德潛一案。
一七八一年的尹嘉銓一案。

這些文字獄有的還多少可以「成獄」——受害者的詩文中或多或少地指斥過朝政，危及到清帝國的統治。如一七五三年的盧魯生一案，「案犯」盧魯生不滿乾隆像蝗蟲一樣地屢下江南一事，遂不顧官卑職小（盧時任江西臨川千總）而假借大學士孫嘉淦的名義，撰寫勸止弘曆再度南遊的呈文。一七六七年齊周華一案，「案犯」齊周華是有名的反清人士呂留良的學生，因牽連於呂案貶竄邊荒，期滿回家後，他印行呂的文集。繼續在思想上仇清反清。

而有的則純屬文字上的問題。如一七七八年的徐述夔一案，案發時，徐述夔早已去世。有人舉報說他的遺著《一柱樓詩集》中有「清風不識字，何事亂翻書」一語，指責他蓄意誹謗朝廷，乾隆就下令將其剖棺戮屍。

更為可笑的是一七八一年的尹嘉銓一案。尹嘉銓是河北博野人。他曾擔任過清王朝的大理寺卿（相當於現代意義上的最高法院院長），案發時已致仕（退休）。有人檢舉說他在所著書中自稱「古稀老人」，又有「為王者師」的話語，因而被絞死。

眾所周知，「古稀老人」乃是一句成語，係由「人生七十古來稀」一語簡化而來，並非尹嘉銓杜撰。但乾隆皇帝卻不這樣看，也不這樣想，他酸溜溜地說：「我自稱古稀老人，早已布告天下，他怎麼也敢稱自己為古稀老人？」——用政治手段來維護自己的至尊地位，乾隆已到了十分可笑的地步。

重用和珅　滋養貪犯

大約在西元一七九九年到一八九〇年前後，清王朝中下層百姓中間流傳著一句民謠：「和珅跌倒，嘉慶吃飽。」

嘉慶，人們都知道是乾隆的兒子，滿清王朝的第七任皇帝愛新覺羅．顒琰。那麼，和珅又是誰呢？

和嘉慶一樣，和珅是乾隆最信任的人。他字致齋，姓鈕祜祿氏，係滿洲正紅旗人。史稱他「少貧無籍」，是乾隆皇帝把他一點一點地提拔到宰相高位的。

西元一七九九年正月，乾隆剛一逝世，清王朝給事中王念孫即上書彈劾時已致仕在家的和珅，然後，由嘉慶親自裁定，定下和珅的二十條罪狀：

擅自洩露冊封皇儲一事，並以擁戴之功自居。
騎馬直進圓明園左門，過正大光明殿至壽山口（這些地方不准騎馬）。
乘轎入大內，肩輿直進神武門。
娶宮女為妾。
謊瞞軍情。
乾隆病重時毫無憂戚，談笑如常。
對乾隆病中御批文字挑三揀四。
主持戶部事務時獨斷專行。
壓住青海軍情不報。
乾隆逝世時不准已出痘的王公來京。
與蘇淩阿、吳省蘭等人結黨營私。
任意撤換軍機處記名人員。
所抄家產房屋、園林竊比大內。
蘇州墳塋設享殿、置隧道，居民稱和陵。
所藏珍珠手串二百餘，多於大內數倍，大珠大於御用冠頂。
寶石頂非所應用，乃有數十，整塊大寶石不計其數。
藏銀、衣服數逾千萬。
夾牆藏金二萬六千餘兩，私庫藏金六千餘兩，地窖埋銀三百餘萬兩。

通州、蘇州當鋪、錢店資本十餘萬兩，與民爭利。
家奴劉全家產二十餘萬兩，並有大珍珠手串。
這二十條罪狀中，一至十四條說的是和珅的僭越之罪——亦即對皇帝缺乏應有的尊敬，對老百姓坑害不大。真正坑害老百姓的是十五至二十條，這五條可以用兩個字來概括——貪汙。
珍珠、手串、寶石、衣服等名目太過繁多，不能給人以直觀的印象。為了使人更清楚地瞭解和珅的貪汙「業績」，我們不妨說個總數，他貪汙的總數是白銀九億（一說十億）兩——這還不包括其家奴如劉全等人的貪汙款項。
九億兩是個什麼樣的概念呢？我們不妨看看當時的清帝國全年的總財政收入，這一年總收入才八千萬兩。和珅一共當權不過二十年，但他所貪汙的錢款數卻相當於清帝國十二年的總財政收入。
為了更能說明問題，我們不妨把目光投向遙遠的西方世界。剛剛於本世紀（即十八世紀）初一七一五年逝世的法蘭西國王路易十四，其全部財產僅二千萬法郎就已招至全國的唾罵，而以當時的幣值一兩白銀折合三點七五法郎，則這位歐洲霸主的財產不過中國一個貪官的十分之一。和珅的貪汙規模真可謂是「震古鑠今」了。
弘曆知不知道和珅的貪汙劣跡呢？當然知道！九億兩不是個小數目，說不知道豈非笑話？
於是，問題就來了：既然知道和珅貪汙，乾隆皇帝為什麼還要對他加以重用、倚為心腹呢？這問題可以從兩方面解釋：
一方面是因為和珅跟十六世紀明政府的宰相嚴嵩先後輝映，具有同一類型的特殊機緣和做官技巧，但更主要的還是在於乾隆皇帝的自以為是。一向自以為天縱英明的乾隆對自己的所作所為，總是帶著一種自我欣賞的態度加以評估。和珅既被他由一個破落旗人提為文華殿大學士、一等公，那就一定是可託重任的人，別人攻擊也好、指責也好，其奈我何？人不云：

「說你行，你就行，不行也行。說你不行，你就不行，行也不行。」

西元一七九九年，當了六十年皇帝和四年太上皇之後，乾隆在北京病逝。

這一年，他八十九歲。

後記

在古希臘詞彙中，哲學就是「愛智慧」的意思。在我的辭典裡，歷史，就是愛與恨的交織。獻身哲學的哲學家們總是「懷著一種永恆的鄉愁去尋找失落的精神家園」；歷史學家或歷史報告（紀實）文學工作者的任務，則是為活著的人們重現「伊甸園」。

今天是昨天的發展，明天是今天的繼續！

人無法割斷歷史，正如利刃不能截斷急流。

自從亞當和夏娃偷食了智慧果之後，光明與黑暗、偉大與渺小、痛苦與歡樂、瞬間與永恆時時交織在一起。帶給人間災難的，並不僅是那只被無數人詛咒過的「潘朵拉盒子」，更多的還是人類自己。

中國有五千年的文明史，但這五千年的時間裡所發生的一切卻並不都是那麼「文明」！從司馬遷的《史記》，到數十人合撰的《清史稿》，一部二十五史，誠如魯迅先生所說的「歪歪斜斜的只有『吃人』兩個字」，害人、坑人、搶人、殺人、爾虞我詐、鉤心鬥角、嘴上含笑、底下使絆、子母亂倫、父子相殘等「不該發生的故事」實在太多。真應了那句老話：「一部二十五史，不知叫我從何說起！」

在漫長的封建社會中，芸芸眾生用自己的雙手，造起了一座座偶像——各個朝代的帝王將相，然後對他們頂禮膜拜。這種「造神運動」幫了那些自己都不敢過分相信自己的帝王將相們的大忙。

於是乎，周而復始地重複著一齣齣的鬧劇。

生生不息的人群！生生不息的命運！

由於一個偶然的原因，我對中國歷史發生了濃厚的興趣。在查閱資料的過程中，發現了許多過去所學教科書上所不曾記載的東西，越查越多，越看越有趣。一種超然於物外的力量驅使我把這些東西寫出來。於是，我拿起了筆，嘔盡數年心血，剝去了幾十個「天之驕奴」、「天之驕子」、「天之驕媳」、「天之驕戚」們臉上的神秘面紗，還其以本來面目。

我不想重複「汗牛充棟」的正史上的記載，也不願受已凝固了的各種「名分」的約束，我更願意讓那支沒有佩戴「韁繩」的筆在故紙堆裡自由馳騁，寫到哪兒算哪兒。

因係「左道旁門」，所以本書側重於：一、避「重」就「輕」，揭私洩密。本書所敘的帝王、后妃、宦官、外戚們的情況大多係正史如《二十五史》《資治通鑑》《續資治通鑑》等所少言，一般史學教科書亦語焉不詳或不屑提及的私生活，而對別的書中大書特書的軍國大事則有意從略；二、輯雜鉤沉，拾遺補缺。著意挖掘歷史「死角」裡的素材。讀者朋友翻閱本書時，一定會發現在一般史書中常見的那些老面孔如秦皇、漢武、唐宗、洪武、康熙諸公都沒怎麼露面，而那些一直為史學家們所忽略的一大批「小」人物，卻搖頭晃腦地占據了本書的許多篇幅。這似乎有一點大不敬的味道。然而也只好如此，若不，就不是這本書了。

由於作者學識所限，本書的缺點、錯誤一定很多，懇請海內外有識之士不吝指教。

張志君　於北京西郊雕蟲齋

歷史 中國史

寡人
這些帝王有個性・細說宮廷

作　　者—張志君
發 行 人—王春申
總 編 輯—李進文
編輯指導—林明昌
主　　編—王育涵
責任編輯—徐平
封面設計—吳郁嫻

營業經理—陳英哲
行銷企劃—葉宜如
出版發行—臺灣商務印書館股份有限公司
23141 新北市新店區民權路 108-3 號 5 樓（同門市地址）
電話：(02)8667-3712　傳真：(02)8667-3709
讀者服務專線：0800056196
郵撥：0000165-1
E-mail：ecptw@cptw.com.tw
網路書店網址：www.cptw.com.tw
Facebook：facebook.com.tw/ecptw

經商務印書館國際有限公司授權在臺灣地區獨家出版發行

局版北市業字第 993 號
初版一刷：2018 年 12 月
印刷廠：沈氏藝術印刷股份有限公司
定價：新台幣 380 元
法律顧問：何一芃律師事務所

寡人：這些帝王有個性・細說宮廷 / 張志君 著.
-- 初版. -- 新北市：臺灣商務, 2018. 12
面；公分 --（歷史. 中國史）

ISBN 978-957-05-3177-0（平裝）

1. 帝王 2. 傳記 3. 中國

782.27 107017892